Maya of/de Guatemala

Tikal

THE MAYA

OF GUATEMALA

Their Life and Dress

Carmen L. Pettersen

Published by the Ixchel Museum, Guatemala City
Distributed by the University of Washington Press, Seattle and London

In memory of

Julia R. de Plocharski

En su memoria

Printed by Georg Westermann Verlag, Druckerei
und Kartographische Anstalt GmbH & Co., Braunschweig
Library of Congress Catalog Card Number 76-42102
Distributed by the University of Washington Press,
Seattle and London
ISBN 0-295-95537-6

To my husband

Pete

A mi esposo

Acknowledgements:
Agradesco a:

Udo Altemark
José Barrientos
Karl Elmenhorst
Juan José Hurtado
Sylvia Pettersen de Leonowens
Alicia Linares
René Aquiles de Marroquín
Donaldo Mendes Matus
Olga de Miron
David Ordoñez
Leon Lind Pettersen
Herbert Quirín
Brenda de Rosenbaum
Francisco Rodriguez Rouanet

Spanish translation:
Traducción en Español:

Matea Padilla de Gossman
Carmen Delgado de Luengo
Anna Bennaton de Steinle

Photographs:
Fotografías:

Oscar H. Horst (1, 3, 4, 5, 7, 9, 10)
Udo Altemark (2, 8, 12)
Heinz Jahnke (6)
Donald Livingston (13)
John F. Willemsen (11)

Contents
Contenido

Watercolours
Acuarelas

Photographs

Fotografías

Preface
Prefacio

There are few books written on Guatemala, apart from those on its archaeology, and these are of passing interest, usually only covering what the tourist sees briefly from his car or bus as he travels over the very few roads crossing this mountainous country. The Maya Quiché Indian keeps as far out of sight as possible, though in certain places the roads now cut, not only through his sparse agricultural land, but right into his market town, disrupting his life, breaking his traditions, and inducing his sons and daughters misguidedly to leave the land and look for employment in the city. The slums surrounding the city of Guatemala grow yearly. Miserable huts cling to the steep sides of the cañon, without water or drainage, inhabited by these souls lost to the Maya race.

Careful studies have been made of the textiles and ancient weaving methods of these people, for their clothes are unique and outstandingly beautiful in pattern and colour. Every group or town has its own dress, woven by its people, usually on the primitive hip or stick loom, with the traditional symbolism of their history and ancient gods forming the pattern. If you should pass a man and woman on the roadside as you hurtle by in your car, you will be able to tell what town they come from, and often, by the way she has her skirt wound round her, whether the woman is married, and whether the man has children, and what standing he has among his own people.

Detailed books, by qualified scholars, on the textiles and weaving cover, as far as I can tell, most of the very varied techniques and patterns in the country, but they are for the student and the expert, records made for posterity, of great value to anthropological studies in museums and universities. But the Indian inside these clothes has been mostly ignored. This small brown Maya Quiché Indian is gentle and very reserved, and he has clung to his way of life and to his traditions through 400 years and more of invasion by the white man. He still works his own land up in the high central plain of Guatemala, behind the row of volcanoes that divides the highlands from the Pacific Ocean. He grows his own food and weaves his own clothes, but nowadays he has to have money to pay taxes, and to buy salt and iron tools. He is confined to his own plot and cannot

Fuera de los libros que tratan de su arqueología, pocos se han escrito sobre Guatemala, y éstos sólo tienen un interés pasajero, pues en general cubren únicamente lo que el turista ve fugazmente desde su vehículo, al transitar por las escasas carreteras que atraviesan este país montañoso. El indígena maya, hasta donde le es posible, trata de no dejarse ver, a pesar de que en ciertos lugares ahora los caminos atraviesan no sólo sus limitadas tierras cultivables, sino también los pueblos donde hay mercados de importancia. Esto ha ido desequilibrando su vida, rompiendo sus tradiciones e induciendo a sus hijos a abandonar la tierra sin plan determinado para buscar trabajo en las ciudades. Las barriadas que rodean la ciudad de Guatemala aumentan año con año. Barracas lastimosas prendidas a las empinadas laderas de los barrancos, sin agua ni drenaje, habitadas por estas almas que han perdido su raza.

Se han realizado estudios cuidadosos de los textiles y de los antiguos métodos de tejer de esta gente, por ser su vestimenta única y notablemente bella en diseño y color, contando cada grupo o pueblo con su propio traje, tejido por sus miembros, generalmente en primitivos telares de cintura o de palitos, formando los dibujos con el simbolismo de su historia y de sus dioses antiguos.

Hasta donde llegan mis conocimientos, los libros sobre textiles escritos por autores calificados cubren la mayoría de las diversas técnicas y de los variados dibujos del país. Pero éstos son libros para estudiosos y expertos, documentos hechos para la posteridad, de gran valor para investigaciones antropológicas en museos y universidades, pero que han pasado por alto al indígena vivo que lleva esa ropa. El indígena maya es pequeño de estatura, de piel morena, apacible y muy reservado, y se ha aferrado a su manera de vivir y a sus tradiciones a través de los 400 o más años desde la invasión del hombre blanco. Sigue trabajando su propia tierra en el altiplano central de Guatemala, detrás de la cadena de volcanes que lo separa de la costa del Pacífico. Cultiva sus propios alimentos y teje su propia ropa, pero hoy necesita tener dinero para pagar impuestos, para comprar sal y herramientas de hierro. Vive encerrado en su propio terruño y no puede arar tierras vírgenes cuando las suyas han quedado erosionadas hasta dejarlas más

break new ground when his is eroded beyond productivity, so he comes down to the Pacific side of the volcanoes, to the richer hotter lands where the white man has his plantations, and is employed temporarily to pick the crop, and thereby earn the money he needs. Many of his kind stay permanently on the plantations and become field labourers and cowherds.

It came about that I, as a landscape painter who had lived fifty years on a coffee plantation among these people, with only occasional sorties into their highland towns and villages, suddenly realized that the quality of the weaving was deteriorating very fast, and that already in some towns only shop materials were worn. The tenacity with which these people had held on to their dress and their customs and way of life for 400 years while under foreign pressure was breaking down fast under the impact of roads, missionaries, tourism, and transistor radio sets.

Determined to record as many as possible of the outstanding costumes, which are only worn in the highlands as they are too heavy for the more tropical climate such as the one I live in, I borrowed fine old weavings from collector-friends, and chose a man from our regular field workers as my first model. Imagine my surprise, when I had him all dressed up in his true costume, to find that the humble field worker had disappeared, and before me stood a proud and self-assured man, who demanded all respect! We were equals, he with his proud and unmixed Mayan blood in his brown skin and I in my white, with the same basic values of life, behaviour and morality.

It is no wonder then that I grew as interested in the living Maya as in his clothes. Though so visually attracted by the splendid vividness and pattern of the weaving, the clothes do not mean as much to me when the living Maya is not inside them. Therefore in this book I have tried to record what he looks like, how he dresses, sits and stands, and how he lives. In the text I will not go into great detail about dyes and cottons, no more than necessary to round out my story, but rather will I keep to my own personal contacts and reactions to this appealing human in his beautiful clothes.

que improductivas, por lo que baja al otro lado de los volcanes, hacia el Pacífico, a las tierras más ricas y más cálidas donde el hombre blanco tiene sus plantaciones, y se emplea temporalmente en levantar las cosechas. Ocurrió que yo, pintora de paisajes que he vivido cincuenta años en una finca de café entre esa gente y sin salir más que ocasionalmente a sus pueblos y aldeas en el altiplano, de repente me dí cuenta que la calidad de los tejidos se estaba deteriorando muy rápidamente y además, en algunos pueblos ya se usaban telas de fábrica. La tenacidad con que esta gente se había aferrado a sus trajes y costumbres, así como a su forma de vida durante los 400 años bajo presión extraña, se estaba desmoronando rápidamente ante el impacto de los caminos, de los misioneros, del turismo y de las radios de transistores.

Decidí dejar constancia del mayor número de trajes notables que se usan sólo en el altiplano, por resultar demasiado pesados para el clima tropical donde yo vivo. Pedí prestados a amigos coleccionistas sus finos y antiguos tejidos, y como primer modelo escogí a un hombre de entre nuestros trabajadores regulares de campo. Podrán imaginarse mi sorpresa cuando, al tenerlo ante mí, ataviado con su verdadero traje, me dí cuenta que había desaparecido el humilde campesino, y en su lugar me enfrentaba a un hombre orgulloso, seguro de sí mismo, que merecía respeto. Eramos iguales, él con su orgullosa sangre maya bajo su piel morena y yo bajo la mía blanca, con los mismos valores básicos de la vida, de la moral y la conducta.

No es de extrañar entonces que me haya interesado tanto por el maya de carne y hueso como por su vestimenta. A pesar de sentirme muy atraída visualmente por la vivacidad y el diseño espléndido del tejido, la ropa tiene para mí mayor significado cuando la llevan los indígenas que conozco personalmente.

Por consiguiente, en este libro he tratado de dejar constancia de su apariencia, de la manera en que se visten, se sientan y se ponen de pie, de cómo viven. En el texto no entraré en minuciosos detalles sobre tintes y algodones, excepto en lo necesario para redondear mi relato, ya que me limitaré más bien a mis propios contactos y a mis reacciones personales hacia este atrayente ser humano en su bella vestimenta.

Tikal-Temple II

Introduction
Introducción

The Maya Quiché race has its densest population in what is now called Guatemala, though political boundaries mean nothing. The Maya cover the Yucatán Peninsula, Belize, parts of the Mexican states of Tabasco and Chiapas, and over the borders into Honduras and El Salvador. They form the largest group of all the Middle American Indians, strongly bound by their integrity and similarities in agriculture, dress, language and character, all of which were firmly established before the birth of Christ.

There are dialects and variations in the Maya tongue throughout this wide area. The closest to the original is the version spoken in Yucatán. In Guatemala pockets of Maya Quiché settlers had less communication with each other because of the very broken terrain, and such were the changes over hundreds of years that there are now distinct languages. They still keep the common root, much as do the languages of the different countries in northern Europe. On the whole it can be said that where the Maya tongue, in any of its forms, is spoken, there you will find the ancient ruins and artefacts of this past civilization - proof that they have lived there since time immemorial.

Bound by the Caribbean to the north, the Pacific Ocean to the south, constricted to the west by the dry arid plateau of Mexico, and to the east by less attractive lands, the Maya established himself. He stayed, with little interference or change, well fed by the fertile soil, and free from serious wars. Here he was able to develop and multiply, build his great cities and tall temples, some on the low humid lands, and many on the high, colder, central plateau. He carved stone stelae to record his long history, and recorded time by a most complicated system of Long Count, which carried him further into the past and the future than could be done in any European country at that time. For this he invented the zero, an astonishing intellectual achievement, basing the count not only on his ten fingers, as did the Hindus a thousand years before, but on the number twenty, counting on his toes as well.

The Maya belong to the Middle American group of people and share the traits peculiar to this group: a worship of the powers of nature, and the allocation of a god to each power. There are variations to the

La raza maya tiene su más densa población en lo que ahora se llama Guatemala, si bien los límites políticos nada significan. Los mayas se extienden por la península del territorio de Yucatán, Belice, parte de los estados mexicanos de Tabasco y Chiapas, desbordando las fronteras hacia Honduras y El Salvador. Forman el grupo más grande de todos los indígenas de Meso-América, fuertemente unidos por su integridad cultural y similitudes en agricultura, vestimenta, idioma y carácter, todo lo cual quedó firmemente establecido desde antes de nacer Cristo.

En esta amplia zona existen dialectos y variaciones de la lengua maya, siendo la más aproximada a la versión original la que se habla en Yucatán. En Guatemala, los núcleos de colonizadores mayas tuvieron menos comunicación entre sí, debido a la topografía tan accidentada, y los cambios a través de los siglos fueron tales, que actualmente las lenguas son distintas, aunque conservan su raíz común, como sucede con los idiomas de los países del norte de Europa. En términos generales se puede decir que donde se hable la lengua maya, en cualquiera de sus formas, se encontrarán ruinas arqueológicas y artefactos de esta antigua civilización - prueba de que allí han vivido desde tiempo inmemorial.

El maya se estableció limitado por el Mar Caribe al norte, el Océano Pacífico al sur, delimitado hacia el oeste por el altiplano árido de México y hacia el este por tierras menos atractivas. Sufrió pocas interferencias o cambios, bien alimentado por el suelo fértil, libre de guerras serias, se pudo desarrollar y multiplicarse, construir sus grandes ciudades y altos templos, algunos en las tierras bajas húmedas, y muchos en el altiplano central más frío. Labró estelas de piedra para marcar su historia, y registró el tiempo por un sistema sumamente complicado de cuenta larga, proyectado más hacia el futuro y el pasado de lo que en cualquier país europeo de la época se hubiera podido hacer. Para ello descubrió el cero, un logro intelectual sorprendente, basando el cálculo no sólo en sus diez dedos, como lo hicieron los hindúes mil años antes, sino en el número veinte, contando también los dedos de sus pies.

Los mayas pertenecen al grupo de pueblos de Meso-América y comparten los rasgos peculiares de este grupo: adoración a las fuerzas de la naturaleza, y asignacíon

names in distant localities, but the gods are the same: Kukulcán, the Feathered Serpent *(Kukul* = bird, *can* = snake), who was looked upon as the great cultural and creator god, Hurakán, the sky god, and the most familiar, Chac, the rain god with the tapir nose, who brought fertility to the fields. Dozens of minor, or more locally important gods and goddesses ruled each day and hour of the Maya life, and their favour was sought by self-sacrifice and mutilation.

Middle America was the only place in the New World where hieroglyphic writing was developed. The books were made from bark paper or deerskin folded like screens. They devised a most complicated calendar, and traded in well-established markets, using the chocolate bean as money. They played a ball game with a rubber ball on well-constructed courts between their temples, and they assigned glyphs and colours to the cardinal points and centre: white to the north, yellow to the south, black to the west, red to the east, and green to the middle.

It can be well understood that the first people to reach this lovely land of Guatemala settled here for ever, and developed a higher civilization and culture than others, who both had to face a sterner fight for survival on less fertile soil, and at the same time had to fight off waves of invaders from the north. They developed head-and-shoulders above the rest of the American Indians in weaving and other crafts. They were eminent as wood-carvers, stone-workers, and potters. In low-relief carving the Maya excelled. Examples from such sites as Palenque and Menché surpass, in point of perspective, the reliefs of Egypt or Mesopotamia. Early Maya were masters in the art of stone-cutting and polishing, and stoneflaking. Their implements of chert, chalcedomy and obsidian can hardly be surpassed throughout the world. No specimens of textile art from the Maya period have survived the climate, but the monuments provide ample evidence that the weaver's art had reached a high degree of proficiency. Many of the stone carved figures are shown with garments ornamented with embroidered borders and tasselled fringes. All of these exhibit a perfection of technical skill which, like the stone carving, proves a long period of development.

de un dios a cada poder. Existen variaciones de los nombres entre lugares distantes, pero los dioses son los mismos: Kukulcán, la serpiente emplumada *(kukul* = pájaro, *can* = serpiente), considerado como el gran dios cultural y creador, Hurakán el dios del cielo, y el más conocido, Chac, el dios de la lluvia, con su nariz de danta, que otorgaba fertilidad a los campos. Docenas de dioses y diosas menores, o de mayor importancia local, regían cada día y hora de la vida maya, y se procuraba su favor por medio del auto-sacrificio y la mutilación.

Meso-América fue le única región en el Nuevo Mundo donde se desarrolló la escritura jeroglífica. Los libros se hacían de papel de corteza o de piel de venado, plegadizos como biombos. Los mayas idearon un calendario sumamente complicado, comerciaron en mercados bien establecidos usando como dinero granos de cacao. Practicaban un juego de pelota con una pelota de caucho en canchas bien construídas entre sus templos, asignando glifos y colores a los puntos cardenales y al centro: blanco al norte, amarillo al sur, negro al oeste, rojo al este y verde al centro.

Es bien comprensible que los primeros pueblos llegados al bello país de Guatemala se establecieran aquí para siempre, y desarrollaran una civilización y cultura superiores a las de otros, que tuvieron que afrontar una lucha más severa para sobrevivir en tierras menos fértiles, a la vez que debían batallar contra oleadas de invasores del norte. Desarrollaron, muy por encima del resto de los indígenas americanos, la tejeduría y otras artesanías. Fueron destacados talladores en madera y piedra y alfareros eminentes. En la talla de bajo relieve se distinguieron los mayas. En lo referente a perspectiva, los lugares como Palenque y Menché sobrepasan a los relieves de Egipto o Mesopotamia.

Los mayas primitivos fueron maestros en el arte lapidario de pulir y laminar piedras. Sus implementos de diferentes variedades de calcedonia y obsidiana son casi insuperables en el mundo. Las muestras del arte textil del período maya no han sobrevivido al clima, pero los monumentos proporcionan amplia evidencia de que el arte del tejedor había alcanzado un alto grado de maestría. Muchas de las figuras esculpidas en piedra llevan vestidos adornados con galones bordados y franjas de borlas. Todo esto demuestra una perfección

Over most of the continent, the basic food of the Maya in pre-Conquest times was maize, beans and squash, as it still is today, though here in Middle America, the preparation of the maize is distinctive. The hard dry seeds are boiled with lime till the kernel separates from the husk. The water with the husks and lime is thrown away, and the kernels are well washed in clean water, and then ground on a quern, or grindstone, with a handstone, to a smooth moist dough, which is later wrapped in corn husk leaves and steamed into *tamal.* More common yet is the *tortilla* for which small portions of the dough are skilfully patted into flat thin pancakes, between the palms. These are then cooked one by one as they are patted out, to the sound of great slapping, on a lime dusted clay griddle, which rests on a three-stone hearth. They are delicious.

This is so ancient a custom that no matter how far archaeologists may go on unearthing the past of Middle America, that grindstone with its handstone is sure to turn up. Incidentally, this grinding of the basic food is the woman's work. She kneels, bent over her grindstone, and for several hours each day and every day gives the full strength of her back and shoulders to the work. She starts to help her mother while still a slight girl, and continues to grind till she is a bent old woman, still earning her keep. She grinds through her pregnancies and as soon as she rises from childbirth, and this is where she loses her youth and good looks. By the time she passes the age of fertility she is either worn out, dead, or can grind endlessly, her hair thin and grey, her hands and fingers all muscle, her arms straight and hard, and not a gramme of fat on her anywhere.

Black beans, called frijoles, are boiled with salt, and eaten wrapped in the tortilla, either whole or made into a purée. They provide proteins and most of the minerals necessary to the diet.

I had a cook with a small boy, and repeatedly begged her to feed him on other more varied food from the house, meat, eggs, and suchlike, but she refused saying that he was best brought up on the food of his race, or he would not grow up to be a true Indian. I understood this later when I saw what a husky worker he became, with no pretensions of copying the white man.

en la habilidad técnica que, al igual que la talla en piedra, comprueba un largo período de desarrollo.

En la mayor parte del continente el alimento básico de los indígenas en épocas anteriores a la conquista, al igual que hoy, fue el maíz, los frijoles y las calabazas, si bien en Meso-América, el maíz se prepara de manera distinta. Los granos duros y secos se hierven con cal hasta que el grano se separa de la cáscara. El agua con cal y las cáscaras se botan, se lavan los granos en agua limpia y en seguida se muelen sobre una piedra de moler con otra de mano, hasta obtener una masa homogénea y húmeda, que luego se envuelve en hojas de maíz y se hierve al vapor para formar el *tamal.* Aún más común es la *tortilla.* Pequeñas cantidades de masa se palmean hábilmente hasta formar delgados panqueques entre las manos. Luego se cocinan, una por una, según se van formando al sonido de gran palmoteo, colocándolas sobre un comal de barro espolvoreado con cal, que, sostenido por tres piedras, descansa sobre las llamas. Son deliciosas.

Esta costumbre es tan antigua, que no importa hasta donde lleguen los arqueólogos a desenterrar el pasado de Meso-América, con seguridad encontrarán siempre a la piedra de moler con su mano correspondiente.

Por cierto que la molienda de los alimentos básicos es trabajo de la mujer. Hincada, se dobla sobre el metate y durante varias horas cada día y todos los días dedica toda la fuerza de su espalda y sus hombros a esta labor. Desde temprana edad, comienza a ayudar a su madre y sigue moliendo hasta ser una anciana encorvada, que aún se gana su manutención. Muele durante el embarazo y en cuanto se levanta después de dar a luz, y es por ello que pierde su juventud y su belleza. Cuando ha pasado de la edad fecunda está agotada o muerta, o seguirá moliendo infinitamente, su pelo ralo y canoso, sus manos y dedos todo músculo, sus brazos rectos y duros, sin un gramo de grasa en todo su cuerpo.

Los frijoles negros se hierven con sal y se comen envolviéndolos en la tortilla, ya sea enteros o hechos puré. Proporcionan las proteínas y la mayor parte de minerales.

Tuve una cocinera con un hijo pequeño y repetidas veces le rogué alimentarlo con la alimentación más variada de mi casa: carne, huevos y similares, pero se negó, diciendo que era mejor criarlo con los alimentos

1

San Antonio Aguas Calientes

Cakchiquel

Aguas Calientes, just outside the Spanish city of Antigua, is renowned for its weaving. The women's blouses are thought by many to be the finest in the country, though others consider the pattern of the close brocade too complicated.

This woman is grinding the kernels of her cooked maize (furthest gourd) into a damp meal. This she divides into small portions (red and black gourd), which will be patted between the palms into a flat round pancake and cooked on a large earthenware plate set over the fire. With one turn they will be ready, and will then be stacked in the basket on the right, well covered by a special 'tortilla cloth' to keep them hot. The smoke fills the upper part of her house, covering it in soot, but ridding it of mosquitoes and other insects.

Aguas Calientes, en las cercanías de la ciudad española de Antigua, es famoso por sus tejidos. Muchos son de la opinión que los huipiles de las mujeres son los más finos del país, si bien otros creen que el diseño del brocado es demasiado complicado. Esta mujer está moliendo los granos del maíz cocido (en el guacal más lejano) para obtener una masa húmeda, que divide en pequeñas porciones (en los guacales rojo y negro) y les dará forma de tortilla redonda y plana palmeándolas entre sus manos y cociéndolas sobre un comal de barro puesto sobre el fuego. Con una vuelta quedarán listas, luego se apilan en la canasta a la derecha, bien tapadas por una servilleta para tortillas especial para mantenerlas calientes. El humo llena la parte superior de la casa, cubriéndola de hollín, pero eliminando mosquitos y otros insectos.

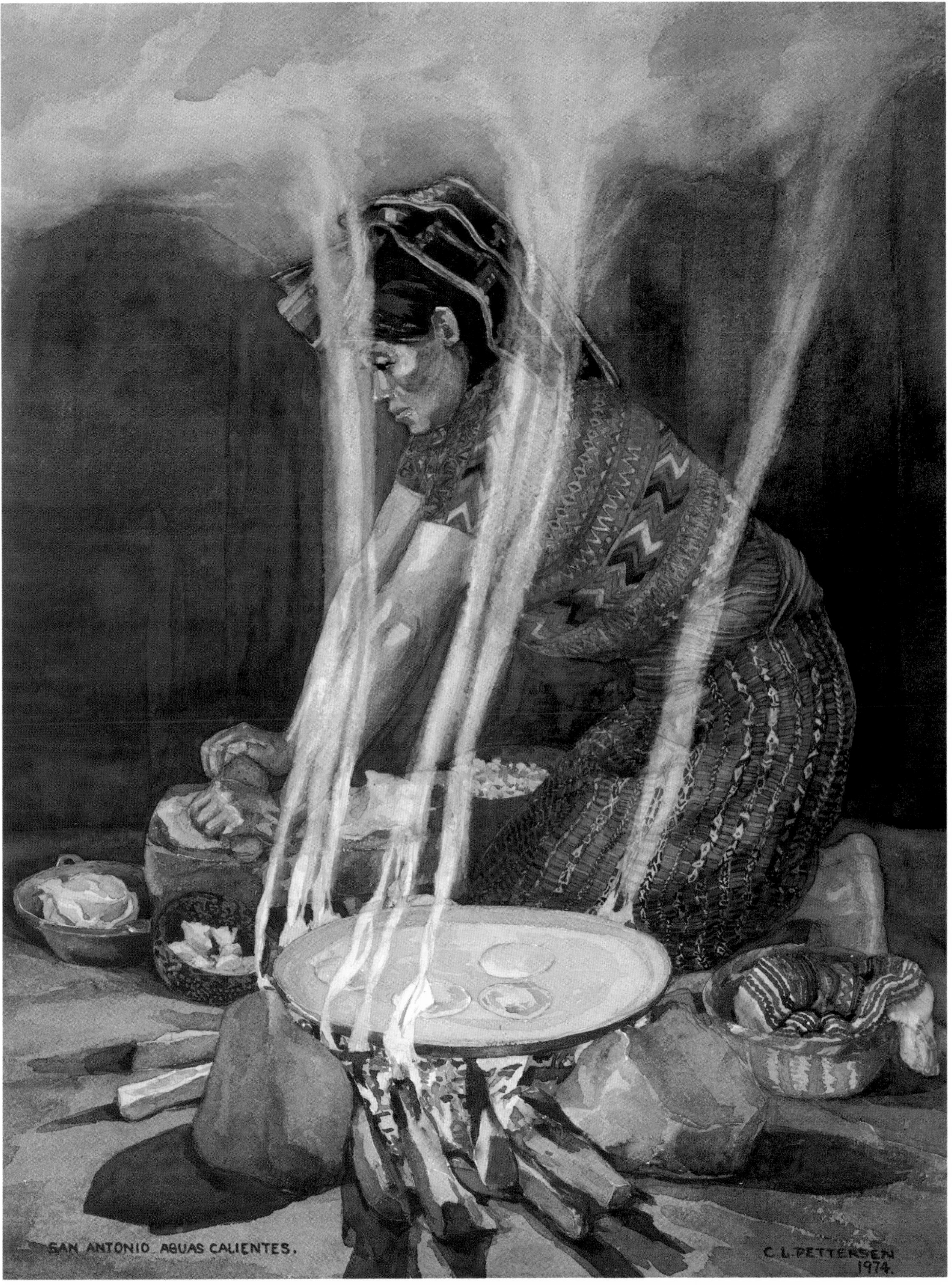
SAN ANTONIO AGUAS CALIENTES.
C. L. PETTERSEN
1974.

The woman who owns the shop on the plantation where I live made enough money to join a tour to Rome led by a priest, and was received by the Pope. On her return I asked her what she had enjoyed most and been most astonished by, and she answered, "the Pope and the snow in Switzerland", but nothing compensated for what she had suffered for the lack of her tortillas and frijoles.

This must be the most conservative of all races. Even a little Mayan blood in an educated and talented city man has so much pull that when maize planting time comes round, he has a secret urge to go to some bit of his own land, chop down the weeds with his *machete,* and plant his corn be he doctor, lawyer or politician.

de su raza, y sólo con éstos, pues de lo contrario no llegaría a ser un verdadero indígena. Esto lo comprendí más tarde, al observar al fornido trabajador en que se había convertido, sin pretensiones de imitar al hombre blanco.

La dueña de la tienda en la finca donde vivo ahorró suficiente dinero para participar en una gira a Roma, conducida por un sacerdote, y fue recibida por el Papa. A su regreso le pregunté de qué había disfrutado más y qué era lo que más la había sorprendido, y me contestó: 'El Papa y la nieve en Suiza', pero que nada le había compensado su sufrimiento por la falta de tortillas y frijoles.

Esta debe ser la raza más conservadora de todas. Hasta en un hombre urbano educado y talentoso, un poco de sangre maya tiene tanta influencia sobre él, que al llegar el tiempo de la siembra del maíz siente el secreto impulso de ir a su propio terruño, cortar las malezas con su machete y sembrar su milpa, aunque sea médico, abogado o político.

I

Short History and Description
Breva Historia y Descripción

From 1500 B. C. to A. D. 150, the Maya Quiché went through what has been called 'the Formative Period', developing their agriculture and grouping themselves first into villages, and then into much larger communities with a religious and cultural centre. The finest flowering of this development was reached between A. D. 150 and 900 in Guatemala on the lowlands of El Petén. There the temples were tall and more beautiful than the pyramids of Egypt. They were not just places of burial but of worship all the year round, surrounded by buildings of several storeys to house the Priest King and the nobility, with a civic centre and reservoirs to hand. Around this centre stood the thousands of little peasant huts amid their fields.

The highlands of Guatemala were equally well populated, and the pattern varied only slightly through hundreds of years.

Towards the end of the tenth century some great catastrophe must have struck, disrupting beyond recovery the whole civilization of the Guatemala Maya. This has never been explained. The cities were abandoned,

1. Stela in Tikal
Estela en Tikal

A partir del año 1500 antes de J.C. hasta 150 después de J.C., los mayas se desenvolvieron dentro de lo que se ha llamado el 'Período Formativo', desarrollando su agricultura y agrupándose, primero en aldeas y luego en comunidades mucho más grandes con un centro religioso y cultural. Este desarrollo alcanzó el mayor florecimiento entre los años 150 y 900 de la era cristiana, en El Petén, Guatemala. Allí, los templos más bellos que las pirámides de Egipto no sólo fueron sitios de enterramiento, sino lugares de adoración y uso durante todo el año, rodeados por edificios de varios pisos para habitaciones del rey sacerdote a la nobleza, con un centro cívico y embalses de servicio. A este centro lo rodeaban miles de chozas de los campesinos, dentro de sus terrenos de labranza.

El altiplano de Guatemala era igualmente populoso y sus patrones de vida sufrieron muy pocas variaciones a través de los siglos.

Hacia fines del siglo X una gran catástrofe debe haberse desencadenado, desquiciando irreparablemente toda la civilización del maya guatemalteco, cosa que jamás ha podido ser explicada. Las ciudades fueron abandonadas, los pueblos se dispersaron, y la selva rápidamente cubrió los templos de piedra caliza en las tierras bajas de El Petén, mientras que en el altiplano los matorrales cubrieron los edificios de piedra, transformándolos aparentemente en grandes montículos de tierra.

Es posible que algunos de ellos fueran enterrados intencionalmente. Tuvieron que pasar muchos siglos antes de su redescrubrimiento, y aún ahora seguimos encontrándonos con nuevos sitios arqueológicos insospechados.

Para 1523–24 se había iniciado la invasión española. La vasta selva petenera estaba deshabitada y los mayas se habían concentrado en el altiplano de Guatemala. Fue allí donde don Pedro de Alvarado tuvo que enfrentarse a las dos tribus más aguerridas, los quichés y los cakchiqueles. Tecún Umán, príncipe quiché, presentó a los españoles cruenta batalla en Xelajú. Del lado español armas de fuego, espadas, corazas de acero y caballos; del otro, los quichés con lanzas de obsidiana, picas, cuchillos y escudos de piel de danta. La disparidad era grande. Tecún Umán atacó a don Pedro de Alvarado en persona y lo tiró del caballo, pero él mismo perdió

2. San Cristóbal Totonicapán

the people dispersed. The jungle quickly covered the limestone temples of the lowland Petén, while on the highlands the scrub grew over the stone buildings and seemingly turned them into great mounds of earth. It may be that some were intentionally buried. Many hundreds of years had to pass before their rediscovery, and even now we keep coming across new hidden and unsuspected archaeological sites.

By 1523-4 the Spanish invasion had begun. The vast jungle of Petén was uninhabited, and the Maya concentrated on the high plateau land of Guatemala. There Pedro de Alvarado had to face the two most powerful

la vida en el encuentro. Los quichés se retiraron a su capital, Gumacaah, con su nuevo jefe, pero Alvarado los persiguió y nuevamente salió victorioso al capturar y ahorcar a dicho jefe.

Los españoles llegaron para quedarse y los mayas finalmente se batieron en retirada, optando por la resistencia pasiva. Aún ahora, en algunos pueblos los ancianos predican que algún día habrá de salir el hombre blanco y el maya volverá a recuperar lo suyo.

Cuando la conquista, a los quichés los gobernaba un rey en forma suntuosa, con veinticuatro consejeros como asesores y varios jueces y recaudadores de

tribes, the Quichés and the Cakchiquels. The Quiché leader, Tecún Umán, met the Spaniards at Xelajú in bloody battle. With firearms, swords, steel armour and horses on the Spanish side, and obsidian spears, lances, knives and shields of tapir hide, on the side of the Quiché, the odds were hardly even. Tecún Umán attacked Alvarado in person and unhorsed him, but was himself slain. The Quichés retreated to their capital, Gumacaah, but Alvarado followed and again was victorious when he captured and hung their new leader.
The Spaniards had come to stay and the Maya Quiché finally retreated into passive resistance. Even today in some towns the elders preach that one day the white man must go and the Maya will come back into his own. A few years ago, when there was some political disturbance in Guatemala City, news mistakenly reached the Indian town of Patzicía that the Indians throughout the country had risen against the *ladino,* the non-Indian. They immediately attacked and killed all the peaceful ladinos in the town, mostly government officials and store-keepers. The government's punishment was crushing.
At the time of the Conquest a king ruled the Quiché in regal style, with twenty-four councellors as advisers and with several judges and revenue collectors. The larger towns were governed by appointed lieutenants who each had his council on the same pattern as the king's. Together they formed the nobility over whom only the king had jurisdiction, and as this nobility guarded its rights most strictly, when the change came and they were supplanted by the Spaniards, the great bulk of the people, the peasants, were no worse off than they had been under their own rulers.
Today the Indian towns appoint their own leaders or elders, and a man chosen for this official duty to his people may not refuse. His wife will have her responsibilities beside him in certain ceremonies. In this way in spite of the present Guatemala government having an *Alcalde* controlling each municipality, together with the other necessary officials of mixed blood trained in the city, in reality the Maya Quiché still largely govern themselves. They settle their own affairs on inheritance and land disputes, as well as personal

impuestos. Los pueblos mayores eran regidos por lugartenientes designados para el cargo, y cada uno de ellos formaba un consejo tomando el del rey como modelo. Todos ellos formaban la nobleza sobre la que únicamente el rey tenía jurisdicción. Dicha nobleza velaba muy estrictamente por sus derechos, así que al ocurrir el cambio y ser suplantada por los españoles, para la mayor parte de la gente, el campesinado, las condiciones no fueron peores que bajo sus propios señores.
En la actualidad los pueblos indígenas designan a sus propios dirigentes y principales, y un hombre elegido para este deber oficial en servicio de su pueblo no puede rechazarlo. Su esposa compartirá sus responsabilidades en ciertas ceremonias. De esta manera, a pesar de que en el actual sistema de gobierno de Guatemala hay alcaldes que controlan cada municipalidad junto con otros funcionarios necesarios, mestizos adiestrados en la ciudad, en realidad los mayas en gran parte se autogobiernan, arreglan sus propios asuntos en disputas por herencias y tierras, así como los problemas y pleitos personales. El alcalde ladino sabe que no puede entrometerse en esto y el indígena está dispuesto a cooperar con él y su administración siempre que no le traspasen su terreno.
Algunos pueblos han logrado mantener mayor independencia que otros siendo dos ejemplos notables Chichicastenango y Nahualá, de los que hablaré más adelante.
La iglesia católica romana también ha tenido que transar y aceptar en los templos de pueblos predominantemente indígenas a la cofradía, formada por dignatarios y consejeros indígenas, nombrados por ellos, quienes cristianizados en alto grado, adoran a los santos y veneran al gran Dios de igual modo como adoraron a sus dioses antes de la conquista. Los conquistadores españoles enviaron a sus sacerdotes misioneros hasta los más remotos rincones de Guatemala, y a cada pueblo, si bien le fue permitido mantener su nombre indígena, le adjudicaron un santo de la iglesia como patrono cuyo nombre se agregó al primero. Cada año el día de la fiesta del patrono se convierte en el gran día del pueblo, celebrado con procesiones de la iglesia, bailes, música, feria y la quema de cohetes. Así

problems and quarrels. The ladino Alcalde knows he cannot meddle in these matters, and the Indian is willing to cooperate with him and his government on the ground where it hurts neither to meet.
Some towns have managed to keep greater independence than others, and two outstanding examples are Chichicastenango and Nahualá, of which I shall say more later.

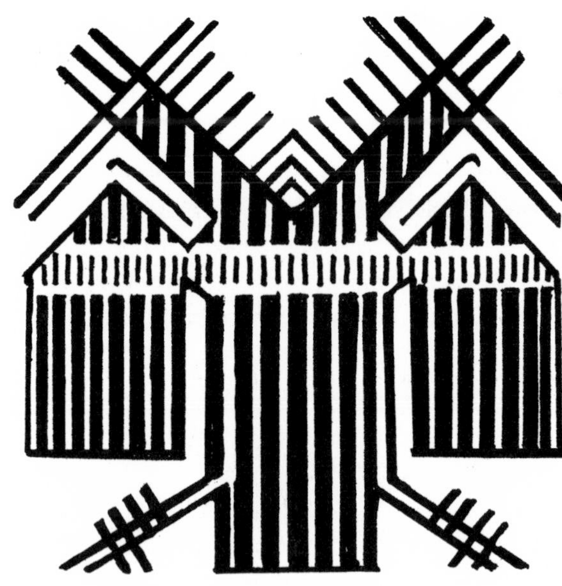

Double-headed bird
Ave bicéfala

The Roman Catholic Church has had to compromise likewise, and accept into the Church of the predominantly Indian towns the Indian appointed Church elders and councellors, the *Cofradía,* who, Christianized to a great extent, worship the Saints and venerate the Great God, much as they did their own before the Conquest. The Spanish conquerors sent their missionary priests to the remotest corners of Guatemala, and every town, though allowed to keep its Indian name, was given a Saint of the Church to rule from the altar and give it a new name. That Saint's yearly feast-day became the town's great day, celebrated with Church processions, dances, music, a fair, and firing of fireworks and rockets. Thus we have the double names such as San Pedro Sacatepéquez, Santa

resultaron los nombres dobles de San Pedro Sacatepéquez, Santa Catarina Ixtahuacán, San Antonio Palopó, etc. A veces se menciona a estos pueblos con sólo uno de sus nombres, en cuyo caso es el indígena.
Las cofradías tienen deberes muy bien definidos dentro de la iglesia y desempeñan un papel principal en todas las procesiones y celebraciones eclesiásticas. En algunos lugares casi no se toma en cuenta al sacerdote católico, fuera de sus deberes litúrgicos, como son la misa y los bautizos. La cofradía limpia y cuida de la iglesia, las esposas de los cofrades (las capitanas) decoran el altar y visten a los santos, también tienen otros deberes fuera del templo, pero durante la procesión de la fiesta titular pueden observarse algunas interpretaciones de la religión cristiana de lo más sorprendentes. Durante la Semana Santa en algunos pueblos se llevan al extremo las ceremonias de la Pasión, actuando cada paso en vivo, para lo cual se ofrece algún pecador para tomar el lugar de Cristo, y si bien no es realmente clavado en la cruz, sí es colgado de ella con cuerdas, ya en un estado tan débil que puede quedar inconsciente por muchas horas en las etapas finales, y posiblemente hasta lesionado para siempre. Se repite el autosacrificio y la mutilación de siglos atrás.
Judas es sometido a un trato brutal. En un pueblo, un Judas muy particular era personificado por Pedrito, un bobalicón mentecato que repitió su actuación año tras año hasta convertirlo en un papel cómico; aguantaba las palizas y los puyazos con tan buen humor y chispa, que le dio sabor a la representación. Cuando murió (por causas naturales), la Semana Santa perdió su principal atracción y quedó desabrida, a pesar del Cristo colgado en la cruz.
En la iglesia de Chichicastenango que sirve a 30.000 almas de una tribu que en su tiempo fue poderosa, al sacerdote real y verdaderamente se le hace a un lado. Los principales de las aldeas y caseríos van al pueblo sólo en días de mercado para vender sus productos, representando también a su familia y a varios vecinos. En las gradas de la iglesia ante un pequeño altar primitivo queman copal, un incienso indígena, a los antiguos dioses de la naturaleza y del campo. Luego suben las últimas gradas y entran por la puerta principal del

Catarina Ixtahuacán, San Antonio Palopó, and so on. Sometimes we speak of these towns by one name only, but if so it will be by the Indian name.

The Cofradía have very well defined duties within the Church, and take the leading part in all Church processions and celebrations. In places the Roman Catholic priest hardly counts outside the routine duties of a priest, such as saying Mass and baptizing. The Cofradía clean and guard the church, the wives *(Capitanas)* decorate the altar and dress the Saints, and have outside duties too, but during the Saint's Day procession some most amazing interpretations of the Christian religion can be seen. During Easter Week some towns carry their ceremonies for the Passion to extremes, acting out each step in actuality. A sinner volunteers to take the place of Christ, and though he is not actually crucified by nailing, he is hung on the cross by ropes, already in such a debilitated state that he may be unconscious for hours during the final stages, and even be permanently injured. The self-sacrifice and mutilation of long ago is repeated.

Judas undergoes very rough handling. In one town the very individual Judas was a simple-minded zany, and he repeated his act year after year, turning it into a comic role, enduring the beatings and probings with such good humour and with that he added spice to the whole proceedings. When he died (a natural death), Easter Week lost its main attraction; it fell flat without Pedrito, even though the Christ hung on the cross.

In the Chichicastenango church, which serves 30,000 of this once powerful tribe, the priest is well and truly pushed to one side. The heads of the villages and hamlets come into town only on market days to sell their produce, and they represent their family and various neighbours. On the steps outside the church they burn copal, the Indian incense, on a primitive little altar, to the old gods of nature and the outdoors. They then climb the last steps and enter the church's main door, strewing a path of rose petals on the brick floor the full length of the nave from the door to the altar. The men kneel on one knee on either side of this rose petal carpet, and light a candle for each of the people to be prayed for. Each man will then, in his own tongue, talk in a loud voice direct to his God, and argue

templo, dejando un sendero de pétalos de rosa sobre el piso de ladrillo a lo largo de la nave, desde la puerta hasta el altar. Los hombres doblan solo una rodilla, colocándose a ambos lados de esta alfombra de pétalos de rosa y encienden una candela para cada una de las personas por quien deben rezar. Luego, cada hombre, en su propia lengua, habla en voz alta con su Dios; alega o suplica y presenta su caso, con la cabeza en alto y los ojos viendo directamente hacia adelante. No comprendo su idioma, pero al estar de pie en una oscura esquina de la iglesia, observando maravillada la intensidad religiosa de la doble fila de hombres y mujeres a cada lado de la alfombra de pétalos, todos hablando en voz alta, me parece escuchar a veces alguna voz muy enojada. El hombre ha llegado a la iglesia para regañar a Dios con ira, pero siempre con respeto, para indicarle donde ha fallado en el trato justo y bueno hacia sus hijos.

2
San Cristóbal Totonicapán
Quiché

Four Indian girls are wearing the embroidered circular collar of their pueblo, usually kept for best. Under it they will have a true Indian blouse. Some time ago the fashion for such collars must have been brought in from Spain and promptly adopted in San Cristóbal where it became a permanent part of the costume. In Spain the fashion changed and was forgotten. Feeling the strong Spanish influence I could not resist painting in the blue ribbon on the head of the girl on the right in the shape and place of a Spanish comb. The result has been that this watercolour, out of the set of sixty, is the favourite of anyone with Spanish blood, although they do not realize why.

Cuatro muchachas indígenas visten el cuello circular bordado de su pueblo, que generalmente se guarda para grandes ocasiones. Debajo usan un huipil indígena verdadero. Esta moda de los cuellos debe haber llegado de España hace tiempo y adoptada inmediatamente en San Cristóbal, donde se convirtió en permanente. En España esta moda cambió y fue olvidada. Percibiendo la fuerte influencia española, no pude resistir la tentación de pintar una cinta azul en la cabeza de la niña a la derecha, con la forma y colocación de una peineta española. El resultado ha sido que esta acuarela, entre las sesenta del juego, sea la favorita de todos los que tienen sangre española, sin darse cuenta del porqué.

SAN CRISTOBAL.
C.L.PETTERSEN
1973.

3
San Cristóbal Totonicapán
Quiché

This is the full Maya, the blouse, the sash, the wrap-around skirt, the elaborate silk hair-do representing the royal bird, the Quetzal, and the direct look and firm mouth. Over it all the Spaniard has thrown the white net lace, the mantilla and the European embroidery. The conquerors had to give some of their best and dressiest ideas to surpass those of the Mayan. Nothing shoddy was acceptable. There is no vulgarity in dress or behaviour.

Aquí se ve al maya de cuerpo entero, el huipil, la faja, el corte envuelto; el complicado tocado de seda que representa al ave real, el quetzal, la mirada directa y la boca imperturbable. Sobre todo esto, el español añadió el encaje de punto blanco, la mantilla y el bordado de tipo europeo. Los conquistadores tuvieron que ofrecer algunas de sus mejores ideas para superar las de los mayas. Nada inferior era aceptable. No existe vulgaridad ni en el vestido ni en el comportamiento.

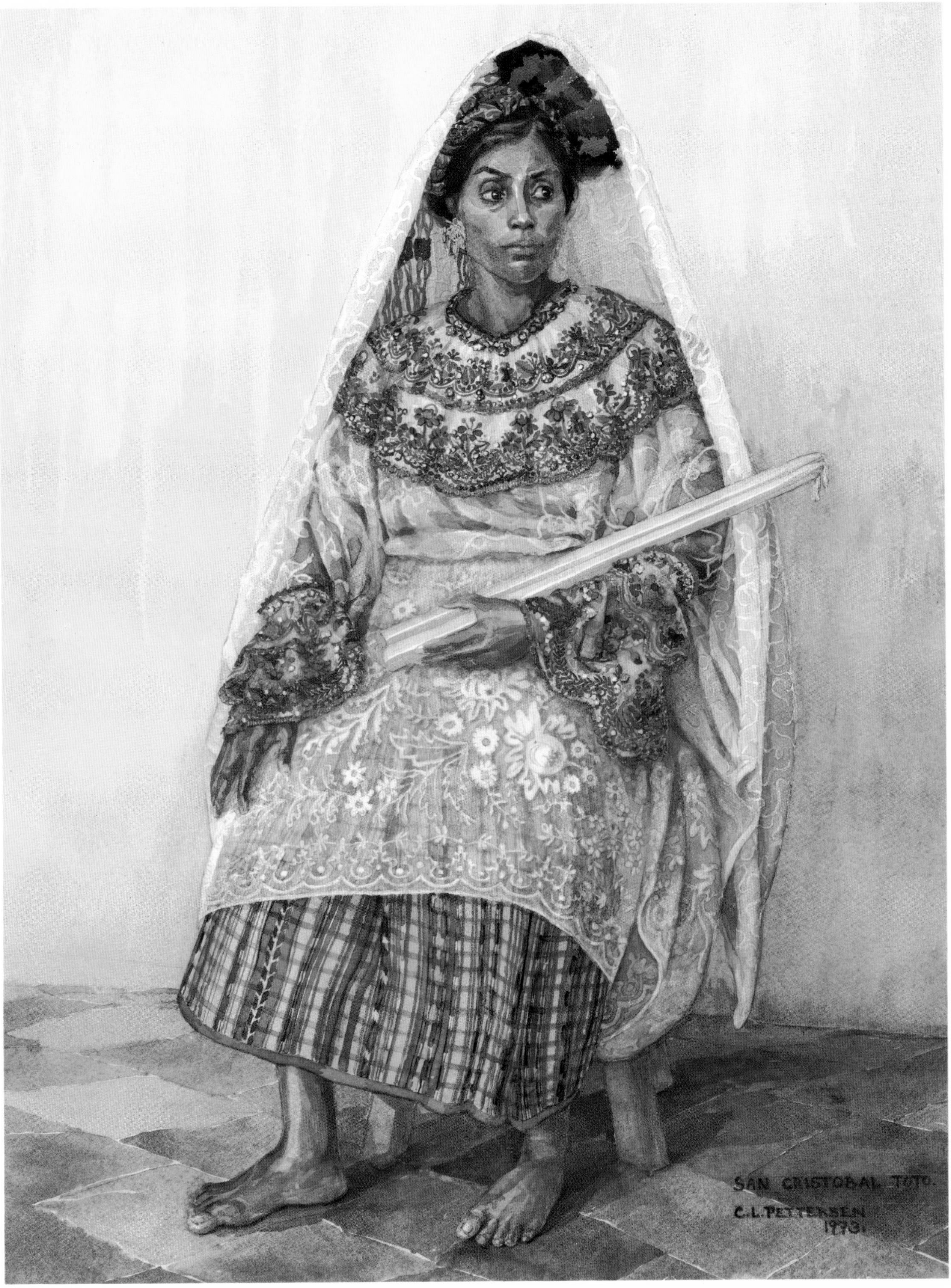
SAN CRISTOBAL TOTO.
C.L. PETTERSEN
1973.

or plead and state his case, with head raised and eyes looking straight ahead. I do not understand their language, but standing in a dark corner of the church watching and marvelling at the religious intensity of the double row of men and women on either side of the rose carpet, all talking out loud, it seems to me that there is an occasional very angry voice. The man has come to the church to scold God furiously, but still with respect, to point out to Him where He has failed to treat His children fairly or well.

The women are different. I shall never forget one youngish very unhappy woman, kneeling on both knees because of her tight dark skirt, with her magnificent heavy red blouse, her neck covered with string upon string of golden glass beads, her head lifted and tears pouring down her brown face as she pleaded and pleaded, with only one candle lit in front of her. No man was representing her. She had come on her own in her best and finest to face her God herself, for just one favour. It may have been to save a sick child or her dying husband. It was not necessary to understand her words. Here was a human drama bare and poignant, in the gloom of the church, by the light of the flickering candles on the floor, and with the heady smell of roses and Indian cloth.

Las mujeres son diferentes. Jamás olvidaré a una mujer, bastante joven y muy desdichada, hincada sobre ambas rodillas, debido a su estrecho corte oscuro, con su magnífico y pesado huipil rojo, su cuello rodeado por una hilera tras otra de cuentas de vidrio dorado, su cabeza en alto y con lágrimas que le rodaban por el rostro moreno, rogando y rogando, con sólo una vela encendida frente a ella. No la representaba ningún hombre. Había llegado por su propia cuenta, vestida con su mejor y más fina ropa para enfrentarse a su Dios, ella sola, y pedirle un único favor. Pudo haber sido para salvar a un hijo enfermo o a su hombre moribundo. No era necesario comprender sus palabras. Era un drama humano, desnudo y conmovedor en la penumbra de la iglesia, a la luz de las candelas que titilaban en el piso entre el fuerte olor a rosas y a tela indígena.

II

Popol Vuh
Momostenango

"Guatemala is a country of two well defined cultures, the Indian and the non-Indian or ladino, and consequently has been found to be an ample field for study and experiment. But the Indian has gained very little from this, other than becoming a tourist attraction or a subject of serious study by scholars, without any consideration as to what is beneath.
We must realize that a high percentage of the blood flowing in the veins of all Guatemaltecos is Maya Quiché and the Indian given the opportunity can equal the ladino in any capacity."

Francisco Rodriguez Rouanet

Popol Vuh

We are on the threshold of realizing the value of the Indian and what he is capable of, but until he is looked upon as a Guatemalteco, and not a member of an inferior race, we cannot be called a nation. Mexico, which had the same problem, has solved it and gained greatly thereby. A Mexican will say "I am a Mexican", no matter what his origin. In Guatemala the Indians are divided by their eighteen different tongues and on the whole lead a more satisfactory life than their counterparts in Mexico, partly because of better climate conditions, Mexico having such large areas of desert and semi-desert. The assimilation of the Indian in Guatemala will be slower for not being so urgent, and it must be voluntary on his part. It may well be that Guatemala as a whole will benefit. It will not always be the Indian who does so. Language is the first problem. There are already schoolteachers penetrating the towns and villages who teach in Spanish, and even a smattering of this ladino language will make the Indian more mobile and assured.
We cannot divide the many Indian groups racially, but only linguistically as shown on the map on p. 275. The groups overlap, there are pockets of one language isolated in another linguistic area, and in some places, like Aguacatán, there is more than one tongue spoken. Each language has been studied by the missionary Summer School of Linguistics and the gospel has been translated and written in each. This most constructive

'Guatemala es un país donde existen dos culturas bien definidas: la indígena y la no-indígena o ladina, por consiguiente se ha convertido en un constante laboratorio donde se encuentra un amplio campo de investigación y experimentación. Pero con ello el indígena ha ganado muy poco, puesto que, o se le toma como atracción turística o como objeto de serias investigaciones por los erudítos sin llegar al fondo real del problema.
Tenemos que reconocer que un gran porcentaje de la sangre que corre en las venas de los guatemaltecos es maya-quiché y que al dar al indígena las mismas oportunidades puede equipararse al ladino en cualquier campo.'

Francisco Rodríguez Rouanet

Popol Vuh

Estamos cruzando el umbral que habrá de conducirnos a que nos demos cuenta del valor del indígena y de lo que es capaz. En tanto sea considerado como una raza inferior y no como guatemalteco, no se nos puede llamar una nación. México tuvo el mismo problema y al resolverlo ha ganado mucho con ello. Un mexicano dirá: 'Soy mexicano', sin importarle su orígen. En Guatemala los indígenas están divididos por sus 18 lenguas distintas y en términos generales viven una vida más satisfactoria que sus congéneres en México, en parte por mejores condiciones climáticas, por tener México regiones desérticas y semidesérticas tan extensas. La asimilación del indígena en Guatemala será más lenta por no ser tan urgente, y debe ser voluntaria de parte suya. Es muy posible que en forma global, Guatemala se beneficie, si bien no en todos los casos el indígena. El idioma es el primer problema. Ya hay maestros de escuela que introducen en los pueblos y en las aldeas la enseñanza del español, e incluso unos retazos del idioma del ladino hacen que el indígena sea más móvil y se sienta más seguro.
No podemos dividir racialmente a los diversos grupos indígenas, pero sí linguísticamente, según se indica en el mapa en la página 275. Estos grupos se traslapan, existen bolsas de una lengua aislada en una región

4
Santa María Chiquimula
Quiché

These women are the most graceful and statuesque of the Maya, with their heavy, stiff skirts reaching to the ground and dark-coloured wool head-dresses. It is strange that this should be so, because, while young, these women are shepherdesses travelling continually over wide and rough open country herding their own, and other people's, flocks. The wool is sold raw and dirty to Momostenango, the wool pueblo. The men are stonemasons, make cargo nets from agave fibres and tiles and cooking pots of clay. The strange custom the women have of saving every combed-out hair of their heads and returning it to the back of the head in a tangled ball, added to all their lives, gives them a thick bun, over which the plaits and wool head-dress fall, adding to the bulk. This way they protect themselves from witchcraft. No one can take a hair of their head to work evil magic on them.

Estas mujeres son las más graciosas y esculturales entre los mayas, con sus pesadas y rígidas 'morgas' que llegan al suelo y con su tocado de lana oscura. Es extraño que así sea, ya que de jóvenes estas mujeres son pastoras que continuamente recorren los extensos y escabrosos campos, pastoreando rebaños propios y ajenos. La lana se vende cruda y sucia a Momostenango, el pueblo comerciante en lana. Los hombres son canteros, hacen redes de fibra de maguey para carga, así como ladrillos y ollas de barro. Las mujeres tienen la costumbre singular de guardar todo el pelo que se enreda en el peine, para usarlo en la parte trasera de la cabeza formando una bola enmarañada, a la que siguen agregando pelo toda la vida, hasta llevar un grueso moño, sobre el que caen las trenzas y el tocado de lana, dándole aún más volumen. Es la forma de protegerse contra las brujerías. Nadie puede quitarles un pelo de la cabeza para practicar magia dañina.

MARIA CHIQUIMULA.
ERSEN.
1931.

group of people was first formed in the highlands of Guatemala. They now work the world over after a missionary who was trying to convert an Indian was asked,"If your God is so wonderful why cannot He speak in my tongue?"

Of the eighteen languages spoken by the Maya Quiché, the Quiché speaking group is the most numerous with nearly 300,000 people. The Cakchiquel and the Mam are close seconds, the Pocomchí are 34,000, and so on down to the Mopán-Maya of no more than 2,000 living across the border of Petén and Belize.

On examination the Quiché language has been found to be well constructed and efficient, strictly grammatical, ample and exact in expression. We realize again that we are not dealing with a primitive people even if their natural evolution was interrupted 400 years ago. Even then there was an intellectual effort made by the Maya Quiché principals to record their religion, history and legends so that their culture should not be destroyed unrecorded. Some learnt the characters of the Roman script as soon as they could, probably from the Spanish priests, and wrote in their own tongue. The Popol Vuh, or Sacred Book of the ancient Quiché Maya, is without doubt the most valuable example of native American writing to have survived. The original manuscript is lost, but it seems to have been written from oral traditions in the middle of the sixteenth century by a highly intelligent member of the Quiché race. At the end of the seventeenth century Father Francisco Ximénez, the parish priest of Santo Tomás Chichicastenango, won the complete confidence of his parishioners and they lent him this manuscript. He rewrote it in the Quiché language in Roman characters, before he returned them the original.

It was not until the last century that this document came to light and was translated into Spanish and French. It is now in the Ayer Collection in Newbury Library, Chicago, together with Father Ximénez's study of the Cakchiquel, the Quiché and the Tzutujil languages.

The Popol Vuh corresponds to our Christian Bible, and is, moreover, the most important of the five literary treasures of the Maya that survived the Spanish Conquest and destruction by priests.

lingüística distinta y, en algunos lugares, como Aguacatán, se habla más de una lengua. Cada una de las lenguas ha sido estudiada por la 'Escuela Lingüística de Verano' de misioneros y el evangelio ha sido traducido y escrito en cada lengua. Este grupo, sumamente constructivo, se formó y originó en el altiplano de Guatemala, ahora trabaja en todo el mundo. Después que un misionero, trató de convertir a un indígena, éste le preguntó: '¿Si tu Dios es tan maravilloso, por qué no puede hablar mi lengua?'

De las 18 lenguas habladas por los maya-quiché, el grupo que habla quiché es el más numeroso, contando casi con 300.000 almas, le siguen muy de cerca el cakchiquel y el mam, después el pocomchí con 34.000 y así sucesivamente hasta el mopán-maya con no más de 2.000 almas que viven en la frontera de El Petén y Belice, en una estrecha franja de bosque.

Al ser estudiado, se estableció que el idioma quiché es un idioma bien construído y eficaz, estrictamente gramatical, amplio y exacto en la expresión. Una vez más nos damos cuenta que no se trata de un pueblo primitivo, si bien su evolución natural se interrumpió hace 400 años. Aun entonces los principales maya-quiché hicieron un esfuerzo intelectual para dejar constancia de su religión, historia y leyendas, de manera que su cultura no fuera destruída sin quedar registrada. Algunos aprendieron los caracteres de la escritura latina tan pronto pudieron, probablemente de los sacerdotes españoles, y escribieron en su lengua propia. El Popol Vuh, o libro sagrado de los antiguos maya-quiché, sin duda alguna es el ejemplo más valioso de escritura americana autóctona que ha sobrevivido. El manuscrito original se perdió, pero parece haber sido escrito con base en tradiciones verbales, a mediados del siglo XVI por un miembro de la raza quiché, sumamente inteligente. A fines del siglo XVIII, el Padre Francisco Ximénez, párroco de Santo Tomás Chichicastenango, se ganó la confianza completa de sus feligreses, quienes le prestaron este manuscrito, que él transcribió de la lengua quiché al español, antes de devolverles el original.

No fue sino hasta el siglo pasado que este documento salió a luz y fue publicado en español y francés. Ahora se encuentra en la Colección Ayer en la Biblioteca

Besides being historically important it is intensely poetical, and gives us an intimate understanding of the Quiché character and of his religious spirit. God of the World rules over all other deities, but, curiously enough, he is not infallible and may correct his errors. When he created man he first shaped him in clay, but this man broke, so he carved him in wood, but found him too inflexible, so then God fashioned him out of maize, and found him good.

Momostenango

In Momostenango the shamans, brujos and witches still use the Maya calendar, Tzolkin, of 260 days divided into thirteen months of twenty days each. Every day has a name, a power for good or evil and a number from one to thirteen. During the Tzolkin year each name day will come round thirteen times, each time with a different number. When the entire cycle of thirteen times twenty has been completed (the 260 days), the next day starts a new year. The rituals practised on this day are called the Ceremony of the Eight Monkeys.

All trained shamans, brujos and witches probably use this calendar and know how to calculate the various changes it goes through, but it is in Momostenango that the secret knowledge seems to surface, and it is there the new year is welcomed in. One kilometre outside the town is a place called Chuitmesabal, where stand altar mounds covered in broken pottery. On new year's day every mound has a shaman, brujo or witch standing by it, about two hundred in all, one third of them women, representing the God of the World, Dios Mundo. Indians from every part of the country join the people of Momostenango at dawn, after a night of prayer in the church, and walk out to the altars. They approach the shamans singly or in families and ask them to intervene with the God of the World on their behalf. Each shaman prays in a loud voice and gives most intimate details about his petitioner, which everyone within hearing seems to take quite naturally. The smoke of the burning copal rises and helps to lift the petition to heaven. Shards of broken pottery are

Newbury en Chicago, junto con el estudio del Padre Ximénez de las lenguas cakchiquel, quiché y tzutujil. El Popol Vuh corresponde a nuestra Biblia cristiana y es además el principal de los cinco tesoros literarios de los mayas, que sobrevivieron la conquista española y la destrucción por los sacerdotes.

Además de ser históricamente importante, es intensamente poético y nos ofrece la comprensión íntima del carácter quiché y de su espíritu religioso. El Dios del Mundo gobierna a todas las otras deidades, pero, como cosa curiosa, no es infalible y puede corregir sus errores. Cuando creó al hombre, primero lo formó de barro, pero se quebró; lo talló entonces en madera; sin embargo le pareció demasiado inflexible; fue por ello que Dios lo formó de maíz, y le pareció bien.

Momostenango

En Momostenango los shamanes, brujos y brujas todavía emplean el calendario maya, llamado Tzolkin, de 260 días, dividido en 13 meses de 20 días cada uno. Cada día tiene su nombre y un poder para el bien o el mal, y corresponde a un número del 1 al 13. Durante el año del Tzolkin cada día nombre rotará 13 veces cada vez con diferente número. Al completarse el ciclo total de 13 veces 20 (los 260 días), el día que se sigue inicia un nuevo año. Los ritos que se practican ese día se llaman Ceremonia de los Ocho Monos.

Todos los shamanes, brujos y brujas iniciados, probablemente emplean este calendario y saben calcular los diversos cambios que sufre, pero es en Momostenango donde parece que se manifiesta el conocimiento secreto, y es allí donde se le da la bienvenida al año nuevo. A poco más de media milla, en las afueras del pueblo, queda un lugar llamado Chuitmesabal, donde se alzan los montículos-altares cubiertos de tiestos fragmentados. El día del año nuevo, al lado de cada montículo hay un shaman, brujo o bruja, unos 200 en total, de los cuales una tercera parte son mujeres, representando al dios del universo, el Dios Mundo. Al alba, indígenas de todo el país se reúnen con la gente de Momostenango, después de una noche de oraciones en la iglesia, y caminan hacia los altares. Abordan a los shamanes,

5
Momostenango
Quiché

Momostenango is the wool pueblo for the whole country. They have sheep of their own but also buy wool from other tribes, in particular all that Santa María Chiquimula can produce. The wool foot-looms are worked by the men, but the women help with washing, carding, spinning and dyeing. Black wool comes from black sheep and is not dyed. The many blankets are made in bright colours and in the pattern particular to the town where they are to be sold.
Once woven they are 'felted', that is washed and soaked in the river to compact the wool. Then they are dried spread flat in the sun on the streets of the town. It is a common sight to see the Momostenango men standing beside stacks of neatly folded and very colourful blankets on the pavements of Guatemala City waiting for buyers.

Momostenango es el pueblo de la lana para todo el país, allí tienen sus propias ovejas, pero también compran lana a otras tribus, especialmente toda la que produce Santa María Chiquimula. Los telares de pie para tejerla son operados por hombres, pero las mujeres ayudan a lavarla, cardarla, hilarla y teñirla. La lana negra proviene de ovejas negras y no se tiñe. Las múltiples frazadas se confeccionan en colores vivos y según el diseño particular del pueblo en donde se habrán de vender.
Después de tejidas se 'fieltran', es decir, se lavan y remojan en el río para compactar la lana. Luego se secan al sol extendidas en las calles de Momostenango. Con frecuencia se ven momostecos parados al lado de montones de frazadas multicolores bien dobladas, esperando compradores por las calles de la Ciudad de Guatemala.

MOMOSTENANGO.
C.L.PETTERSEN.
1973.

thrown on the altar. Some people bring whole jars and *ollas* and break them there and throw them on the mound. There are thousands of people milling around waiting for their turn with the shamans at each mound. By dusk the crowds move with the shamans to a further hill where bigger altars stand and the praying goes on all night. Young shamans, probably from Xecul, who have been in charge of small mounds during the day, join the older men and are initiated. A careful study of this ceremony should reveal much of interest as the shamans talk with each other and discuss their professional problems. It is likely we would learn much that is left from the old religion.

Momostenango developed the wool industry after sheep were introduced and they practically have a monopoly on certain wool items such as blankets. They make the wool capes for some of the towns and villages, the wool belts, kilt blankets, and coats. They have quite a trade as far as Guatemala City for their foot-loomed bed blankets in beautiful colours and patterns. The whole family takes part in the manufacture, the carding, spinning and dyeing, but usually men work the looms. On Sunday, in the market, the raw wool is bought, and washed that same day. By Friday the family will have two or more blankets ready for sale in San Francisco El Alto market, and if not sold then they will appear on Sunday in the Momostenango market. There is never a stock of wool or even of dyes, as everything is bought in small quantities just enough for the week's work. Even the pottery jars containing the dyes are not big like the cotton dyeing vats in Salcajá. The black dye is taken from the Campeche and logwood from the Petén, and it comes in sticks which are further split up and boiled. The mordant used to fix the dye is copper.

When brown is taken from the alder bark it is fixed with wood ash, but if Brazil wood is added to make it darker then copper must be used. Brazil wood alone gives purple when mixed with cochineal and this can be worked cold, not boiled. Cochineal red is taken from an insect related to the earwig, that lives, feeds and breeds only on the tuna cactus. When a really bright red is required Lantana camara L, chinchinegrito, is added, a handful of flowers, leaves and stems,

solos o en familias para pedirles que intercedan por ellos ante el Dios Mundo. Cada shaman reza en voz alta y da los detalles más íntimos del solicitante. Todos los que se encuentran cerca lo escuchan tomándolo aparentemente con la mayor naturalidad. El humo del copal asciende y ayuda a elevar la petición al cielo. Los tiestos se tiran sobre el altar. Algunas personas llevan jarros y ollas enteras, las rompen allí y las tiran sobre el montículo. Hay miles de personas que bullen y esperan su turno con los shamanes en cada montículo. Al atardecer, la multitud se va con los shamanes a un montículo más lejano donde hay altares más grandes y siguen rezando toda la noche. Shamanes jóvenes, probablemente de Xecul, encargados durante el día de los montículos menores, se unen a los mayores para su iniciación. Un cuidadoso estudio de esta ceremonia ofrecería una revelación de mucho interés, ya que los shamanes se consultan y hablan entre sí y discuten sus problemas profesionales. Es probable que aprenderíamos mucho de lo que aún queda de su antigua religión.

Momostenango desarrolló la industria lanar después de la introducción de ovejas al país, y tiene casi un monopolio en ciertos artículos de lana como son las frazadas. Hacen capas de lana para algunos pueblos y aldeas, así como fajas, ponchitos y sacos. Tienen un buen comercio aún hasta en la ciudad de Guatemala para sus frazadas de bellos colores y diseños, hechas en telar de pie. Toda la familia participa en la manufactura, el cardado, hilado y teñido, pero generalmente solo los hombres trabajan los telares. Los domingos se compra lana cruda en el mercado, la que se lava el mismo día. Ya el viernes toda la familia tendrá dos o más frazadas listas para la venta en el mercado de San Francisco el Alto, y si no se venden allí, entonces aparecerán el domingo en el mercado de Momostenango. Jamás tienen una existencia de lana o de tinte, ya que todo lo compran en pequeñas cantidades, justo la cantidad suficiente para el trabajo de la semana. Ni siquiera los jarros de barro que contienen los tintes son del tamaño de las tinas para teñir algodón que usan en Salcajá. El color negro se obtiene del árbol de Campeche de El Petén y viene en palitos que se parten y luego se hierven. Cobre es el mordiente usado para fijar el tinte.

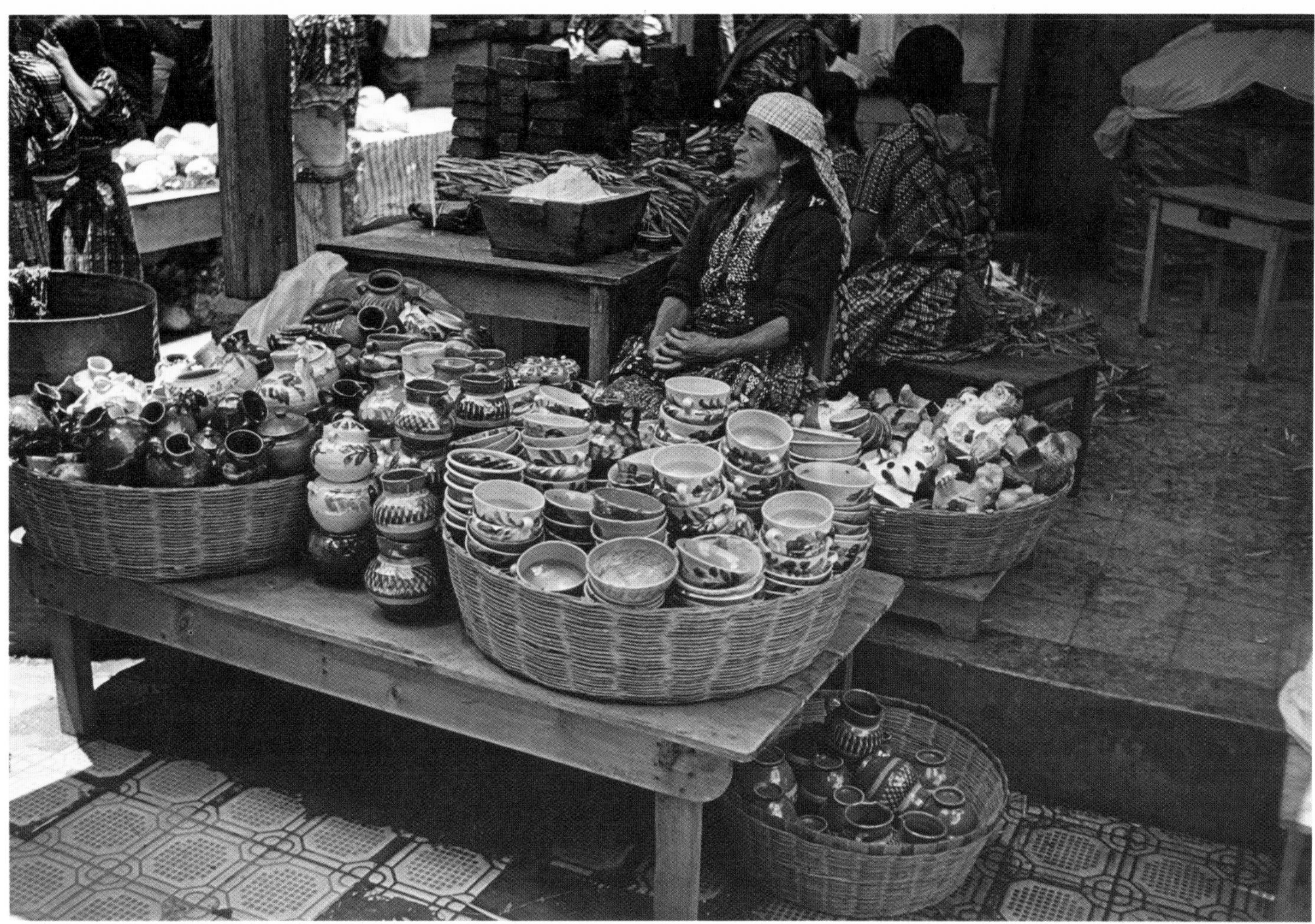

3. Pottery vendor
Vendedora de alfarería

for every 150 grammes of cochineal, and fixed with fifty limes ground up.

Before coffee was introduced to Guatemala cochineal was the most important export to Europe, and the centre of the trade was in Villa Nueva, where, for some unknown geographical reason, the area is much drier than anywhere in the surroundings. It was from here that the first postage stamp to leave Guatemala was mailed, on cochineal business. The trade was wiped out when Germany invented the aniline dyes derived from coal tar.

Indigo and palo amarillo together give the green and are fixed with copper, but very little of this colour is ever used in the blankets. The indigo itself is imported in dry cakes from Salvador, ground fine, and dropped into a big vat of water. Both the leaves and stems of the plant sacatinta, grown in the piedmont, are added, and the whole allowed to ferment for at least two weeks before being used. The dyer dips the yarn in, and the density of the blue depends on the length of time he

El color café, cuando proviene de la corteza del aliso, se fija con ceniza de leña, pero si se emplea palo de Brazil por sí sólo da morado al mezclarlo con cochinilla y éste se puede trabajar en frío, sin hervir. El rojo de cochinilla se saca de un insecto de la familia de la tijereta, que vive, se alimenta y se reproduce exclusivamente en el nopal (un cacto). Cuando se requiere un rojo verdaderamente vivo, se agrega una mano de flores, hojas y tallos de Lantana, chinchinegrito, por cada 150 gramos de cochinilla, y se fija con 50 limones molidos.

Antes de la introducción del café en Guatemala, la cochinilla constituía la exportación más importante a Europa; el centro de este comercio estaba en Villa Nueva, Guatemala, donde, por alguna razón geográfica desconocida, el área es mucho más seca que en los alrededores. Fue aquí de donde se envió el primer sello postal que saliera de Guatemala, en correspondencia sobre el negocio de la cochinilla. Este comercio se extinguió cuando Alemania inventó los colorantes de anilina derivados del alquitrán de hulla.

keeps it there. The preparation of the wool and the dyeing take more time than the actual weaving, especially the indigo or blue. When the blanket is finished it is given a good wash in the sulphur hot springs just outside the town. This softens the wool and takes out all the surplus colour. All the blankets are laid out down the streets of Momostenango to dry in the sun, and it is a gay and lovely sight to see the long rows of hundreds of blankets with their great variety of patterns and colours.

As indigo dyeing needs vats and more time, a man will usually make this his sole occupation and be perpetually stained dark blue to above the elbows. The yarn, whether cotton or wool, is brought to him by the weavers. Most of the womens' cotton skirts are indigo dyed, some so heavy, woven with twisted cotton, that they appear to be wool, and so dark that they are called black.

In Antigua several years ago there lived an indigo dyer in a tumbled-down old colonial house. He took in overnight lodgers and housed them in the many empty rooms of the house. One day two men whom he knew had sold a considerable amount in the market and therefore had money on them, came and asked for a night's shelter. He and his assistant murdered them while they slept and sunk the bodies into the indigo vat, where they stayed for a number of days till a chance came to bury them elsewhere. After some weeks the police and the relatives of the murdered men located where they were buried, and digging them up found them preserved in dark blue indigo. The crime was easily traced to the dyer and his assistant.

El añil y el palo amarillo juntos, dan el verde y se fijan con cobre, pero este color es muy poco usado en las frazadas. El añil en sí es importado en tortas secas de El Salvador, luego se muele muy fino y se echa en una gran tina de agua. La planta sacatinta, que crece en la boca costa, se agrega en hojas y tallos y la mezcla tiene que fermentar por lo menos dos semanas antes de usarse. El teñidor sumerge la hilaza en este colorante y controla la densidad del azul de acuerdo al tiempo que la deja dentro. La preparación de la lana y el teñido toman más tiempo que el tejido en sí, especialmente para el añil o azul. Cuando se termina la frazada se lava cuidadosamente en los manantiales sulfurosos cerca del pueblo, lo que ablanda la lana y elimina los excesos de color. Todas las frazadas del pueblo las extienden en las calles empedradas de Momostenango para secarlas al sol, y es un espectáculo alegre y encantador ver las largas hileras de cientos de frazadas con su gran variedad de diseños y colores. Como el teñido con añil requiere tinas y es más lento, generalmente es un solo individuo quien toma éste como su único oficio y tendrá perpetuamente los brazos teñidos hasta arriba de los codos de azul oscuro. La hilaza, se la llevan los tejedores. La mayoría de los cortes de algodón se tiñen con añil, y algunos quedan tan oscuros que se les describe como negros. En Antigua, hace muchos años, vivía un tintorero de añil en una antigua casa colonial. Daba hospedaje a transeúntes por una noche, alojándolos en las muchas habitaciones vacías de la casa. Un día, dos hombres conocidos suyos, que habían vendido una cantidad considerable en el mercado y por consiguiente llevaban dinero, llegaron a pedirle alojamiento por la noche. El tintorero y su ayudante los asesinaron mientras dormían y hundieron los cadáveres en la tina de añil, donde permanecieron unos días, hasta que se presentó oportunidad de enterrarlos en otro lugar. Después de algunas semanas la policía y los parientes de las víctimas localizaron el sitio donde estaban y al desenterrarlos los encontraron conservados en añil oscuro. Fue fácil seguir el rastro del crimen hasta el tintorero y su ayudante.

III

Indians I Have Known
Indígenas Que He Conocido

San Andrés Xecul

While working in the western highlands around Quezaltenango I learnt that in San Andrés Xecul there is a school for brujos (wizards) referred to as the "University". I tried to find out why an Indian becomes a brujo . . . Well, it is the same story with Protestant missionaries, a man has a calling and applies for entry into the school. He is interviewed and tested, and if he shows aptitude and has the necessary character and background, he may be accepted and then carefully trained under several brujos at this Indian "University".

I am amazed that ethnologists have not uncovered this before as it is nothing new. It is called a university because it gives higher education. Apparently, before applying, the boy or young man, naturally a pure Quiché Indian, must have had some sort of apprenticeship under a brujo in his own pueblo, and have been recommended by him to San Andrés Xecul.

The forests on the hills that half encircle the pueblo are dotted with stone altars and many other secret places, and it is obvious to anyone travelling through this all-Indian village that a lot goes on at night that is not easily explained. There is little through-traffic as the road leads nowhere.

I have no idea how many students there are in this brujo school as I have never felt I could go into San Andrés Xecul and ask questions. Witchcraft is frowned on by the non-Indian and the Church. It is mostly kept very quiet and out of sight, but I do know that once a man has gone through this university and is a fully-fledged brujo he is treated in his community as if he had a degree. Each brujo has a little pouch of odds and ends; several quartz pebbles, pieces of obsidian, red beans, copal incense, jadeite and some other items. The brujo pours these out on to a table or clear bit of ground, pushes them around separating some from the others, regrouping and again separating till he concentrates on just a few and then works his magic.

There is white magic and black magic, and though they overlap slightly, I tell you only of the white. The black is practised by untrained people who have an

San Andrés Xecul

Cuando trabajaba en el altiplano occidental en los alrededores de Quezaltenango, me enteré que en San Andrés Xecul existe una escuela para brujos, a la que se refieren como la 'Universidad'. Traté de averiguar por que un indígena se hace brujo . . ., bueno, al igual que un misionero protestante, el hombre percibe el llamado y solicita ingresar en esa escuela. Se le entrevista y se le somete a prueba, y si demuestra aptitud y tiene el carácter y los antecedentes necesarios, podrá ser aceptado y adiestrado cuidadosamente por varios brujos en esta 'universidad'.

Me sorprende que los etnólogos no hayan descubierto esto antes, ya que no es nada nuevo. Le llaman universidad porque brinda formación superior. Parece que antes de solicitar ingreso, el muchacho o joven, un indígena quiché puro naturalmente, tiene que haber tenido alguna clase de aprendizaje bajo instrucciones de un brujo en su propio pueblo, y ser recomendado por éste a San Andrés Xecul.

Los bosques en los cerros que en semicírculo rodean al pueblo están salpicados de altares de piedra y de muchos otros lugares secretos y es obvio para cualquiera que viaje por esta aldea totalmente indígena que muchas cosas suceden de noche que no tienen fácil explicación. Hay pocos transeúntes, ya que el camino no conduce a ningún lugar.

No tengo idea de cuántos alumnos asistan a esta escuela de brujos, pues me pareció que no podía ir a San Andrés Xecul para hacer preguntas. Los ladinos y la Iglesia desaprueban la brujería, ésta la guardan muy en silencio y fuera de la vista, pero sí sé que una vez un individuo haya pasado por esta universidad y es un brujo hecho y derecho, goza de una posición equivalente a la de alguien con un título. Cada brujo lleva una bolsita con objetos varios: guijarros de cuarzo, pedazos de obsidiana, frijoles colorados, incienso de copal, jadeíta y otros. El brujo los echa sobre una mesa o en el suelo limpio, los separa con la mano, vuelve a separarlos, hasta que se concentra sólo en unos cuantos y luego hace su magia.

Hay magia blanca y magia negra, y si bien levemente se traslapan, únicamente hablaré de la blanca. La

evil or perverse streak in them. They have mean characters and like to frighten, cheat and cause harm and unhappiness, while those who practise white magic interpret natural happenings, give advice, and try to solve problems. They often do help, though these good brujos are not above giving love potions, and may harm one man in helping another.

The trained brujo is a left-over from the old religion and the original priests, a respected man and of value to the community. He treats each customer personally like a doctor. He listens carefully to the case before prescribing a cure or solution, and all the while he shuffles his odds and ends around. He is versed in the stages of the moon, the sun and the seasons. He is wise to the ways of birds and animals, and the hungers, passions and jealousies of men. He is a servant of Dios Mundo, God of the World, and Hurakán the Heart of Heaven.

His customer may have come to consult about his crops, his wife, illness, or the auspicious day to start on a journey or a new venture. He may be seeking advice on the choice of a suitable daughter-in-law for his son, or what to do with a very troublesome neighbour. The brujo gives it all deep thought and tries to find the right answer from his experience and training. His presence is desired at weddings and funerals and on all occasions of importance in his community. For payment everyone will give him a little money, food and drink, but for the special individual consultations one or two bottles of rum are essential. If a sacrifice on a stone altar is called for the customer will provide the animals. Rum is used on all religious and ceremonial occasions, and it is necessary to drink plenty and show the effects; it is quite unthinkable for a man or woman to attend any occasion without drinking. Smoking is almost as ceremonially essential.

I know this brujo school in San Andrés Xecul trains the brujos for all the Quiché tribes, which are extensive enough, but I was not able to find out if the Mams and the Cakchiquels also send their students there. I would not be surprised, as witchcraft seems to be a basic practice, but maybe the other tribes have their own schools.

magia negra la practican personas sin adiestramiento, que tienen una vena maligna; caracteres mezquinos a quienes les gusta asustar, engañar y causar daño y desdicha, mientras que la magia blanca interpreta acontecimientos naturales, aconseja, trata de resolver problemas y frecuentemente ayuda, si bien estos brujos buenos son capaces de dar elixires de amor, y pueden perjudicar a un hombre al ayudar a otro.

El brujo adiestrado es un remanente de la antigua religión y de los sacerdotes originales – un hombre respetado y de valor para la comunidad. Trata a cada cliente como persona individual, en la forma como lo haría un médico, escuchando atentamente el caso antes de recetar una curación o solución, mientras mueve los objetos que ha vertido de su bolsita. Es versado en las fases de la luna, del sol y de las estaciones. En su saber conoce de aves y animales; del hambre, de la pasión y de los celos del hombre. Es servidor del Dios Mundo y de Hurakán, el corazón del cielo.

El cliente puede haber llegado a consultar acerca de sus cultivos, su esposa, enfermedades o del día propicio para comenzar un viaje o una nueva empresa. Puede haber llegado a solicitar consejo respecto a la selección de una esposa apropiada para su hijo joven, o sobre la actitud que debe tomar ante un vecino muy díscolo. Todo esto el brujo lo medita profundamente y trata de encontrar la solución justa según su experiencia y adiestramiento. En los matrimonios y funerales y en toda ocasión importante en su comunidad es deseada su presencia. En pago, todos le darán un poco de dinero, comida y bebida, pero para las consultas individuales especiales son esenciales una o dos botellas de ron. Si se hace necesario un sacrificio ante un altar de piedra, el cliente proporcionará los animales. El ron se usa en todas las ocasiones religiosas y ceremoniales y es necesario beber mucho y exponer sus efectos, siendo inconcebible que un hombre o una mujer asista a cualquier evento sin beber. El fumar es casi tan ceremoniosamente necesario.

Sé que esta escuela de brujería en San Andrés Xecul adiestra a los brujos para todas las tribus de los quichés, que son bastantes, pero no pude averiguar si los mam y los cakchiqueles también envían a sus estudiantes allí, lo que no me sorprendería, ya que la brujería parece ser

To do research on this would be extremely interesting and of great value. It would undoubtedly reveal much that is still hidden, and which has survived from way back before the Conquest, when the priests still ruled and what we now call witchcraft was the established religion and legitimate practice.

Cuilco

Working in so many places round the country on archaeological sites for most of my life, I have had very happy contacts with Indians, either working for me or quite independent. At one time in the 1940s I went into the Mam country eight kilometres beyond the pueblo of Cuilco, to a small dig which I was working alone. There was only one Indian family living anywhere near so I boarded with them during my time there. The hut had just one room and in it lived the father and mother, six children from a baby in arms to a twelve-year-old boy, and all the dogs. It was crowded, but the nights were still cold. I was made most welcome and taken in as one of the family and given a corner sleeping board. I can truly say I was very happy there.

The whole family was well adjusted. Born into their natural though restricted environment there was little they desired to change and its limitations were accepted without questions. They were like birds in their lack of the restlessness and the competitive spirit that drives us, and yet they were so very human and like us in all their other reactions. They fed me too. They ate very large heavy tortillas and, of course, chili. The woman made a delicious soup for dinner out of all sorts of vegetables, mostly wild weeds, quite watery but excellent in flavour. All the cooking was done inside the house. They served no meat and no eggs. Perhaps the few chickens round the house were not laying then. In financial terms they were a very poor family, but they were dignified and not a bit ashamed of their home or children. The house was clean and the earth floor was swept daily. The walls were unplastered adobe, and the roof tiled in the Spanish pattern of that area. It was extended towards the front to give

algo básico. Sin embargo, es posible que las otras tribus tengan sus propias escuelas.

Sería sumamente interesante y de gran valor hacer investigaciones sobre esto, ya que sin duda nos daría a conocer mucho de lo que permanece oculto y ha sobrevivido desde tiempos anteriores a la conquista misma, cuando aún gobernaban los sacerdotes y lo que ahora llamamos brujería entre nuestros indígenas era la religión establecida y la forma legítima de pensamiento.

Cuilco

Habiendo trabajado en muchos sitios arqueológicos por todo el país, durante la mayor parte de mi vida, he tenido contactos muy felices con los indígenas, unos por trabajar conmigo y otros de manera independiente. Durante los años 40 una vez fui a la región de los mam, 8 Kms. más allá del pueblo de Cuilco, a una pequeña excavación en que trabajaba solo. Unicamente una familia indígena vivía en las cercanías, de manera que con ella me alojé mientras estuve allí. El rancho consistía de un solo cuarto y allí vivían el padre y la madre, seis hijos desde un niño en brazos hasta un muchacho de 12 años, con todos los perros. Estábamos bastante amontonados, pero las noches eran frías. Me acogieron bien, y me aceptaron como a uno de la familia. Se me asignó mi esquina con su tabla para dormir. Puedo decir con franqueza que fui muy feliz allí.

Toda la familia está bien ambientada. Ha nacido dentro de su medio natural y aunque restringido, son pocos los cambios que desean y aceptan sus limitaciones sin reservas. Viven como los pájaros sin la inquietud y el espíritu competitivo que a nosotros nos impele, sin embargo son muy humanos y todas sus reacciones son como las nuestras. También me alimentaron. Usaban tortillas muy grandes y gruesas y, naturalmente, chile. Para la comida la mujer hacía una sopa excelente con toda clase de verduras, en su mayor parte hierbas silvestres, bastante aguada pero de buen sabor. Se cocinaba totalmente dentro del rancho. No servían huevos ni carne, posiblemente porque las pocas gallinas alrededor de la casa no estaban poniendo. Económicamente era una familia pobre, pero tenía dignidad y

6
Almolonga
Quiché

There are springs of clear water all around Almolonga and they give this village of the Quiché tongue the name, 'The place where water springs'. The people grow vegetables for the nearby city of Quezaltenango. Their gardens are in small patches on the gentler slopes and valleys and the variety of colour among the well watered vegetables resembles the patchwork pattern of the blouse and head-cloth. The pattern seems to change for no obvious reason in mid-length of the cloth, exactly as the folds of the ground break the pattern of the truckgarden. It comes as a relief to rest ones eyes on the stark dark volcanic slope so uncomfortably near, or to look at the woman's plain dark skirt. The village is new, compared with others, formed on land given by Zunil. Besides their truckgarden the men transport for others, and own many trucks which they pay for cash down when they buy. Among the Indians themselves they are looked upon as being clever with money and are regarded as capitalists.

A todo el rededor de Almolonga hay manantiales de agua clara que dan el nombre a esta aldea de lengua quiché 'el lugar donde nace agua'. La gente cultiva verduras para vender en la cercana ciudad de Quezaltenango. Sus huertas son pequeñas parcelas en las pendientes más suaves y en los valles. La variedad de colorido entre las verduras bien regadas se asemeja al diseño de parches bordados en el huipil y el pañuelo para la cabeza. El dibujo, sin razón evidente, parece cambiar a mitad del ancho o largo de la tela, exactamente como los pliegues del terreno rompen el diseño de la huerta. Es un descanso para los ojos volverlos hacia la severa y oscura pendiente volcánica, tan inquietamente cercana, o mirar el refajo oscuro y liso de la mujer. Comparada con otras, la aldea es nueva, levantada en tierras donadas por Zunil. Aparte de trabajar en sus huertas, los hombres dan servicio de transportes. Son propietarios de muchos camiones, los que pagan al contado al hacer la compra. Entre los propios indígenas se les estima por ser hábiles con el dinero y se les considera capitalistas.

ALMOLONGA. QUETZALTENANGO.
C.L. PETTERSEN.
1973.

7
Almolonga
Quiché

The zigzag pattern on head-cloth and shirt is unrelieved except for the unexpected red band on the sleeve showing the basic material. The man's trousers were copied and rewoven from loom scraps in an old house as they have not been seen worn for a generation. The village lies just outside Quezaltenango, on the slopes of the active volcano Santa María. They had a terrible time in the great earthquake of 1902, followed by the devastating eruption in October that year. Since then they have watched, at close quarters, a complete new volcano grow out of the crater. The wide horizon seen from his high altitude is magnificent; the two huge volcanoes lie to the west and the green lowlands flattened to the sea far to the south.

El diseño en zigzag del lienzo para la cabeza y de la camisa es continuo, salvo por la inesperada franja roja sobre la manga, que deja ver la tela base. Los pantalones fueron copiados con restos de materiales hallados en una casa antigua y tejidos de nuevo, ya que en una generación no se han visto en uso. La aldea es aledaña a la gran ciudad de Quezaltenango, en las faldas del Volcán de Santa María aún activo. Pasaron tiempos angustiosos con el gran terremoto de 1902, al que siguió una erupción devastadora en octubre de ese mismo año. A partir de entonces han observado de cerca cómo surge todo un nuevo volcán del cráter. El extenso horizonte que se contempla desde esta gran altura es magnífico; dos inmensos volcanes se yerguen al oeste y hacia el sur las verdes tierras bajas alcanzan al mar en la lejanía.

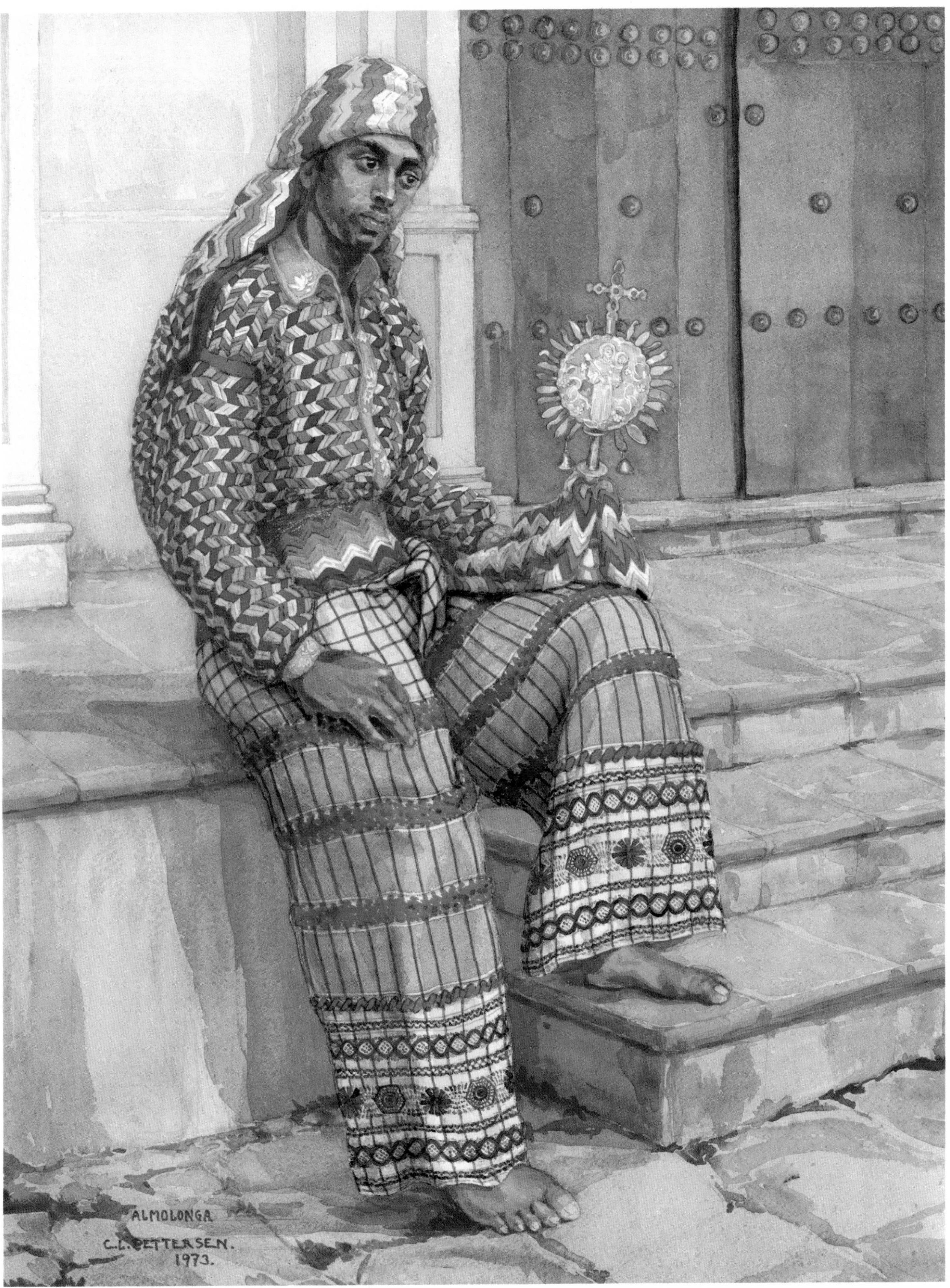
ALMOLONGA
C.L. PETTERSEN.
1973.

them a front porch the length of the house, and this allowed them a lot more space during the day. They sat out there to shuck their corn.

The river ran close by, so water and washing was no problem. Of an evening I would come back from my work and wash up in the river, where the man and his son had been before me, and then he and I would sit on the porch and chat. Men eat first and alone, so we were served out there and it was most pleasant. The woman only spoke Mam so I could not communicate with her except to say "Buenos días" and "Buenas noches". She wore native costume but it is so long ago that I cannot describe it to you. She did no weaving. Yes, the man wore sandals, but the common ones used now made of leather with rubber soles cut out of old tyres, not the real Mam sandal with the high protective heel, like the ones carved on the stelae and still worn by the Todos Santos men. The boy worked all day with his father with hoe and machete, and every day the woman took their lunch out to them. They were simple folk, milperos, maize growers, and they also planted the big pumpkin called chilacayote, and, of course, red chili.

As they were only eight kilometres from the pueblo, Cuilco, they walked in on Sundays, sold their corn and bought what they needed, a little salt, a few cigarettes and perhaps a drink or two.

Sitting chatting with the husband on the porch of an evening I was amazed at his knowledge. He knew every bird that flew by, and talked about the trees, plants and animals of his environment and would tell me interesting things about each. He asked questions about the stars and the heavens, which he had always watched, and the moon and its changes. He asked what all this meant, and how it was all held together. He quite astonished me. I got him talking about maize and its origin, which is so important in that area which has the Teosinte grass and perhaps the Tripsicum, and he said, "Oh yes, all round my house and in this valley the mother-corn grows!" I was left astounded as it was not so long before that our scientists had come to this same conclusion. He got up and went out and pulled up two kinds of grass, brought them to me and said, "These are the mothers of our maize. The fields

no se sentía avergonzada en lo más mínimo de su hogar o de sus hijos. El rancho estaba limpio y el piso de tierra se barría a diario. Las paredes eran de adobe sin repellar y el techo de teja hecha en la región, que se extendía formando un corredor a lo largo del frente, lo que les daba mucha libertad de acción durante el día, allí fuera se sentaban a destusar el maíz. El río estaba cerca, de manera que el agua y el lavado no eran problema. Por la noche, cuando regresaba del trabajo, me lavaba en el río donde ya habían estado el hombre y su hijo, y luego el hombre y yo nos sentábamos en el corredor a charlar. Los hombres comen primero y solos, así que nos servían allí y era muy agradable. La mujer únicamente hablaba mam, de manera que no me podía comunicar con ella, salvo para decirle 'buenos días' y 'buenas noches'. Usaba traje típico, pero de esto hace tanto tiempo, que ya no lo puedo describir. Ella no tejía. El hombre calzaba caites ordinarios de los que se usan ahora, hechos de cuero arriba con suelas recortadas de llantas viejas, no la verdadera sandalia mam, de alto talón protector, como se ve tallada en las estelas, y que todavía usan los hombres de Todos Santos. El niño trabajaba todo el día con su padre con azadón y machete y la mujer les llevaba su almuerzo diariamente al campo. Era gente sencilla, milperos que también sembraban la calabaza grande llamada chilacayote y, naturalmente, el chile rojo.

Como estaban a sólo 8 kms. del pueblo de Cuilco, iban allí a pie los domingos y vendían su maíz para comprar lo que les hacía falta, un poco de sal, unos cuantos cigarrillos y quizás un trago o dos.

Sentado, charlando con el hombre por las noches, me sorprendieron sus conocimientos. Conocía todo pájaro que volaba enfrente, y hablaba de los árboles, las plantas y los animales de su medio ambiente, dándome información interesante acerca de cada uno. Me hizo preguntas acerca de cada uno. Me hizo preguntas acerca de las estrellas y los cielos que siempre había observado y sobre la luna y sus cambios. Me preguntó el significado de todo esto, y cómo se sostenía entre sí. Me dejó muy asombrado. Hice que me hablara del maíz y su origen, que es tan importante en esa región donde se dan la gramíneas teosinte y tripsicum y me dijo: 'Sí,

are full of them." It is believed now that maize originated in this area.

I think this type of knowledge is inherited, handed down from father to son. How else could he know? He could neither read nor write and had had next to no contact with the outside world.

Before I left he gathered more of these grasses for me. I tied them on to the back of my pack mule on top of the precious results of my dig, but unfortunately they fell off on the way to Cuilco, so I never proved his statements.

Totonicapán

In Totonicapán, on a market day around the year 1940, I met an old lady. She had an outstandingly beautiful Totonicapán head-ribbon wound around her thin hair. I could not help but show my interest and asked her to let me examine it closer. She was very kind when she saw I really appreciated the fine workmanship, and invited me to her house to see some other textiles.

She took me up and down little side streets till we arrived at her house. There she opened her chest and took out her wedding costume from 1910. She took off her head-band to show me it had the date of the wedding and her own and her husband's name woven into it. The huipil, the skirt and the belt were of pure silk. She told me it had cost her Q. 150.00 at the time. The whole thing was superb – beautifully kept in the chest in that little dark room. I have never forgotten it. We are accustomed to seeing the ordinary huipiles and cortes in the streets and markets, but this was something quite different. I have always felt that the Indians hold back the things they cherish most. It is seldom you can gain their confidence and goodwill to the point when they will let you see their treasured pieces.

This old lady will have died long ago, and it is probable that she was buried in her silk wedding dress and would use it where she was going. Children do not like to wear inherited clothes. They carry the personality and the *nahual* of those already gone.

alrededor de mi casa y en este valle crece la madre del maíz.' Me quedé pasmado, pues no hacía mucho que nuestros científicos habían llegado a la misma conclusión. Se levantó, salió y arrancó dos clases de gramínea, y trayéndomelas dijo:

'Estas son las madres de nuestro maíz, los campos están llenos de ellas.'

Ahora se cree que el maíz se originó en esta área. Me parece que este tipo de conocimiento es heredado, transmitido de padre a hijo. ¿De qué otra forma pudo haberlo sabido? No podía leer ni escribir y casi no tenía contacto con el mundo exterior.

Antes de irme, recolectó más de estas gramíneas para mí, las que até al lomo de mi mula de carga, sobre los preciados resultados de mi excavación, pero lamentablemente se cayeron camino a Cuilco, de manera que nunca podré comprobar la exactitud de sus afirmaciones.

Totonicapán

En Totonicapán, un día de mercado, allá por el año de 1940, conocí a una anciana, que llevaba una cinta excepcionalmente bella de Totonicapán enrollada en su escasa cabellera. No pude dejar de mostrar mi interés y le pedí que me dejara examinarla más de cerca. Fue muy amable al ver que yo realmente apreciaba su fina labor, y me invitó a su casa para ver otros textiles. Me llevó por callecitas empinadas que subían y bajaban hasta llegar a su casa. Al llegar, abrió un cofre y sacó su vestido de boda de 1910, quitándose la cinta del pelo para enseñarme que llevaba tejida la fecha de la boda y los nombres de ella y su esposo. El huipil, el corte y la faja eran de seda pura. Me dijo que en aquel entonces le habían costado Q 150.00. Todo era espléndido . . . magníficamente conservado en un cofre en esa pequeña habitación oscura. Jamás lo he olvidado. Estamos acostumbrados a ver los huipiles y cortes corrientes en las calles y los mercados, pero esto era algo muy distinto. Siempre me ha parecido que los indígenas ocultan las cosas que más aprecian. Rara es la ocasión en que se gana su confianza y buena voluntad al grado de que permitan ver sus piezas más preciadas.

8
San Andrés Xecul
Quiché

Xecul means 'Under the blanket'. This is in truth a protected and happy village of 6,000 inhabitants and under fifteen 'ladinos'. It is sheltered on three sides by mountains, and lies facing the rising sun, in a beautiful, rich, flat valley of deep soil and crystal clear streams. As it is not far from the head town of Totonicapán the blouses are adorned with a round yoke common to the whole district; but here instead of only symbolic shapes we have a riot of animals and birds amongst strange blossoms. This girl wears a jet and silver necklace, her basket is covered with a natural brown cotton cloth under which lie pumpkins, and on her right is a net bag holding clay cooking pots for sale. Her apron is an important part of her dress and she will never be seen without it. It has been woven on a man's foot-loom as has her skirt. As the old gods have been so kind to this pueblo and its people, they have never abandoned them and to the present day carry on their pagan rites alongside those of the Roman Catholic religion.

Xecul significa 'debajo de la frazada' y en realidad ésta es una aldea protegida y feliz de 6.000 habitantes con menos de 15 ladinos. La abrigan montañas por tres lados y mira hacia el sol naciente, en un bello y rico valle plano, de suelo profundo y arroyos cristalinos. No estando lejos de la cabecera de Totonicapán, los huipiles se adornan con un canesú redondo, común en todo el distrito, pero aquí, en vez de sólo formas simbólicas, encontramos una multitud de animales y pájaros entre flores raras. La niña lleva un collar de azabache y plata, su canasto está cubierto con una servilleta de algodón natural color café, debajo de la cual hay calabazas, y a su derecha se halla una red con ollas de barro para la venta. Su delantal es parte importante del traje y jamás se le verá sin él. Fue tejido en un telar de pie, por hombres, al igual que su corte. Como los antiguos dioses han sido tan bondadosos con este pueblo, su gente jamás los ha abandonado y hasta el presente siguen con sus ritos paganos a la par de los de la religión católica romana.

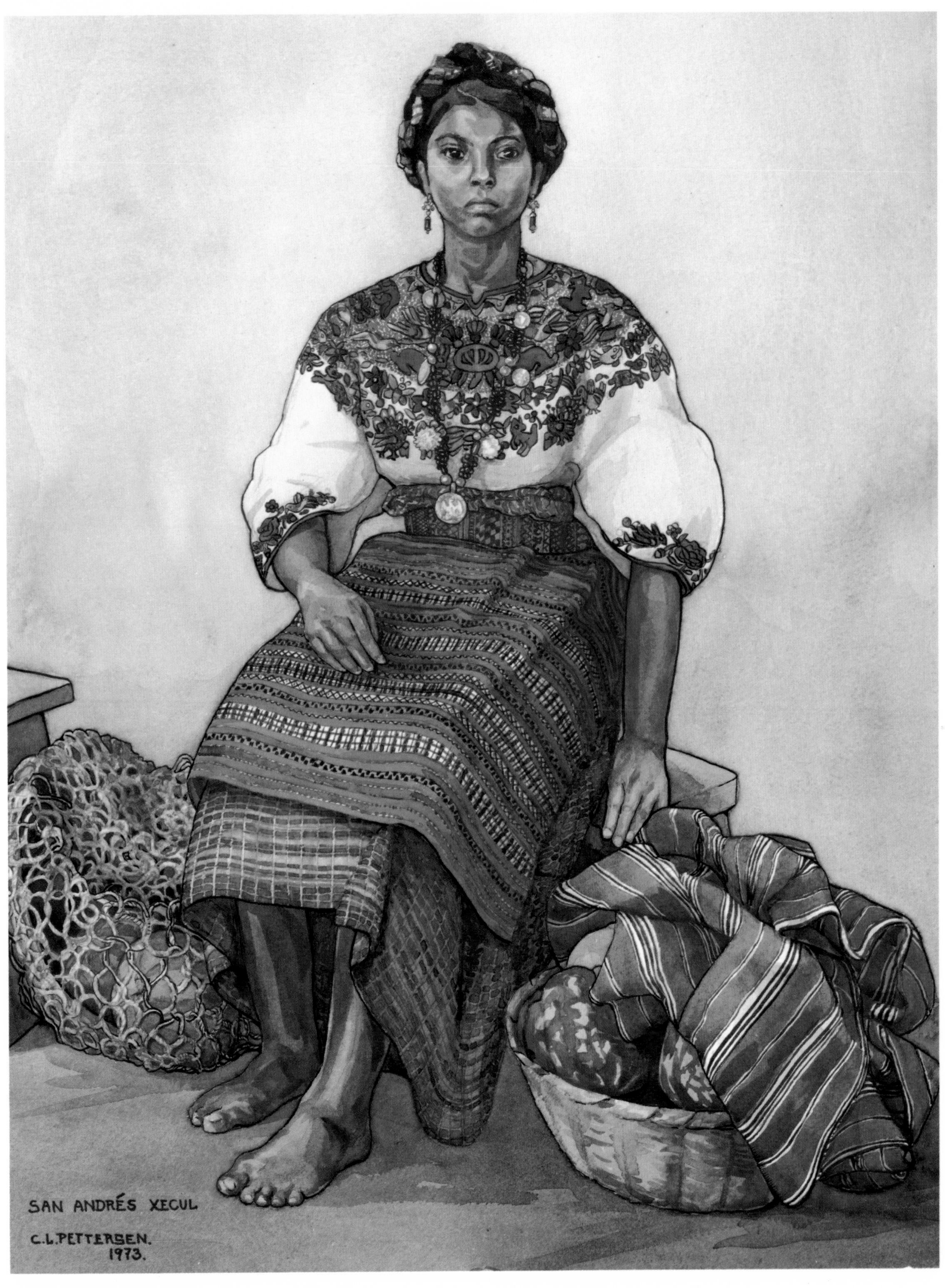
SAN ANDRÉS XECUL
C.L.PETTERSEN.
1973.

Tikal

I have always liked working with the Indians. They can be trained to be more careful and precise than the usual ladino when working on an archaelogical dig. When we were digging a tunnel into one of the pyramids our workmen came from all parts of the country. One day I had a fellow working with me in the narrow tunnel. Just to make conversation as we rested a minute to stretch our backs, I said to him: "Do you know why we are going to the expense and trouble of digging this tunnel and looking for earlier floors and buildings?" He answered:
"Oh si, señor, you are studying my ancestors."
"Do you know about the ancient Mayas?"
"Si, señor."
"Where do you come from?"
"Momostenango, señor."
I asked if he knew about the calendar of 260 days in the year, and he said he did and about the burning of copal and the breaking of pots. The shamans gather the people and they must bring their earth pots, even the most precious, and break them into small pieces and burn them with copal incense, to mark the end of the 260-day year. Then they start the new year with new pots and jars. This has been the custom in the town of Momostenango for ages.
I was surprised when he told me all this down a hot, narrow tunnel in Tikal. He knew what we were doing and he worked with intelligence and interest, and it made a better worker of him than someone who was just doing it for the pay, and who denied his ancestry.

Told by Edwin M. Shook

Esta anciana habrá muerto hace mucho y es probable que la hayan enterrado en su vestido de seda de boda. A los hijos no les gusta vestir ropa heredada, porque creen que guarda la personalidad de los desaparecidos.

Tikal

Siempre me ha gustado trabajar con indígenas, quienes al ser adiestrados, son más cuidadosos y exactos que los ladinos en general para trabajar en excavaciones arqueológicas.
Nuestros trabajadores provenían de todas partes del país y conversando con un muchacho que trabajaba conmigo en este estrecho túnel, mientras descansábamos un rato para estirar las espaldas, le dije:
'¿Tú sabes por qué estamos haciendo el gasto y tomándonos la molestia de excavar este túnel, buscando pisos y edificios antiguos?' – me contestó:
'Oh, sí, señor, usted está estudiando a mis antepasados.'
'¿Tú tienes conocimiento de los antiguos Mayas?'
'Sí, señor.'
'¿De dónde eres?'
'De Momostenango, señor.'
Le pregunté si sabía acerca del calendario de 260 días al año y me dijo que sí y también de la quemada del copal y la rotura de las ollas.
Los shamanes reúnen a la gente y ésta tiene que llevar sus ollas de barro, para romperlas en pequeños pedazos, quemándolas con copal, lo que marca el año de los 260 días. Luego comienzan el nuevo año con ollas y jarras nuevas, ésta ha sido la costumbre en Momostenango desde tiempo inmemorial.
Me sorprendí, cuando el hombre me contó todo esto dentro de un estrecho y caluroso túnel en Tikal. Sabía lo que estábamos haciendo y trabajaba con inteligencia e interés, por lo cual era un mejor trabajador que cualquier otro que sólo lo hubiera hecho por la paga, negando a sus antepasados.

Contado por Edwin M. Shook

IV

Sacapulas

The Rio Negro flows from west to east across half of Guatemala before turning at right angles to the north and forming the boundary between Guatemala and Mexico, and ultimately emptying its great volume into the Bay of Campeche, north of Yucatán. The river rises in the Sierra Madre mountains, here called Cuchumatanes, and at first flows in a trough at the foot of these mountains before turning north. Along its right bank at a certain place the trough widens into a flat stretch of about 700 by 400 metres. Salt springs ooze up and the Maya Indian has evaporated the water and used the salt for thousands of years.

A pueblo has grown up here. It is said that the first people originally came from the far north fleeing from more savage tribes. They followed the river south, keeping to its windings through deep jungle, until, in a generation or two, they arrived at the salt springs and settled on the flat piece of river bank. The original name was Tajul, meaning hot springs, but this was changed to Sacapulas, the grassy place, by the Spaniards, as they treasured the baskets made of straw that grew there.

The place is mentioned in 1544 by the Dominican monks sent to pacify the Alta Verapaz. They wrote in their report to the king in Spain that as there was no salt in all their spiritual domain, Indian merchants had to travel the long hard way to Sacapulas to buy salt and bringt it back to sell in the markets of the Verapaz. Again in 1722 Ximénes, writing his "Natural History of the Kingdom of Guatemala" in Sacapulas, mentions the value of the salt springs to all humans living within reach.

The Rio Negro comes down in flood when the rains in the Sierra Madre are heavy. In September 1949 the rains were exceptional and the river deposited thousands of tons of rock and sand on the flat bank, burying the greater part and destroying it for salt production. The part not buried is still used and the owner of each section works it with his daughters from November to April, the dry hot season, completing their age old cycle of work every ten days and immediately starting again. The method used in the cycle is primitive. A great deal of time and hard work goes into producing comparatively little salt.

El Río Negro corre de oeste a este, atravesando la mitad del país, antes de girar en ángulo recto hacia el norte y formar la frontera entre Guatemala y México, para desembocar su gran caudal en la Bahía de Campeche, al norte de Yucatán. El río nace en las estribaciones de la Sierra Madre, aquí llamada los Cuchumatanes, y al principio fluye a través de una barranca honda al pie de estas montañas antes de tornar hacia el norte. Al margen de su ribera derecha, en determinado lugar, se ensancha la barranca formando un área plana aproximadamente de 700 por 400 metros. En este lugar surgen fuentes saladas, los indígenas mayas han evaporado el agua y usado la sal durante miles de años.

Aquí se instaló un pueblo del cual se dice que los primeros moradores originalmente vinieron del norte lejano, huyendo de tribus más salvajes. Siguieron rumbo sur, río arriba, sin apartarse de sus interminables giros a través de espesa selva, hasta llegar en una o dos generaciones a los manantiales salados, donde se asentaron, en la planicie de la ribera.

El nombre original fue Tajul, que significa vertientes calientes, pero los españoles lo cambiaron a Sacapulas, lugar de pastos, porque apreciaban los canastos hechos de la paja que allí crece.

Los Dominicos que en 1544 fueron enviados a pacificar la Alta Verapaz, mencionan el lugar en su informe al rey de España, escribiendo que, por no haber sal en todo su dominio espiritual, los comerciantes indígenas viajaban por el largo y arduo camino hasta Sacapulas para comprarla y llevarla de nuevo a venderla en los mercados de Verapaz.

Nuevamente en 1722, el Padre Ximénez, al escribir en Sacapulas su Historia Natural del Reino de Guatemala, menciona el valor que tienen los manantiales de sal para todos los seres humanos que los tienen a su alcance.

El Río Negro baja en creciente cuando las lluvias son fuertes en la Sierra Madre. En septiembre de 1949 las lluvias fueron excepcionales y el río depositó miles de toneladas de roca y arena sobre la planicie de la ribera, soterrándola en su mayor parte y destruyendo la producción de sal. La parte no afectada todavía está en uso y el dueño de cada sección la trabaja con sus hijas desde noviembre hasta abril, la temporada seca y caliente, completando su antiguo ciclo de trabajo de diez días

On the first morning of the cycle fine soil is scattered evenly on to the surface of the section to be worked, to the depth of 2 cms. This is then sprinkled with hot salt water oozing up from the springs near the flats. The sprinkling starts at eight in the morning as soon as the sun warms up, and is continued till two in the afternoon. The earth is then raked into small cone shaped heaps called Tub'ubaj'kan. The following day the earth is spread out and the sprinkling continues till two in the afternoon, when the earth is again raked. This is repeated again during the third day, as the earth can take a full eighteen to twenty hours sprinkling

cada uno y empezándolo inmediatamente otra vez. El método empleado en este ciclo es primitivo. Están involucrados mucho tiempo y mucho trabajo arduo para producir relativamente poca sal.

La primera mañana del ciclo, se esparce tierra fina sobre la superficie de la sección que ha de trabajarse, con media pulgada de espesor. Luego se rocía con agua salada caliente tomada de los manantiales cerca de las salinas. El rociado comienza a las ocho de la mañana, tan pronto calienta el sol, y se sigue hasta las dos de la tarde. Luego se recoge la tierra en montoncitos de forma cónica, llamados *tub'ubaj'kan.* Al día siguiente

4. Chicken sale
Venta de pollos

and drying under the sun before it is saturated with salt.

On the fourth day young girls carry the earth up the bank in baskets to the higher level of the embankment. I may mention here, as an interesting sidelight, that I have never seen elsewhere a group of girls with such fine full breasts as those carrying the salt in Sacapulas. Naked from the waist up, balancing the square baskets on their heads as they repeatedly climb up the slope with their loads, they are a pleasing sight.

The *pueblo,* with its little white houses scattered about, the flats sparkling with salt, the rushing river and the high impressive Sierra Madre rising steeply on the further shore of the fast moving water, and the busy line of moving girls, make a perfect picture. Old broken masonry arches line the river bank. Bridge after bridge has been built and swept away by the angry river.

The girls carry the baskets called petaquillas (shuc) to the filtering frames on the higher ground, empty the earth into them and fetch more till all is packed in tight and smooth, patear la tierra, (cat ac' an chi' palbad). Once full, each filter will then receive fifteen big water jars of the same hot saline water from the springs on the flats below. As each jar is poured on, the liquid will start dripping through the filter to the shallow catch-basin below it. The first filtration is called la primera gota (caj'rakan) and will fill twelve jars. The second filtration, after a little more water is added, will fill four jars and is of lower salinity.

The liquid from the catch-basins is poured into open earthenware pots (cu'les) and a small amount of maize meal is sprinkled into each pot to help the salt to crystallize. The pots are set to boil over a very hot fire till the salt in the water crystallizes into either *Sal Blanca* or *Sal Negra,* according to how long it has boiled. The firewood is pine, and this boiling of saline water is the chief reason for the deforestation of the zone.

The salt, once crystallized, is shaped into round flat cakes in a wooden mould made of balsa wood (Jo'kana' caxetán), dried again in the sun, and is then ready for sale.

The salt from the second filtering is made into big sooty balls (por chac Ixbâj), or else the brine is sold locally for cattle.

la tierra se vuelve a esparcir y el rociado continúa hasta las dos de la tarde, cuando se recoge la tierra de nuevo, cosa que se repite el tercer día, ya que la tierra tolera de 18 a 20 horas completas de rociado y secado al sol, antes de estar saturada de sal.

Al cuarto día las muchachas jóvenes llevan esta tierra en canastos a un nivel más alto de la ribera.

Quiero mencionar aquí, como observación adicional, que en ninguna otra parte he visto un grupo de muchachas con senos tan bellos y exuberantes como las que acarrean la sal en Sacapulas. Desnudas de la cintura para arriba, balanceando sobre la cabeza sus canastos cuadrados al subir muchas veces la pendiente con su carga, son un bello espectáculo.

El pueblo con sus esparcidas casitas blancas, los centellantes playones de sal, el presuroso río con los altos Cuchumatanes al otro lado de las rápidas corrientes y con la activa fila de muchachas, presenta una escena perfecta. Antiguos arcos de mampostería bordean la ribera, restos del sinfín de puentes construídos y arrancados por el furioso río. Las muchachas acarrean los canastos, llamadas *petaquillas* (shuc), a los marcos filtradores situados más arriba, en donde vierten la tierra, volviendo por más, hasta que todos queden llenos en forma apretada y pareja, esto se llama patear la tierra. Una vez llenos, cada filtro recibirá luego 15 grandes jarras de la misma agua salina de los manantiales de abajo. Conforme se vierte cada jarra, el líquido comienza a filtrarse sobre un recipiente recibidor. La primera filtración llamada primera gota, llena 12 jarras. La segunda, al haber agregado un poco más agua, llena cuatro jarras y es de más baja salinidad.

El líquido recogido se vierte en ollas de barro abiertas (cu'les) y se rocía un poquito de harina de maíz en cada una para ayudar a fijar los cristales de la sal. Se ponen a hervir sobre fuego muy fuerte hasta que la sal en el agua se cristaliza en sal blanca o en sal negra, según el tiempo que haya hervido. La leña usada es de pino y la hervida del agua salada es el motivo principal de deforestación en esa región.

La sal, una vez cristalizada, se forma en tortas redondas planas en un molde hecho de balsa (Jo'kana'caxetán), luego es secada nuevamente al sol y entonces está lista para la venta.

Sacapulas

9

Cotzal

Ixil

Cotzal, Nebaj, and Chajul are sister pueblos of the Ixil tribe with several unique characteristics. Cotzal means 'warm climate', and this town is so called by Chajul, which lies on higher ground. Of its 10,000 inhabitants, including the surrounding villages, less than 200 are of mixed blood.
The couple shown here are in full ceremonial robes, and belong to the highest social class. They were born to their responsibilities. The rakish angle at which the woman wears her head-dress is correct and respectable. Her ears are pierced with several holes. Bright-coloured thick wool threads are passed through each hole and dangle down to her shoulders with a threaded coin or bead.
The man holds the church monstrance with a special cloth. His hat is very heavy and his sash very elaborate. The double-headed bird appears twice on the front of the woman's tunic, and her necklace is thick and heavy with coral and silver.

Cotzal, Nebaj y Chajul son pueblos hermanos de la tribu ixil con varias características singulares. Cotzal significa clima caluroso y lo llama así el pueblo de Chajul, situado a mayor altura. De sus 10.000 almas, incluyendo las aldeas circunvecinas, menos de 200 son de sangre mixta.
La pareja pintada aquí lleva la vestimenta completa de cofradía o ropaje ceremonial. Pertenece a la más alta clase social, sus responsabilidades las hereda al nacer. El tocado lo lleva la mujer airosamente ladeado, es así correcto y respetable. Tiene las orejas perforadas con varios agujeros por los cuales pasa hilos de lana gruesa de vivos colores que cuelgan hasta sus hombros con una moneda o cuenta ensartada.
El hombre sostiene la custodia de la iglesia con una tela especial.
Su sombrero es muy pesado y su faja muy bordada. El ave bicéfalo aparece dos veces en el frente de la túnica de ella y su collar es grueso y pesado con coral y plata.

COTZAL
C.L. PETTERSEN.
1974.

10
Nebaj
Ixil

The blouse is barbaric, spectacular and most attractive, covered in strange figures of people, animals, birds and horses. The belt has a geometrical pattern embroidered in wool. The skirt is red cotton called 'crea' imported directly from Manchester, England, and is highly prized as it never fades and is very durable. Catarina's head-dress looks a jumble but is actually very carefully and systematically tied in with her hair. The cloth consists of a long scarf at least 34 cms wide with pompoms loose at both ends. My daughter had to take a series of eight photos of Catarina building it up before I could copy it. Two boys came from this distant village, leaving it for the first time in their lives, to check if I had painted the costume correctly. They burst into joyous laughter at seeing the picture, and then burst into tears. They were homesick and here was a girl from their own pueblo. I was much relieved as I had had great doubts about the head-dress. Catarina has since died from the white man's killer: tuberculosis.

El huipil es exótico, espectacular y sumamente atractivo, cubierto de extrañas figuras de gente, animales, aves y caballos. La faja tiene un diseño geométrico bordado en lana. El corte es de algodón rojo llamado 'crea', importado directamente de Manchester, Inglaterra y es muy apreciado porque nunca destiñe y es muy durable. El tocado de Catarina parece una maraña, pero en realidad va muy cuidadosa y sistemáticamente atado con el cabello; consiste en un largo lienzo de por lo menos 34 cm de ancho, con pompones sueltos en ambos extremos. Mi hija debió tomar ocho fotografías en serie de Catarina elaborando el tocado, antes de que yo pudiera copiarlo. Dos muchachos llegaron de este lejano pueblo, dejándolo por primera vez en sus vidas, para verificar si yo había pintado correctamente el traje. Estallaron en alegre risa al ver el cuadro y en seguida se pusieron a llorar. Sufrían de añoranza al ver frente a sus ojos una muchacha de su propio pueblo. Me sentí muy aliviada respecto al tocado, sobre el cual tenía serias dudas.
Catarina ya murió de tuberculosis, el asesino del hombre blanco.

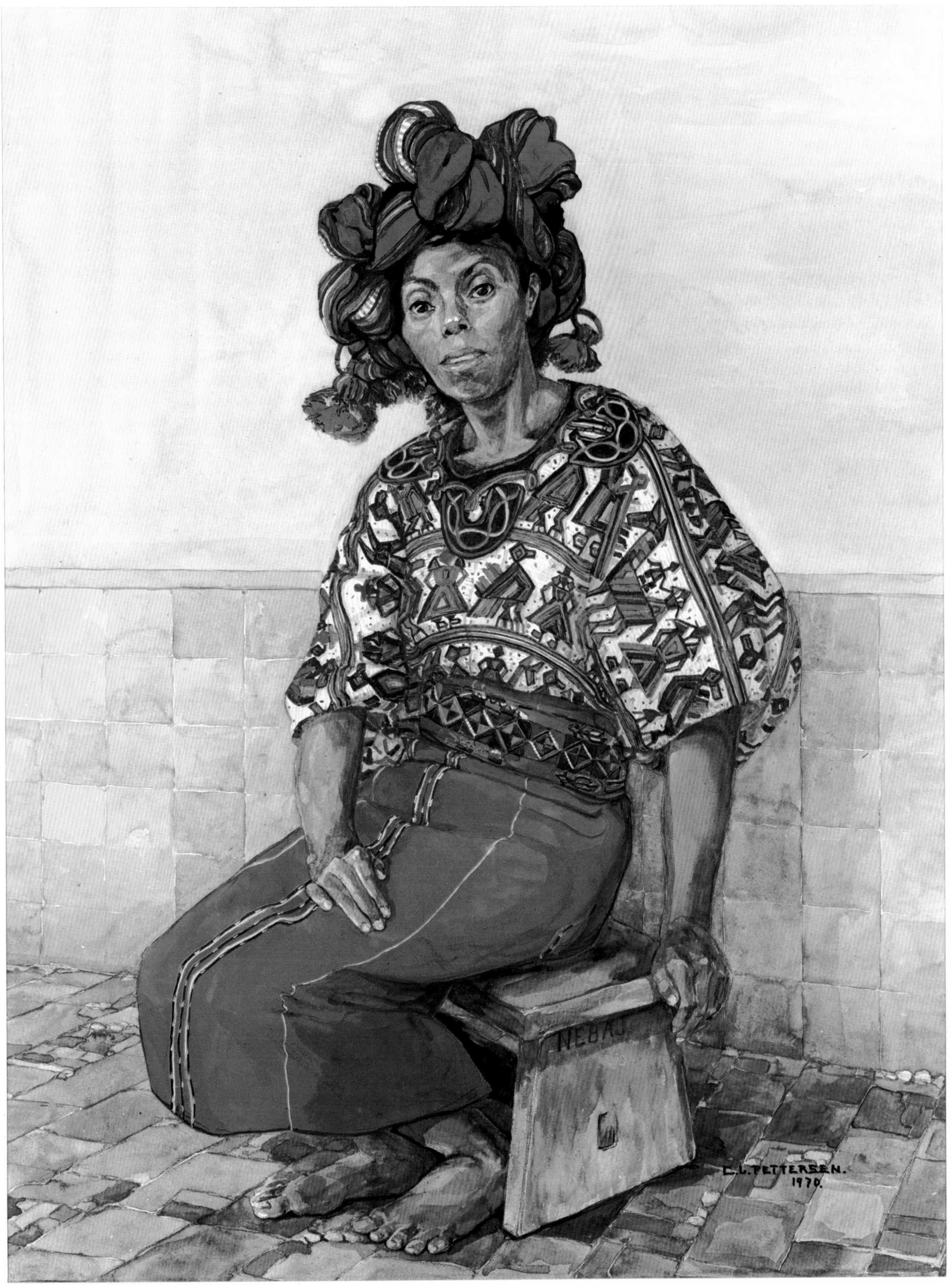
NEBAJ
C. L. PETTERSEN.
1970.

The Ixil pueblos to the north, Nebaj, Chajul, and Cotzal, as well as others nearby, only buy salt balls as they prove cheaper at two dollars a ball than the very small white cakes at five cents for three.

There is less salt production now than formerly, and there is likely soon to be less still. Sacapulas was, in its day, the only source of salt for tens of thousands of people living in the northern highlands of Guatemala. The place grew into a pueblo of considerable importance. Many buyers trod the roads that led to it from every direction, and it thus became a meeting place for many tribes, and an important cross-roads. Huehuetenango lies to the west, the Alta Verapaz to the north east, and to the south lies the old Quiché capital of Utatlán. Sacapulas is still a cross-roads even without a bridge, but most of the salt now used is sea salt brought up from the Pacific shores.

When I first came to Guatemala as a young woman, I was shocked to see so much incidence of goitre in the highlands, especially among the women, whose huge tumoured necks were an ugly and pitiful sight. Now it is many years since I have seen a single case. The lack of iodine in salt causes goitre and the government has now made compulsory the addition of iodine to the salt of Sacapulas, which, not being sea salt, is completely devoid of this most important element.

The pride and joy of the Sacapulas market-place are the two great ceibas, cotton trees, which stand before the old colonial church and shade the salt traders with their heavy canopy of foliage. As the pueblo lies in a valley beyond the line of volcanoes and at the foot of the Sierra Madre which stretch from Alaska to Tierra del Fuego, the climate is hot. People who have never lived in a hot dry climate such as this cannot fully appreciate the value of great shady trees in an open-air market. Day after day the women and girls sit on the ground under the wide branches and enjoy the cool breeze made possible by the large area covered by these huge trees. The plazas of most pueblos large and small around the country are shaded by ceiba trees, and not long ago Guatemala City also used them for its many little markets on the outskirts of the town. They are unfortunately gone now, victims of modernization. Legends and fertility rites are tied up with the

La sal de la segunda filtración se moldea en grandes bolas negruzas (por chac Ixbâj), o si no, se vende la salmuera localmente para el ganado.

Los pueblos ixil al norte, Nebaj, Chajul y Cotzal, así como otros cercanos, sólo compran sal en bola, a dos quetzales cada una; les resulta más barata que las pequeñísimas tortas blancas, a tres por cinco centavos.

Actualmente la producción de sal es menor que antes, y es probable que disminuya aún más. En sus tiempos fue Sacapulas la única proveedora de sal para decenas de miles de personas en el altiplano septentrional de Guatemala, esto la hizo prosperar y se convirtió en un pueblo de considerable importancia. Muchos compradores han caminado por los caminos que llegan allí desde todos los rumbos y así se convirtió en lugar de reunión para muchos viajeros y tribus, y en importante cruce de caminos. Huehuetenango está al oeste, Alta Verapaz hacia el noroeste, y al sur queda la antigua capital quiché de Utatlán. Sacapulas sigue siendo un cruce, aun sin puente, pero la mayor parte de la sal que se usa en los pueblos es sal de mar, llevada de las costas del Pacífico.

Cuando de joven, vine por primera vez a Guatemala, ví con horror la alta incidencia de bocio en el altiplano, especialmente entre las mujeres cuyos grandes tumores eran un espectáculo feo y lamentable. Actualmente, hace ya muchos años que no he observado un solo caso. La falta de yodo en la sal causa el bocio y el gobierno ha hecho obligatorio agregar yodo a la sal de Sacapulas que por no ser de mar, carece totalmente de este importante elemento.

Orgullo y alegría del mercado en Sacapulas son las dos grandes ceibas que crecen frente a la vieja iglesia colonial y que con su espeso follaje brindan sombra a los comerciantes de sal. El clima del pueblo es caliente por estar en un valle detrás de la cadena de volcanes y al pie de la Sierra Madre, que se extiende desde Alaska hasta la Tierra del Fuego.

Las personas que nunca han vivido en un clima seco y cálido como éste no pueden apreciar plenamente el valor del gran árbol de sombra en ese mercado al aire libre. Día tras día las mujeres y las muchachas pasan sentadas bajo las amplias ramas disfrutando de la fresca brisa que ofrece el área extensa cubierta por estos

ceibas which are the nucleus of community life in each pueblo. Rarely will an Indian fell one, even when ordered to do so by a big boss. He will let them stand in his maize fields and does not grudge them the space and soil, as for him they represent time and permanence, and the connection in his life from the past to the present. Only the city dwellers, seeing no use for a tree and considering themselves above Indian superstitions, will wield the axe and lay down the asphalt where the giant once stood giving shelter and shade to generation after generation.

Old customs of life and old values are going. The following conversation was heard recently in the market of Sacapulas under one of the big ceibas, when David O. casually enquired if any of the women selling remembered ever having seen an old woman wearing a more elaborate *huipil* than that worn now in the pueblo. He would like to buy one if such a thing existed, even if it were worn and torn. A young woman heard him and spoke to a thin grey haired old man standing by.

enormes árboles. Las plazas de la mayoría de los pueblos grandes y pequeños del país están sombreadas por ceibas, y no hace tanto que la Ciudad de Guatemala también las usaba en muchos de sus pequeños mercados en las afueras de la ciudad. Lamentablemente han desaparecido, víctimas de la modernización.

Leyendas y ritos de fertilidad se relacionan con las ceibas, núcleo de la vida comunal de cada pueblo. Muy rara vez un indígena tala una ceiba, aun si se lo ordena un jefe importante. Las deja en sus milpas sin regatear el espacio y suelo que ocupan, pues para él representan el tiempo y la permanencia, es eslabón entre el pasado y el presente de su vida. Sólo los habitantes urbanos, que no ven la utilidad de un árbol considerándose por encima de las supersticiones de los indígenas, tomarán el hacha y echarán asfalto donde se erguía el gigante brindando su sombra a generación tras generación.

Las viejas costumbres y los antiguos valores están desapareciendo. Recientemente, en el mercado de Sacapulas, bajo una de las grandes ceibas, se escuchó la siguiente conversación, al preguntar David O., casualmente si alguna de las mujeres vendedoras recordaba haber visto alguna vez a una anciana llevando un huipil más elaborado que los ahora en uso en el pueblo, pues, si lo hubiera le gustaría comprarlo, aunque estuviera usado y roto. Una muchacha lo escuchó y se dirigió a un anciano flaco de pelo gris que estaba cerca.

"Don Domingo," le dijo, "¿por qué no vendés los viejos huipiles de tu mujer?" El anciano se puso angustiado y nervioso y medio volvió la espalda. Ella siguió: "Tu vieja María tiene 10 años de muerta, y tú estás guardando sus huipiles en el rancho. ¿Para qué?, No tienes hijas que se los pongan, porque se han marchado y se hicieron ladinas. Necesitas la plata. Estás viejo y con hambre. Cuando mueras, tus hijos los venderán y se beberán el dinero que debiera ser tuyo. No puedes guardar el pasado, porque ya se fue, al igual que tu mujer. Ofréceselos a este señor que te pagará bien, tiene cara de bueno. Vamos, véndelos y usa el dinero para tí."

El anciano oscilaba de un pie a otro y al ver brotar lágrimas en sus ojos, a David también le brotaron. El anciano se desgarraba al afrontar el hecho de que lo que ya no está, está perdido, y que los huipiles de su

11
Sacapulas
Quiché

Sacapulas is a salt making village lying alongside the Rio Negro, which runs in a trough across the country beyond the volcanic range. The salt oozes up to the surface, from unknown depths, on a flat on the river bank. As it contains no iodine this is now added, and goitre in these highland regions has disappeared. Every man and woman works with the salt. The old woman has come to church in her ceremonial blouse to light candles. Her grandchild and the boy have crept in behind her and are carrying on a discreet flirtation. Round the woman's neck is one of the distinctive silver necklaces made in this town. Someone else has brought her basket of round salt-cakes to be blessed before being sold. The people weave very fine squarish baskets, and are also well known for the delicious candies they make, perhaps to counteract so much salt.

Sacapulas es una aldea productora de sal, ubicada a un lado del Río Negro que corre por un cañón a través del país, detrás de la cadena volcánica. En una planicie de la ribera la sal brota a la superficie desde profundidades desconocidas; no contiene yodo, por lo que ahora se le agrega, habiendo logrado que desaparezca el bocio en el altiplano. Todos, hombres y mujeres, trabajan en la sal. La viejita ha llegado a la iglesia, vistiendo su huipil ceremonial, para encender candelas. Su nieta y el muchacho entran cautelosamente detrás de ella y coquetean discretamente. En el cuello la mujer lleva uno de los característicos collares de plata hechos en este pueblo. Otra persona ha traído su canasto con tortas de sal para recibir la bendición antes de ser vendidas. La gente de aquí teje canastos muy finos, casi cuadrados, y también es muy conocida por los deliciosos dulces que elabora, quizá para contrarrestar tanta sal.

SACAPULAS.
C.L.PETTERSEN
1974.

"Don Domingo", she said, "why don't you sell your wife's old huipiles?" The old man looked distressed and nervous and half turned his back. She continued: "Your old María has been dead these ten years, and you are keeping her huipiles in your *rancho*. What for? You have no daughters now who would wear them. They are gone and have become ladinas. You need the money. You are old and hungry. When you die your sons will sell them and drink the money which should be yours. You cannot keep the past. It is gone. So is your wife. Offer them to this gentleman who will pay you well. He looks kind. Come on, be sensible, sell them and use the money for yourself."
The old man stood swaying on his feet. David felt the tears prick his own eyes when he saw them welling up in the old man. He was torn to pieces having to face the fact that what is gone is lost, and his old woman's huipiles could not hold her nor the past. He slowly turned and beckoned to David and led him to the edge of the pueblo, to a tumbled-down little hut. Slowly he opened a faded painted wooden chest, and drew out and handed David two old, worn, priceless, ceremonial huipiles, such as David had never known existed. He paid, and the two men embraced quietly, and the younger said: "I will keep them by me always. They will be well looked after. Thank you."

vieja no podían detenerla ni a ella ni al pasado. Se volvió lentamente haciendo señas a David, para llevarlo luego a las orillas del pueblo, a un ranchito ruinoso. Lentamente abrió un cofre de madera con la pintura desteñida y le entregó a David dos antiguos huipiles usados, que no tienen precio, de los que David jamás había sabido que pudieran existir. Los pagó y los dos hombres se abrazaron en silencio y el más joven dijo: "Los guardaré a mi lado siempre. Los cuidaré. Gracias."

V

Origin of Weaving and Dyeing
Orígen del Tejido y Teñido

Origin of Weaving and Dyeing

According to Maya Quiché mythology of the New Empire, A.D. 987 to 1697 on our calendar, Ixchel, the Moon Goddess, consort of Itzamán the Sun God, was the patron of weaving. She is depicted on the Codex Tro-Cortesianus, now in the Archaeological Museum in Madrid, as figure no. 54. She is shown sitting in profile, with one end of her loom tied to a tree and the other round her waist. She is weaving with the shuttle in her left hand. The Guatemala Indian woman today weaves the finest and most beautiful textiles on a similar stick or hip loom, and can be seen in the highlands sitting outside her little house working at her delicate craft exactly as did the goddess Ixchel.

Ixchel Goddess of the moon and weaving.
Ixchel Diosa de la luna y el telar.

Orígen del Tejido y Teñido

Según la mitología maya quiché del nuevo imperio, de 987 a 1697 de nuestra era, Ixchel la diosa de la luna, consorte de Itzamán el dios del sol, fue patrona de la tejeduría. En el Códice Trocortesiano, figura 54, actualmente en el Museo Arqueológico de Madrid, se ve representada de perfil, sentada, un extremo del telar atado a un árbol y el otro alrededor de la cintura, con la lanzadera en su mano izquierda, tejiendo. La mujer indígena guatemalteca de hoy teje los textiles más finos y bellos en un telar similar de palitos o de cadera, y se le puede ver en el altiplano sentada fuera de su casita, trabajando en su delicada artesanía exactamente como lo hiciera la diosa Ixchel.

La hija de la diosa de la luna y del dios del sol, llamada Ixchebel Yax, es la patrona del bordado. Por el Códice Trocortesiano y el estudio de estelas de piedra tallada, de murales y pinturas en vasijas, sabemos que el tejido y el bordado existían en aquellos tiempos lejanos y son herencia de los maya quiché. En ciertos lugares se sigue usando la aguja de hueso para bordar. Al Rey Hunahpú se le adjudica el descubrimiento del capullo del algodón, *bob,* y de que se podía trabajar en hilos, que él llamó *batz,* nombres que llevan hoy. Hay dos clases de algodón, el blanco y el muy apreciado color café llamado *cuyuscate.* Sabemos también que se usaron colores para tejer, de los cuales cada uno tiene un significado especial. El negro representa la guerra y las armas, por ser el más semejante a la obsidiana, el vidrio volcánico usado para puntas de lanza y de flecha, y para cuchillos, debido a la falta absoluta de metal. Para obtener este color negro teñían el algodón con palo de Campeche de El Petén. El amarillo representa el maíz dorado, alimento básico, y el tinte proviene de la corteza de un árbol que crece en Huehuetenango. El rojo es el color de la sangre, su intensidad la da el pequeño insecto cochinilla, que vive y se alimenta del nopal, que crece en regiones muy secas. El azul es el color del sacrificio, una planta llamada jiquilete proporciona el tinte. Verde es el color de la realeza y no puede haber nada más verde que las plumas del ave real, el Quetzal, y de los loros verdes que hablan, cuyas plumas usaban y eran monopolio de los reyes. No estamos

12
Totonicapán
Quiché

Totonicapán is the chief pueblo of a very large community. It lies at an altitude of 2,500 metres and has a population of over 7,000. The scenery is magnificent: high broken mountains covered in pine, spruce and oak rise close by, while small fields of wheat cap every available piece of flatish ground. The Nahualate river rises here with a lively show of steam and thermal springs. The people are great weavers, both for themselves and for the many other pueblos who depend on them for special articles. The woman's silk hair ribbon is woven on a tiny loom. The huge silk pompoms, together with the silk loops and fringes dangling below her shoulders, suggest the national royal bird, the 'Quetzal', the monopoly of former kings – so well may we say, 'these are royal people'. Her skirt is of the finest tie-dye weaving known anywhere. The people of Totonicapán are proud and rightly so.

Totonicapán es el centro de una comunidad muy grande, situada a 2.500 metros de altura; tiene más de 7.000 habitantes. El paisaje es de maravilla, altas montañas escarpadas cubiertas de pino, abeto y encino se elevan es sus cercanías, mientras que pequeños cultivos de trigo cubren cada pedazo de tierra de leve inclinación. Aquí surge el Río Nahualate, un espectáculo imponente de vapor y manantiales termales. Los habitantes son grandes tejedores, para sí mismos y para muchos otros pueblos que dependen de ellos para artículos especiales.
La cinta de seda que usan las mujeres en el pelo se teje en telares minúsculos. Los inmensos pompones de seda, con lazos y borlas que cuelgan por debajo de sus hombros, sugieren el ave real nacional, el Quetzal, monopolio de los antiguos reyes, así que podemos decir que 'éste es un pueblo real'. Su corte tejido de jaspé teñido con el sistema de 'ikat' es de lo mejor en cualquier parte.
La gente de Totonicapán es orgullosa y tiene razón de serlo.

TOTONICAPAN
C.L.PETTERSEN.
1970.

13
Totonicapán
Quiché

The man, Pablo, is the head of the confraternity and stands before his church door holding the solid silver monstrance. Silver adorns his ceremonial dress from lapel to ankle and on the back as well. His white under-trousers are edged in English lace, and his black wool over-trousers are richly embroidered with flowers. The magenta scarf around his head, and the other by which he holds the monstrance, are Chinese, left-overs from the seventeenth century when junks crossed the Pacific laden with silk goods. These were transported across the peninsula by the Chinese themselves using local labour, and reloaded on the Atlantic shore for shipment to Europe.
When Pablo dies he will be buried in this full 'mortom', or confraternity dress, but not with the two pieces of ancient silk which belong to the church.

El hombre, Pablo, es el jefe de la cofradía y está de pie frente a la iglesia llevando la custodia de plata sólida. Su traje ceremonial está adornado con plata desde la solapa hasta el tobillo, así como la espalda. Los pantalones blancos que lleva abajo tienen orillas de encaje inglés y los pantalones negros de encima están lujosamente bordados de flores. La bufanda morada alrededor de su cabeza y la otra con que sostiene la custodia son chinas, restos del siglo XVII, cuando los juncos cruzaban el Pacífico cargados de sedas que transportaban los mismos chinos a través de la peninsula usando cargadores locales, hasta embarcarlas nuevamente por el Atlántico, hacia Europa.
Cuando muera Pablo será enterrado con todo su mortom, o traje de cofradía, pero sin los dos lienzos de seda antigua que pertenecen a la iglesia.

MORTOM DE
TOTONICAPAN
C.L.PETTERSEN
1971

The daughter of the Sun and Moon gods, Ixchebel Yax, is the patron of embroidery. From the Codex Tro-Cortesianus and the study of carved stone stelae, wall and vase paintings, we know that weaving and embroidery existed in those far off days and are the heritage of Maya Quiché. In some places a bone needle is still used for embroidery.

King Hunahpú is credited with the discovery of the cotton bole, bob, and that it could be worked into threads, which he called batz, and these are their names today. There are two kinds of cotton, the white and the brown, called cuyuscate.

We also know that colours were used in the weaving, each with a special significance. Black stands for war and weapons, as it most resembles obsidian, the volcanic glass used for spears, arrow heads and knives, in the total absence of metal. To obtain this black colour they stained their cotton with logwood or Campeche bark from the Petén. Yellow stands for the golden maize, the staple food, and the stain comes from the bark of a tree that grows in Huehuetenango. Red is the colour of blood, and the vivid colour comes from the dried blood of the little insect, cochineal, that feeds and lives on the tuna cactus in very dry districts. Blue is the colour of scrifice, and a plant called Jiquilete supplies the dye. Green was the royal colour and there can be nothing greener than the feathers of the royal Quetzal bird and the green talking parrot, the monopoly of kings, and the real feathers were used. We are not sure when purple or mauve began to be used, but it was probably later than the other colours because for this the Indian had to go to the Pacific and Atlantic shores of what is now the Republic of Nicaragua, and take a little mollusc from the sea. It always retains its fishy sea-smell when wet, and is the loveliest of all colours. When very much later the Chinese came to these shores to cross the peninsula and sell their goods in Europe, they brought silk floss, and the Indian stained this beautiful soft fibre with his most admired and scarce dye, the mollusc purple. Each of these natural dyes had to be made permanent with a mordant, but now we are not sure what was used other than common salt.

I will not go into descriptions and explanations of

muy seguros de cuándo se comenzó a usar el morado o malva, probablemente después que los demás colores, porque para obtenerlo el indígena debía ir hasta las costas del Pacífico y del Caribe, lo que ahora es la República de Nicaragua, para obtener un pequeño molusco del mar. Es el más bello de todos los colores, pero siempre conserva su olor a pescado y a mar cuando se moja. Mucho después, cuando los chinos llegaron a estas costas para cruzar la península y vender sus mercancías en Europa, trajeron hilo de seda floja y los indígenas tiñeron esta bella y suave fibra con su más admirado y escaso tinte: el morado de molusco. Para que estos tintes naturales mantuvieran su color había que fijarlos con un mordiente, pero actualmente no sabemos si usaron algo más que sal común.

En este libro no entraremos en descripciones y explicaciones sobre tejidos y telares, ya que estos temas han sido amplia y expertamente tratados en varios otros libros más técnicos; con excepción del arte de *ikat* o teñido por atadura, llevado a la perfección por el indígena maya quiché de la actualidad y hasta ahora no apreciado plenamente por el ladino, aunque nunca más popular que entre los indígenas de hoy.

Teñido con Atadura (Ikat o Jaspé)

La técnica altamente desarrollada de teñir con ataduras se practica principalmente en tres lugares del mundo, en Rajputan, India Central; en la Isla de Bali y en Guatemala. Con esta técnica se logra un diseño, generalmente de puntos, pero también en diseños repetidos y zig-zag, empleando un proceso complicado de atar, amarrando con hilo grueso o pita pequeñas cantidades del hilo de algodón o de seda, tan apretadamente que las partes atadas no absorben el color al sumergir los hilos en el tinte. Este proceso se debe repetir para cada elemento de color en el diseño. Lo característico es que los hilos de la trama o de la urdimbre y frecuentemente ambos, se colorean individual y localmente por teñido de atadura antes de poner la urdimbre: calculándose cuidadosamente la distribución del color en cada hilo, para que el diseño aparezca al tejer la tela, sin otra manipulación que la colocación indicada. Por

weaving or the looms as this subject has been fully and expertly covered in several other more technical books. But I will describe the art of ikat or tie-dyeing, brought to perfection by the non-Indian ladino, but with the Indian it has never been more popular.

Tie-Dyeing, Ikat or Jaspé

The highly developed technique of tie-dyeing is practised chiefly in three centres in the world, Rajputan, Central India, on the island of Bali and in Guatemala. In this technique a design is worked out, usually a spotted one, but also in patterns and zigzags, by an elaborate process of tying small portions of cotton or silk yarn so tightly with string that the tied parts do not take up the colour when the threads are dipped. The process must be repeated for every colour in the design. The characteristic feature is that the warp or weft threads, and often both, are individually and locally coloured by the tie-dyeing before the warp is laid: the distribution of the colour on each thread is carefully calculated so that the pattern will appear when the cloth is woven without further manipulation except the necessary placing. From the sporadic distribution of the method it may be inferred that it is a very ancient technique, perhaps of Indian and Central American origin. We do know that it was practised in Guatemala by the Mayas long before the Conquest.

Tie-dye in no way resembles batik, much practised in the East where the already woven material is painted with wax on the parts not to be dyed, then it is dipped, dried, and lastly boiled to remove the wax, when the undyed pattern will show white. This method was known to the Mayas but not practised except on gourds and pottery.

Salcajá, Quezaltenango, the centre of tie-dyeing, is now predominantly a ladino, non-Indian town, yet it existed before the Conquest as a small Maya settlement. Pedro de Alvarado installed a garrison there under one of his officers, Juan de León Cárdona, to cover his retreat in case of need on his march east. He cannot have spared many of his Spaniards, who were very limited in number for this assignment, so

la distribución esporádica de este método se puede inferir que es una técnica muy antigua, quizás originaria de la India y de Centro América. Sabemos que se practicó extensamente en Guatemala por los mayas mucho antes de la conquista.

El teñido por atadura de ninguna manera se parece al *batik,* tan usado en el oriente, donde la tela ya tejida se unta con cera en las partes que no han de teñirse, luego se remoja, se seca y por último se hierve para quitar la cera, quedando en blanco la parte no teñida. Este método lo conocían los mayas, pero no lo practicaban salvo en huacales y en artículos de alfarería.

Salcajá, Quezaltenango, ahora predominantemente un pueblo ladino, no indígena, existía sin embargo ya antes de la conquista como pequeño asentamiento maya. Pedro de Alvarado, en su marcha hacia el este, instaló allí una guarnición al mando de uno de sus oficiales, Juan de León Cárdona, para cubrir su retirada en caso de necesidad. No podía prescindir de muchos de sus españoles, ya muy limitados en número para este encargo, por lo que es de suponer que Juan de León Cárdona contaba con soldados indígenas mexicanos que le dejaron. Por otros ejemplos, donde se quedaron y frecuentemente se establecieron extranjeros en el país, la sangre nueva dio estímulo considerable al indígena local. No siendo muy distintas las dos razas y reconociendo los mexicanos la ventaja del clima (comparada con su propia tierra dura, seca y sobrepoblada) así como la amabilidad del maya común, se asentaron gustosos, aportando algo de su inteligencia natural y de su vivacidad a este pueblo más tranquilo.

Hoy Salcajá tiene seis veces más ladinos que indígenas, y el pueblo es pequeño, no tiene más de 3.500 almas, todos dedicados a teñir y tejer en telares de pie traídos por los españoles y quizás por los soldados mexicanos. Todos, hombres, mujeres y niños trabajan en lo mismo, y al pasar por la calle principal se ve a los niños con los brazos azules hasta encima del codo, cargando madejas de algodón teñido para los tejedores. En los telares trabajan tanto las mujeres como los hombres. Desde los 8 años de edad, los muchachos se sientan a trabajar atando los hilos para teñirlos.

El efecto del color blanco jaspeado del teñido por atadura comienza con la atadura. Los diversos hilos de

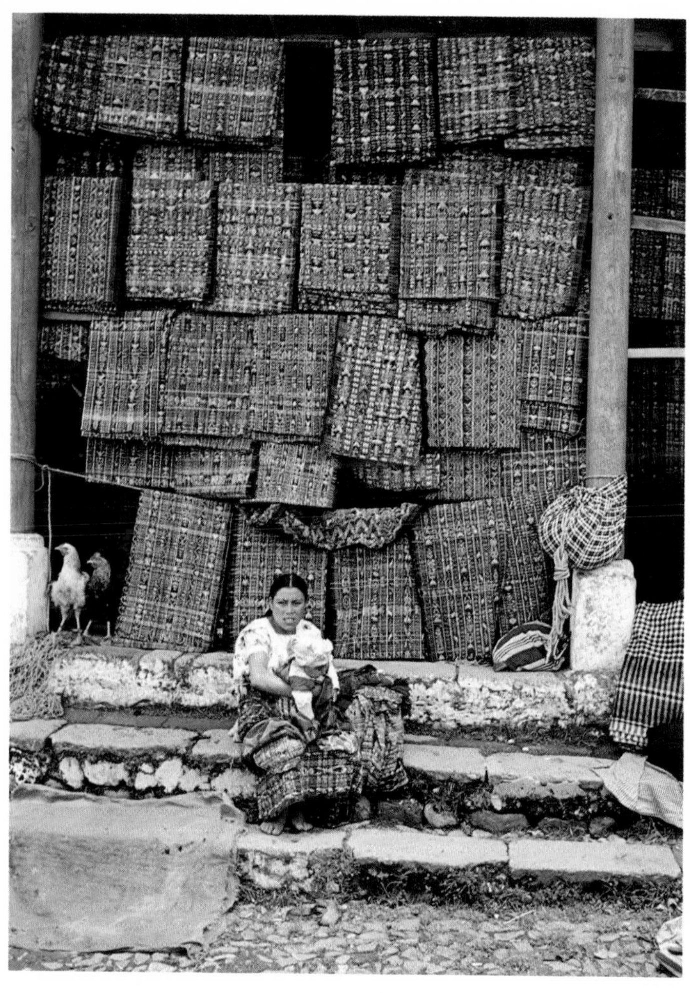

5. Tie-dyed skirts on sale
Cortes jaspiados

it can be supposed that Cárdona relied on the Mexican Indian soldiers left with him. From other examples round the country where foreigners were left and often established permanently, it can be seen that the new blood was a considerable stimulant to the local Indian. With the two races being not dissimilar, and the Mexican recognizing the advantage of climate as well as the gentleness of the average Maya, and comparing his own dry, hard and overpopulated land, he settled happily, giving some of his native intelligence and high spirits to the quieter people.

Salcajá now has six times more non-Indians than Indians, and the pueblo is a small place of not more

algodón de una madeja que van a teñirse se atan estrechamente con pita, a intervalos, a todo lo largo de la madeja antes de sumergirla en el colorante. En las secciones atadas no penetra el tinte, de manera que cuando se secan y se corta la pita, estas secciones han quedado blancas. Los niños de dedos ágiles son buenos para atar. La madeja para la trama es corta, mide 60 cm. de largo. Primero se estira y se sujeta entre dos vigas pesadas para mantenerla tirante y pareja. El niño separa el número correcto de hilos que deben atarse juntos, según el ancho del lienzo jaspeado y luego hace diez ataduras de 2.5 cm. a espacios regulares a todo lo largo period. Después del teñido y secado, el tejedor espaciará lo blanco para obtener el diseño que desea.

Cuando la tela ha de tener jaspeado en la urdimbre así como en la trama, la técnica es la misma, pero trabajarla requiere más tiempo y mucho más cuidado. La tela para cortes se vende por lienzos de cinco metros de largo y el tejedor pone urdimbre en su telar para treinta cortes, o sea 150 metros. Antes de colocar estos larguísimos hilos, el tejedor-tintorero debe contar con todos los grupos de urdimbre de 150 metros cada uno, que ha de usar en los diferentes anchos de las franjas de jaspé de los cortes. Sería sencillo si todas las franjas fueran del mismo ancho y diseño, pero esto rara vez es el caso, el ancho podrá repetir diversas franjas del mismo diseño, pero en distinto orden, ancho y colores.

El número total de hilos de cada franja se calcula y coloca en el marco de la urdimbre en orden y lugar correctos, para entregarlo al joven que efectuará el teñido. Este primero atará los hilos centrales extendidos en el marco, los que le servirán de guía cuando ate los de ambos lados.

Al estar atadas todas las franjas de los 150 metros de urdimbre, se tiñen y secan colgadas en la pared exterior de la casa. Luego el tejedor pondrá el hilo en su orden correcto en el telar y cortará las ataduras. Entre las franjas jaspeadas, separándolas entre sí, habrá franjas de un solo color. De esta manera se obtienen diseños de jaspeado no sólo en la urdimbre sino también en la trama.

Los cortes jaspeados de Salcajá ahora se venden en toda Guatemala y van reemplazando las morgas de añil oscuro y los cortes rojos menos elaborados.

than 3,500 inhabitants, all occupied in dyeing and weaving on the foot looms introduced by the Spaniards and perhaps also by the Mexican soldiers. Every man, woman and child is busy at the same work, and walking down the main street you will see the children stained to above the elbow carrying skeins of dyed cotton to the weavers. The women as well as the men work the looms. Boys from the age of eight sit tying the threads for the dyeing.

The jaspé white colour effect of tie-dyeing begins with the tying. The several threads of cotton in a skein to be dyed are very tightly tied together with string at intervals the length of the skein, before being dipped in the dye. The sections tied are not penetrated by the dye so that when the string is cut off the sections under it remain white. Small boys with nimble fingers are good at this tying. The short weft skein, 60 centimetres long, is first stretched between two heavy beams to hold it taut and even.

The boy picks out the correct number of threads to be tied together according to how wide the panel of jaspé is to be. He then ties ten 2.5 centimetre bindings evenly along the length. After dyeing and drying the weaver will space the white to produce the motif he desires. When the material is to have the jaspé on the warp as well as the weft, the technique is the same but the work takes longer and much more care. Skirt material is sold in 5-metre lengths and the weaver mounts enough warp on his loom for 30 skirts, that is 150 metres. Before setting up this great length the weaver-dyer must provide as many groups of warp, each 150 metres long, as he will use for the various widths of jaspé stripes in the skirts. It would be simple if all the stripes were of the same width and pattern, but this is seldom the case, the width may repeat several patterned stripes, but in a different order, width and colour.

The total number of threads in each stripe will be calculated and set up on a warping frame in the correct order and place, and this will be fed to the young person who will do the tying. He will first tie the centre threads spread out on the frame to guide him when he ties those on each side.

When all the stripes on the 150 metres of warp are tied, they will be dyed, dried, hung on the outer wall

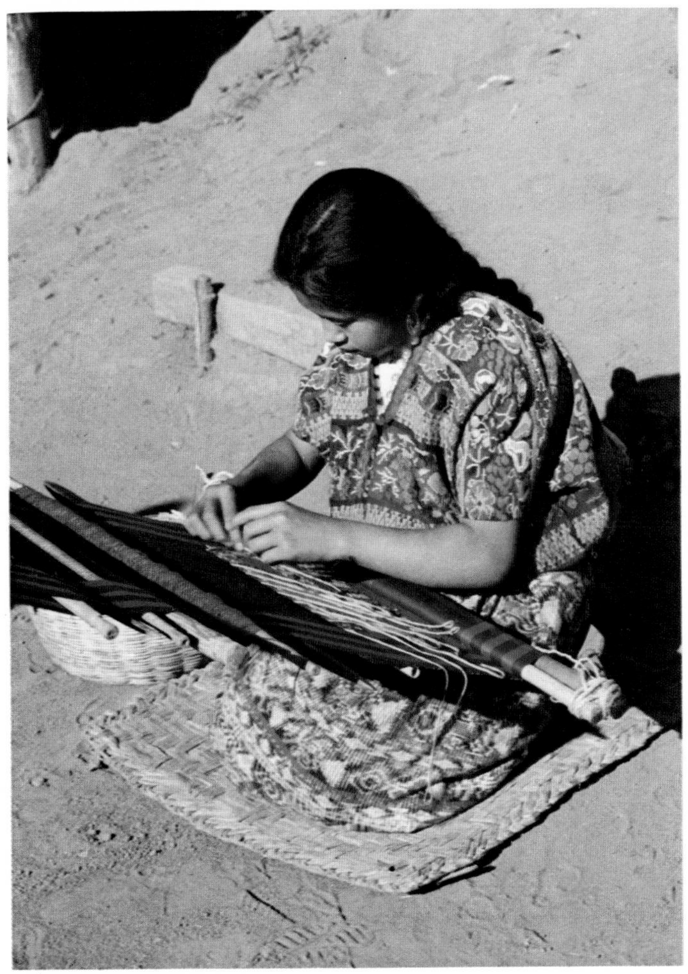

6. Weaving girl
Tejedora

Salcajá no es el único pueblo que tiñe por atadura. Existen algunos otros que usan esta técnica, pero no al mismo grado. Mazatenango se especializa en perrajes teñidos por atadura, frecuentemente son mitad de lana, llamados merino. La idea del chal o perraje es originalmente española y no indígena, pero ha sido adoptada por muchos pueblos. San Cristóbal y San Miguel Totonicapán, cuentan con activos tejedores de jaspé, también Antigua; Santiago y San Pedro, Atitlán, y en menor grado, Huehuetenango, si bien en la actualidad cada vez más compran el hilo ya jaspeado para trabajarlo en sus telares.

Totonicapán se espacializa en cintas de seda jaspeada

of the house, and the weaver will then set the yarn in correct order on his loom and cut the strings. Between the stripes of jaspé, separating them from each other, there will be plain stripes. So we have the tie-dye pattern not only on the weft but also on the warp.
The Salcajá jaspé skirts are now sold all over Guatemala and are replacing the dark indigo *morgas* and the plainer red skirt. This is not the only town to tie-dye. Several others practise the technique but not to the same extent. Mazatenango specializes in tie-dyed shawls, often half wool, and then called Merino. The idea of the shawl is originally Spanish and not Indian, but it is now adopted by many pueblos. San Cristóbal and San Miguel, Totonicapán, have active tie-dye weavers, and so have Antigua, Santiago and San Pedro Atitlán. Huehuetenango does to a lesser degree, though nowadays they tend more and more to buy the yarn already tie-dyed to work into their own looms.
Totonicapán specializes in tie-dyed silk headbands, from two to five centimetres wide, woven by men on a very small loom. They are very beautiful and are becoming more and more popular. The town itself naturally uses the finest of all. The great silk pompoms at the ends with tinsel-wrapped maguey-fibre loops ending in thin tassels, all in the bright colours of the royal bird, the Quetzal, cannot be equalled in fine workmanship by any other article made by the weavers of Guatemala.
Perhaps the finest tie-dye to be seen anywhere is the mainly blue and green skirt that the Totonicapán women wore until thirty years ago. It was woven either all in cotton or half in wool and is shown on the woman of the Totonicapán illustration (p. 68).

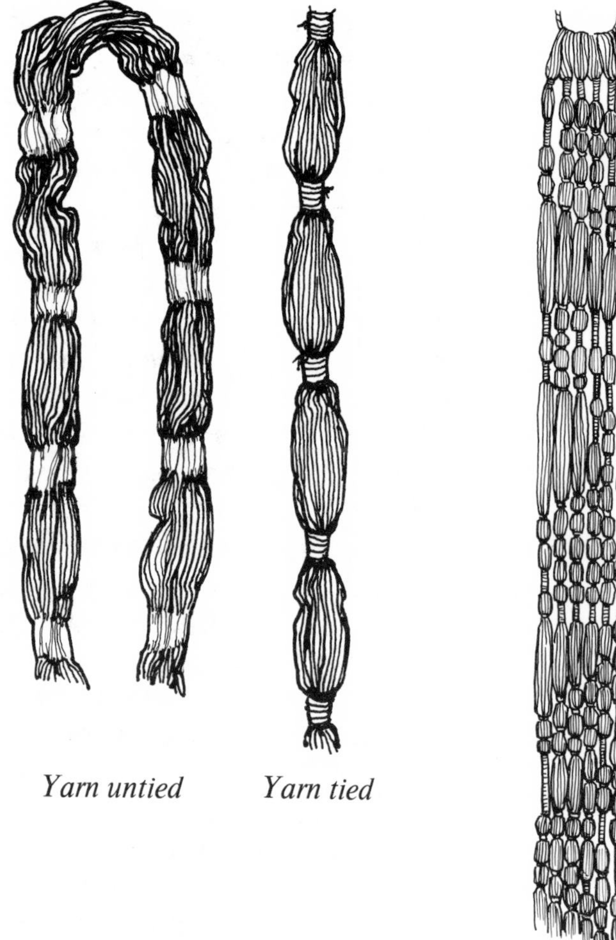

Yarn untied *Yarn tied*

para la cabeza, de 2.5 a 5 cm. de ancho, tejidas por hombres en telares sumamente pequeños. Son muy bellas y se están haciendo cada vez más populares. El pueblo, naturalmente, usa las más finas. Llevan grandes pompones de seda en los extremos de donde salen aros de maguey enrollados en hilo plateado, terminando en borlas delgadas, en los vivos colores del ave real, el quetzal. Por su fina labor no tienen igual entre todos los artículos hechos por los tejedores de Guatemala.
Quizás el mejor jaspé que jamás haya visto sea el corte principalmente azul y verde que hasta hace unos 30 años se usaba en Totonicapán. Se tejía ya fuera todo en algodón o mitad en lana. Lo lleva la mujer en la lámina de Totonicapán (p. 68).

VI

Joyabaj

I never learnt the name of this beauty. In fact she spoke no word of my tongue nor I of hers, and communication was difficult. She is one of a large group from her pueblo who come down for two months a year to the coffee plantation to pick the ripe berries during crop time. While there, the group eats up the tropical fruits of the whole vicinity from the too green to the over ripe, as well as any iguanas, armadillos and opossums they can hunt or trap.

Nunca llegué a saber el nombre de esta belleza que pinté. Es más, ella no hablaba una palabra de mi idioma ni yo el de ella, la comunicación fue difícil. Pertence a un grupo indígena grande que de su pueblo baja por dos meses al año a la finca para cosechar el café maduro en cereza. Durante su permanencia, el grupo consume las frutas tropicales de todos los alrededores, desde las que aún están verdes hasta las pasadas de madurez, así como cualquier iguana, armadillo y tacuazín que puedan cazar o atrapar.

Esta mujer tiene unos rasgos tan fuertes que a veces me asustaba y me parecía tener un ente salvaje, incontrolable en mi estudio. Trajo consigo a una muchacha de unos catorce años para darle valor al entrar en mi casa y poder enfrentarse a cualquier cosa que en ella pudiera sucederle. Debe haber sido la primera vez que entraban en una verdadera casa, pero eran muy poco inteligentes para interesarse por su entorno, o quizás demasiado ignorantes. Los objetos con los que no estaban familiarizadas, no despertaron su curiosidad. No tenían cabida en sus vidas tales cosas, de manera que sus miradas pasaban por encima de ellas sin tomarlas en cuenta.

Entraron a paso lento como pavorreales, vistiendo sus trajes de gran colorido, sintiendo la seguridad que les da su tradición. Su vestimenta debe significar para ellas lo que la caparazón de la tortuga significa al blando animal que cubre. Además, en el camino habían comprado chicle de a un centavo, en la pequeña tiendecita fuera de mi portón. Al fin y al cabo, la goma de mascar fué inventada por los mayas, de manera que es más de ellos que nuestra.

La mujer posó para mí sentada sobre una plataforma ligeramente elevada, mascando contínuamente, su gran mandíbula trabajando duro, hasta que la niña, acurrucada a sus pies, le dijo una frase cortada llena de ch-es, sha-s y coc-s, con lo que la mujer se sacó la goma de la boca y se la dio, y ésta a su vez la mascó vigorosamente durante unos diez minutos, hasta que una tajante orden de dos sílabas hizo devolver la goma. Este intercambio siguió durante toda la mañana, hasta que llegué a sentir que mi boca salivaba y mi quijada trabajaba. Al pagarles, les regalé un paquete entero de chicles americanos, de más sabor, que aceptaron con calma y compostura, si

This woman has such a strong face that she frightened me at times and I felt I had an uncontrolled wild thing in my studio. She brought a girl of fourteen or so with her to give her courage to enter my house, and meet whatever might be in store for her in it. It must have been the first time they were in a real house, but they were too unintelligent to take much interest in their surroundings, or else too ignorant. The unfamiliar objects round them did not rouse their curiosity. There was no place in their lives for such things so their glances slid over them without registering.

They ambled in like peacocks, dressed in their very colourful costume. They felt security in the tradition that enveloped them. Their clothes must have meant to them what a tortoise shell must mean to the soft animal inside. Besides they had bought a one-cent chewing gum on the way up from the little plantation store outside my gate. Now, chewing gum was invented by these Mayas so it is more theirs than yours.

The woman sat for me and posed on a slightly raised platform and chewed continually with her great jaw working hard, till the child, squatting on the floor by her feet, spoke a short staccato sentence all in ch-es, sha-s and coc-s, whereupon the woman took the chewing gum out of her mouth and handed it to the girl. She in turn chewed vigorously on it for about ten minutes when a sharp two syllable order made her hand it back. This exchange went on the whole morning, till I felt my own mouth salivating and my jaw working. When I paid them I gave them a whole new packet of American, more flavoured, gum, which was accepted with composure, though I think I did hear a suppressed giggle-gasp from the child.

Joyabaj, the home pueblo of these people, lies on the ancient Royal Road to Mexico and still celebrates its yearly fiesta with at least two of the pre-Conquest dances, which in all probability were brought from there. The Snake Dance with a live snake is the more agile and the Deer Dance the more spectacular.

The Spaniards and their priests, on conquering the country, found that the Indians danced and put on masks and costumes on their various pagan feast days. Naturally these pagan dances were part of the fertility rites and were often humorous and obscenely sug-

bien me pareció escuchar una risita reprimida y gutural de la niña.

Joyabaj, el pueblo ancestral de esta gente, queda sobre el antiguo camino real a México y todavía celebra su fiesta anual por lo menos con dos de los bailes de la pre-conquista, los que con toda probabilidad provienen de ese país vecino. El baile de la culebra, con una serpiente viva, es el más ágil y el baile del venado el más espectacular.

Los españoles y sus sacerdotes al tiempo de la conquista encontraron que en sus diversos días de fiesta paganos los indígenas bailaban enmascarados y vestidos de gala. Naturalmente, esas danzas paganas eran parte de los ritos de fertilidad, frecuentemente divertidas y muchas veces de obscenidad sugestiva. Los sacerdotes trataron de moderarlos o eliminarlos completamente, pero no les fue posible, por lo que introdujeron algunos de sus propios bailes moros, inventaron otros más tropicales y vistieron a los indígenas en seda, terciopelo y galones dorados para suplantar los trajes anteriores. Además los deslumbraron cubriéndoles la cabeza y cara con máscaras de madera pintada en brillantes colores, mejillas rosadas y rizos dorados, en un intento de fascinarlos más. Los indígenas, obligados a ceder, bailaron vestidos con este atavío extraño y aprendieron a murmurar correctamente los parlamentos que los acompañaban, pero en el fondo seguían actuando su propio baile ritual, lo que sigue siendo válido hasta la fecha. Al observar uno de estos bailes y extrañarse por los brincos torpes al compás de una flauta de cinco notas (la chirimía) y un tambor (tun), que ejecutan un grupo de indígenas vestidos con atavíos españoles del siglo XVI, con rizos dorados (virutas de madera) colgándoles hasta los hombros a cada lado de una máscara de raza blanca, hay que recordar que se presencia un rito pagano disimulado que ha sobrevivido 400 años.

Sin embargo, como los sacerdotes no podían estar en todas partes al mismo tiempo, algunas danzas originales se han bailado, o mejor dicho representado, sin disfraz alguno hasta el día de hoy. El baile del venado es muy popular en varios pueblos, incluyendo a Joyabaj, y simboliza la lucha entre el hombre y el animal. Una veintena de hombres que han de tomar parte en la misma son seleccionados entre los mejores de la

gestive. The priests tried to suppress or completely stamp them out, but found this was quite impossible, so they introduced some of their own Moorish dances, invented others more topical, and dressed the Indian up in silks, velvet and gold braid to outdo his former dress. They further dazzled him by covering his head and face with a brightly painted wooden mask, red faced and golden curled, in an attempt to glamourize him yet more. The Indians, forced to comply, danced clad in this foreign finery and learnt to mutter the correct speeches that went with it, but underneath continued to act out their own ritual dance. This is still so today. If you watch one of these dances and wonder at the awkward hopping around, to the sound of a five note flute and a drum, of a bunch of Indians dressed up in Spanish finery of the sixteenth century, with golden curls (woodshavings) hanging to the shoulder on either side of a white man's mask, remember you are the witness of a disguised pagan rite that has survived 400 years.

However, as the priests could not be everywhere at once, some of the original dances have been danced, or rather performed, with no disguise at all right until today. The Deer Dance is very popular in several towns including Joyabaj. It symbolizes the struggle between Mankind and Animals. The twenty or so men who are to take part in it are chosen from among the best in the community, and must be strong and mature to be able to stand up to the rigorous training and finally the long dance, which may continue, with only short rests, for a week or more. They must abstain from women and drink for forty days before the dance and undergo purifying rites.

Several days in advance of the actual fiesta day, men from the pueblo go to the forest and choose a straight pine tree not less than 20 metres tall, which they fell and debark and carry in to the square in front of the church, to the accompaniment of music and prayer. From then on it is guarded day and night as it lies on the ground and no woman may come near. If while drying it emits noises, it is a proof that the tree has not consented to serve. It will be discarded and another tree brought in with the same ceremony. A day or two before the great day a hole is dug and the tree is

comunidad, tienen que ser fuertes y maduros para hacerle frente al riguroso entrenamiento y finalmente a la larga danza que puede durar, con cortos descansos, una semana o más. Deben abstenerse del contacto con mujeres y de beber licor durante 40 días antes de la danza y deben someterse a ritos de purificación.

Varios días antes del día de la fiesta misma los hombres del pueblo van al bosque y seleccionan un pino recto que mida no menos de 20 metros de alto, lo talan y descortezan, cargándolo hasta la plaza frente a la iglesia, acompañados por música y oraciones. De ahí en adelante le hacen guardia día y noche mientras yace en el suelo y no se le puede acercar ninguna mujer. Si mientras se está secando emite ruidos, es señal de que el árbol no ha consentido en servir. Se le descarta entonces, y se trae otro árbol con la misma ceremonia. Uno o dos días antes de la gran fecha se excava un hoyo al lado del árbol al que alzan y después siembran firmemente dentro, entre humo de pom, música de chirimía y tambor, pegándole para sacarle al diablo, con la ayuda de muchos danzantes vestidos con pieles de animales. El hombre que dirige esto es el shamán, la persona más importante del pueblo, el sacerdote pagano jefe. Su vida depende de que todo se realice correctamente y de la segura siembra del árbol, por lo que pone el mayor cuidado para que no se escatime nada de lo práctico o de lo ritual.

Se ata una cuerda tensamente desde la cima del árbol hasta la cúspide de la iglesia cristiana. A partir de ese momento a nadie se le permite pasar debajo, las mujeres deben guardar su distancia y no dar más de una ojeada furtiva en esa dirección.

El día de la fiesta, los hombres forman dos filas, una frente a otra al lado del poste. El shamán, enmascarado y vestido de mono, con los de su fila vestidos y enmascarados como animales: venado, una danta, un leopardo y un puma, representan a los animales, mientras los de la fila de enfrente representan a la humanidad. El dirigente es un bufón que no deja de hacer travesuras y de causar gran diversión entre la multitud que observa. A su lado están un viejo y una vieja (papel desempeñado por un hombre), los antepasados y luego siguen varios otros caracteres humanos, todos enmascarados.

14
San Miguel Chicaj
Quiché

Not far from Salamá and Rabinal they believe Saint Michael came down to them from heaven, so the village is called 'in heaven', and it is a nice place in a sheltered valley with good soil. The hills are covered in big trees from which the men make pack and riding-saddles. They are good potters and painters of gourds, in the yellow or red and black, typical of the Rabinal district. The couple shown here are taking their produce to market, the man carrying the heavy load on his back in the 'cacaste' slung from a yoke on his forehead. The woman carries on her head a basket covered with a fine blouse hanging all the way down. Her 'tie-dyed' skirt is orange, yellow and green and is unusual in its avoidance of reds and blues. His brilliant sash is almost entirely hidden by his red wool coat. They trot speedily through the forest trail between pines and oaks, but the darkest leaves are on an avocado branch.

Cerca de Salamá y Rabinal se cree que San Miguel bajó del cielo a este pueblo, por lo que la aldea se llama 'en el cielo'. Es un lugar agradable en un valle abrigado con buenas tierras. Las montañas están cubiertas de grandes árboles que los hombres usan para hacer monturas de carga y sillas de montar. Son buenos alfareros y pintores de guacales, en amarillo o rojo y negro, típicos del distrito de Rabinal. La pareja del cuadro lleva sus productos al mercado, el hombre acarrea la pesada carga sobre su espalda, en el cacaste que sostiene con un mecapal en la frente. Ella lleva un canasto sobre su cabeza cubierto con un huipil que cuelga hasta abajo. Su corte de tela jaspeada es anaranjado, amarillo y verde, siendo poco común por evitar el rojo y el azul. La faja brillante del hombre en su mayor parte se esconde bajo el saco de lana roja. Con trote rápido pasan por un sendero del bosque, entre pinos y encinos, pero las hojas más oscuras son de una rama de aguacate.

SAN MIGUEL CHICAJ.
C.L.PETTERSEN.
1974.

raised and planted firmly in it, amid *pom* incense burning, music of flute and drum, beating of the tree to drive out evil, and with the help of many dancers dressed in animal skins. The man directing this is the shaman, the most important individual in town, the head pagan priest. His life will depend on everything being done correctly and the safe planting of the tree, so he is more than careful that nothing practical or ritual is skimped.

A rope is tied taut from the top of the tree to the peak of the Christian church. From then on, no one is allowed to pass under this rope, and women have to keep their distance and not give more than a passing glance is this direction.

On the day of the fiesta the men form two lines facing each other by the pole. The shaman, masked and dressed like a monkey, with the others in his line dressed and masked as animals, a deer, tapir, puma, leopard and mountain lion, represent the Animals, while those in front represent Mankind. The leader is a jester who never stops playing pranks and causing general amusement among the watching crowd. By him stand an Old Man and Old Woman (played by a man), the ancestors, and there follow several other human characters, each masked. After talk and prayer the monkey and the jester embrace and separate, the shaman monkey enters the church and climbs to the peak. The jester climbs to the top of the pole and waits there with open arms, while the monkey, performing tricks and fooling all the time, crosses the rope and is received into the open arms of the jester. They come down the pole fooling dangerously all the way, to the cheers of the watching crowd.

When I was there I watched the first two days of the dance and was by then completely exhausted and suffering for the dancers, though they were as fresh as when they started. The monkey was in the centre jumping and clowning like a puppet on strings, and round him danced the rest of the Animals and all Mankind making aggressive passes at each other. The dance, or rather the hopping around and circling and kicking, continued for almost a week with the help of the flute and the drum. Occasionally a man dropped out for a long drink of coffee or water; to swallow a

Yum Kax *Maize God*
Yum Kax *Dios de maiz*

Después de hablar y rezar el mono y el bufón se abrazan y separan, el mono-shamán entra a la iglesia y trepa hasta lo alto de la misma. El bufón se encarama hasta la punta del poste y espera allí de brazos abiertos, mientras que el mono, haciendo maromas y bromeando todo el tiempo, atraviesa la estirada cuerda y es recibido en los brazos abiertos del bufón. Bajan del poste haciendo peligrosas payasadas todo el tiempo, entre los vitoreos de la multitud que observa.

La primera vez que estuve allí, observé el baile durante dos días y para entonces estaba totalmente agotada, sufriendo por los danzantes que estaban tan frescos como al comienzo. El mono estaba en el centro brincando como una marioneta y haciendo payasadas, a

few tortillas wrapped around black bean purée with salt; to change his sandals and grease his feet, and perhaps lie a few minutes full length on the ground in the shade. One of his family was always in attendance, to wipe his face with a white cloth, and adjust his dress. As soon as he felt able to stand again he returned to the dancing circle. His absence was always noted by his companions and his stamina was questioned if he stayed away too long.

Day by day the dancers lost weight, but their religious fervour, their training and their pride at being chosen by the town and having all eyes on them, kept them going, till one by one the Animals dropped out and only the monkey stayed to try and outdance Mankind. When he at long last fell, a shout of triumph rose from all Mankind, and the dance came to an end.

su alrededor bailaba el resto de los animales y toda la humanidad, haciéndose gestos agresivos entre sí. El baile, o mejor dicho, la brincadera, los giros y los puntapiés, continuaron cerca de una semana, acompañados por la chirimía y el tambor. De vez en cuando un hombre se aparta para tomar un buen trago de café o agua; para tragarse unas cuantas tortillas enrolladas, rellenas con frijoles negros colados con sal; para cambiar sus sandalias y engrasar sus pies; y quizás para tirarse al suelo unos minutos en la sombra. Alguien de su familia siempre estaba listo para servirle, limpiarle la cara con un trapo blanco y ajustarle su ropa. Tan pronto podía volver a ponerse en pie volvía al círculo de los danzantes. Su ausencia siempre la notaban sus compañeros y su fortaleza se ponía en duda al ausentarse demasiado tiempo.

Día tras día perdían peso los danzantes, pero su fervor religioso, su adiestramiento y su orgullo de haber sido elegidos entre los hombres de su pueblo, con todas las miradas puestas sobre ellos, los hacía seguir hasta que los animales iban cayendo, uno por uno, y sólo el mono quedó tratando de bailar más que la humanidad. Cuando cayó, finalmente, se oyó un grito de triunfo de toda la humanidad y el baile terminó.

VII
Chichicastenango

7. Church steps – Chichicastenango
En las gradas de la iglesia

When Pedro de Alvarado destroyed the Quiché stronghold of Utatlán where they had tried to ambush him with his army, those who escaped the slaughter found their way to Chugüila, now called Chichicastenango. The Quichés had been the most powerful tribe and had dominated most of their neighbours. To this day, they are the most numerous and outstanding among all the Maya. Their defeat at the hands of the Spaniards was a cruel blow and a worse humiliation, and signs of this remain today. The surviving aristocrats among them, the principals, the flower of the race, with their religion and knowledge, settled in Chichicastenango and called it "The place of the nettles."

Cuando Pedro de Alvarado destruyó la fortaleza de los quichés, Utatlán, donde habían tratado de emboscarlo con su ejército, los quichés que escaparon la matanza, se trasladaron como pudieron a Chugüila, ahora llamada Chichicastenango. Los quichés habían sido la tribu más poderosa y habían dominado a la mayoría de sus vecinos y hasta la actualidad son los más numerosos y destacados entre todos los mayas. Su derrota a manos de los españoles fue un golpe cruel y una peor humillación, de lo cual hasta la fecha quedan indicios. Los aristócratas entre ellos, los principales, que no murieron, con su religión y conocimientos, se asentaron en Chichicastenango y le llamaron "el lugar del chichicaste".

This most attractive of all Maya Quiché pueblos is suffering again today under a relentless invasion of tourists. The descendants of the aristocracy still dominate; they are surly and unfriendly and still try to cling to their customs under the battering of a foreign civilization, while they watch their youth degenerating.
In colour plate 16 (p. 88) I have painted the market as it was up to fifteen years ago. Now in 1976 you will not find one person in thirty correctly dressed, and I personally feel that I never want to go there again.
The woman pouring out the atole, the maize gruel, in the foreground is a stranger to the town, and is from the village of Santa Catarina Palopó on Lake Atitlán. She cannot have brought this gruel from so far so she is probably staying in Chichicastenango. If she is married to a man from here, which would be very unusual, she would keep her own costume from Santa Catarina, and would not be called by her own name but by the name of the town she comes from. In other words she will always be a stranger in another town and among another people.
Everyone else belongs to Chichicastenango, with the exception of a half-hidden man from Sololá under the shade of the tent to the left. He is only there for the day selling *anato* seed and maize from the lowland. The man in the foreground is a cacique a man of high standing, as can be seen by the sun embroidered on the front of his wool jacket and the beautiful magenta tzut on his head dyed with the mollusc from Nicaragua.
Men formerly wore no shirts under the wool jackets which pick up in front to show the midriff. Therefore the Cakchiquels nicknamed the men from Chichicastenango "Frozen Navels" (Tzontzoi Muxux – the X is pronounced like a strong sh).
The men's trousers deserve a special mention. They probably began as just a breech-cloth and evolved to come down to the knee, and are shorter and slightly open on the outside of the leg. The outstanding feature is the panel or wing sewn on to them from the waist down, and inclined back. The trousers are of wool, the backs cut into four pieces then joined forming a cross as they fold in a strange shape. The fringe hanging over them from the jacket represents the rain.

Este, el más atractivo de todos los pueblos maya-quichés, nuevamente está sufriendo hoy la invasión inexorable de los turistas. Los descendientes de la aristocracia siguen dominando, son hoscos y hostiles, y siguen tratando de aferrarse a sus costumbres bajo el impacto de una civilización extraña, mientras observan como degenera su juventud.
En la acuarela 16 (p. 88) he pintado el mercado como era hace unos 15 años. Ahora, en 1976, no se encuentra una persona en treinta que esté correctamente vestida y yo personalmente creo que no quisiera volver allí.
En la acuarela 16 la mujer que está sirviendo *atole* en el primer plano es forastera y viene de la aldea de Santa Catarina Palopó en el Lago de Atitlán. No puede haber traído este atole de tan lejos, por lo que probablemente se hospeda en Chichicastenango. Si estuviera casada con un hombre del lugar, lo que sería muy poco usual, usaría su propio traje de Santa Catarina y no llevaría su propio nombre, sino el nombre del pueblo de donde proviene. En otras palabras, sería siempre una extraña en otro pueblo entre otras gentes.
Todos los demás en la pintura son de Chichicastenango, con excepción del hombre de Sololá que se ve a medias a la izquierda, bajo la sombra de un tenderete. Está allí sólo por el día, para vender semilla de *achiote* y maíz de la costa. El hombre en el primer plano es un cacique de alta categoría, como se puede ver por el sol bordado en el frente de su saco de lana, y el bello tzute magenta de la cabeza, teñido con moluscos de Nicaragua.
Anteriormente los hombres no se ponían camisa debajo del saco de lana, recogido al frente, para enseñar las costillas. Los cakchiqueles llamaban a los de Chichicastenango 'ombligos fríos' tzontzoi muxux (pronunciándose la 'x' como una 'sh' fuerte).
Los pantalones del hombre merecen mención especial. Probablemente fueron primero un simple taparrabo y evolucionaron bajando a la rodilla, pero más cortos y ligeramente abiertos del lado exterior. La característica sobresaliente es el panel o aleta que llevan cosido de la cintura para abajo, inclinado hacia atrás. Sus pantalones son de lana pesada, la parte trasera se corta en cuatro piezas que luego se unen formando una cruz en una extraña forma. El fleco que desde el saco cae sobre los

15
Chichicastenango
Quiché

Her blouse is silk and the most prized colour of all. The front panel has the schematized double-headed bird which the Habsburg Spanish thought they had invented. Her skirt is short and her belt heavy with wool embroidery; she has a fanatical inward look in her eyes. Her tribe is deeply religious and a hybrid paganized Christianity rules every minute of their lives. The town's market is more overrun with tourists than any other market in Guatemala. The disintegration of this tribe is already far advanced. The older people and leaders stand fast and steady, suffering silently with sullen hatred in their eyes. The complete degeneration of the people who wrote the Popol Vuh is close at hand.

El huipil de la mujer es de seda y del color más apreciado por todos. El lienzo frontal tiene el ave bicéfalo estilizado, que los Habsburgo españoles creyeron haber inventado. Su refajo es corto y su faja pesada, bordada en lana. Tiene una mirada fanática introvertida. Su tribu es profundamente religiosa y la mezcla de cristianismo paganizado rige cada minuto de su vida. El mercado del pueblo es el más visitado por los turistas entre todos los mercados de Guatemala.
La desintegración de esta tribu avanza cada vez más. Los más viejos y los principales siguen fieles y firmes sufriendo en silencio con odio sombrío en sus ojos. La degeneración total del pueblo que escribió el Popol Vuh se avecina.

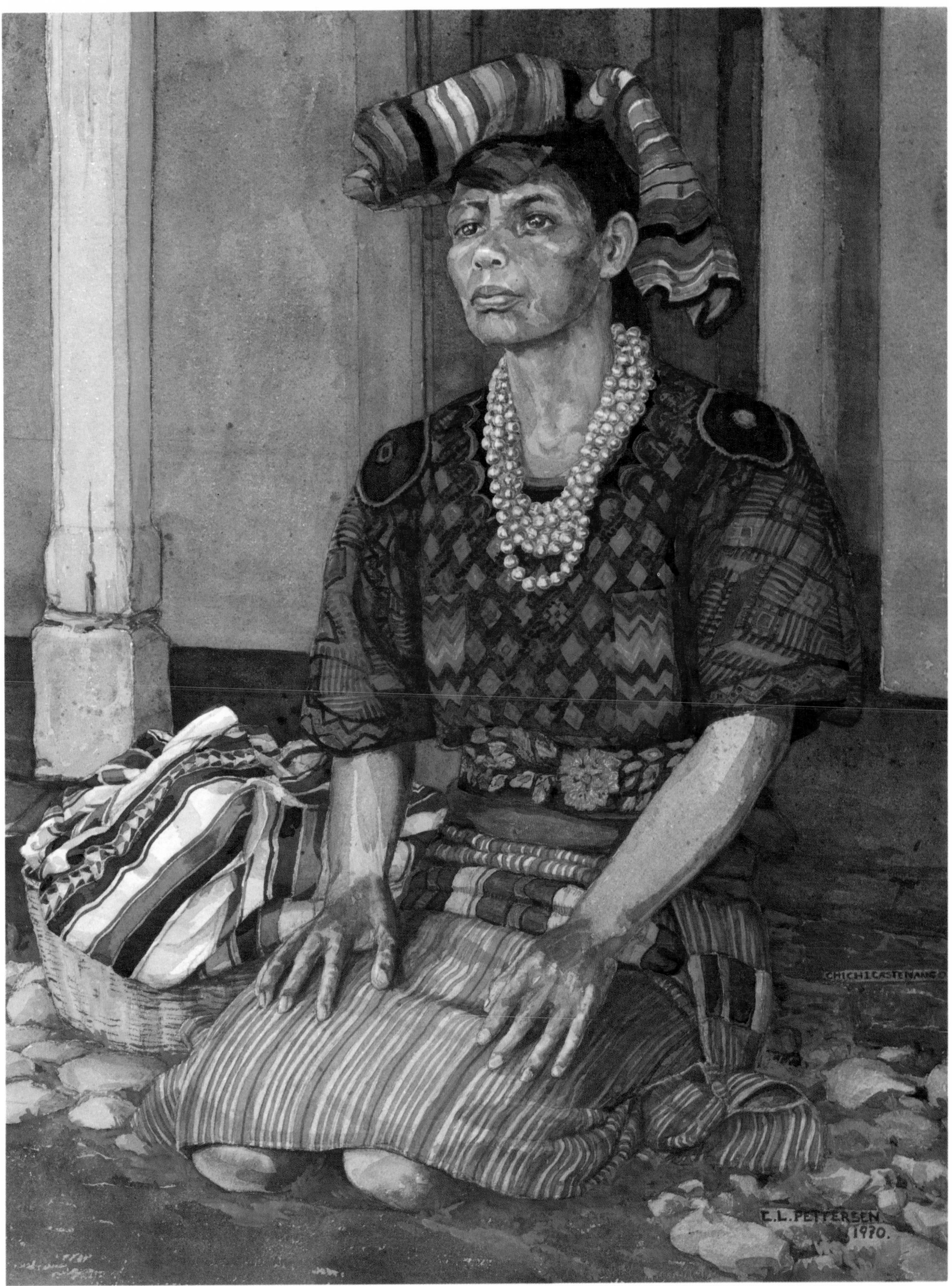
CHICHICASTENANGO
E.L. PETTERSEN
1970.

16
Chichicastenango
Quiché

The church, built in 1540, dominates the market as well as the lives of 30,000 Max (pronounced: mash) Indians. On the steps up to the main door copál is burnt to the glory of the pagan god, but once inside the church incense is burnt to the glory of the Christian God. There is no dividing line between the two and both gods are open to complaint and correction by the man praying. One god is for outdoors and the other lives in His house. The women are mostly ugly and awkward in their top-heavy blouses and piled-up thick clothes, worn with skimpy short skirts. The men are graceful and handsome, and their dress is outstanding. They wear no hat and the tzut is tied round their heads with one tasselled corner hanging in front, giving them opportunity for individuality. The very best tzutes are woven in silk dyed with 'Púrpura patula', purple from the seashore of Nicaragua.

La iglesia, construida en 1540, domina el mercado como también las vidas de los 30.000 indígenas max (pronunciado mash). En los escalones frente a la puerta principal se quema el copal para glorificar al dios pagano, pero una vez dentro del templo se quema incienso para glorificar al Dios cristiano. No hay línea divisoria entre ambos y los dos dioses reciben quejas y censura del hombre que reza. Uno de los dioses es para el aire libre y el otro reside en su casa. Las mujeres son en su mayoría feas y torpes dentro de sus huipiles demasiado pesados y sus ropas abultadas que usan con faldas demasiado cortas y estrechas. Los hombres tienen porte y son guapos, su traje es notable, no usan sombrero y el tzut lo atan alrededor de su cabeza, dejando una esquina con borla colgando hacia adelante, al gusto individual. Los mejores tzutes son tejidos en seda teñida con 'púrpura pátula', o sea un molusco morado de las playas de Nicaragua.

CHICHICASTENANGO.
C.L.PETTERSEN.
1971.

Young sun – adult sun – grandfather sun
Sol niño – sol padre – sol abuelo

The drawing of the embroidery on the trouser panels shows the wearer's standing in his community, from childhood to youth and through virility to age. An elder has a big elaborate sun on the panel with extra embroidery of flowers and leaves. This is the Ma Kij, the grandfather sun. A younger adult will have two suns, neither so ornate, one below the other to show he still has an elder above him. This is the Alal Kij, the young sun or adult sun. The third panel is worn by boys of six years up and the embroidery shows a simpler sun with a cross the same size under it. This will have rays added to it and turn into a full sun when the boy is past puberty, and can have children. A sterile man may never use a full sun.

pantalones representa la lluvia. El bordado de las aletas indica la posición que ocupa quien los lleva, dentro de la comunidad, desde su infancia hasta la juventud y de la edad viril hasta la vejez. El principal lleva un gran sol muy elaborado en el panel, con bordados adicionales de flores y hojas. Este es Ma Kij el abuelo sol. Un adulto más joven llevará dos soles, mucho menos ornados, colocados uno debajo del otro, para indicar que aún está subordinado a su padre u otro superior. Este es el Alal Kij, el sol joven pero adulto. El tercer panel lo llevan los niños de los 6 años en adelante y el bordado representa un sol más sencillo con una cruz del mismo tamaño debajo, a la cual agregarán rayos para convertirla en sol pleno cuando el niño haya pasado la pubertad y pueda tener hijos. Un hombre estéril jamás podrá usar un sol pleno.

El hombre del cuadro 16 es un Aj Kij, astrónomo y astrólogo. Solo él puede usar el azul en zig-zag sobre los hombros y en los puños. Muy similar al sol en el frente de su saco, pero con una moneda de plata en el centro en vez de una de oro, es el sol que lleva Aj Tij, maestro de ceremonias religiosas y director de la instrucción del pueblo. Diversas otras castas vienen desde la antigüedad; consejeros, árbitros, escritores, secretarios, talladores de imágenes sagradas, oradores y hasta parlamentarios, cada uno llevando en la ropa sus símbolos distintivos, por lo cual de una sola mirada se les puede reconocer. Todo esto nos da una idea de la organización que existía y apoyaba al gobierno del poderoso rey quiché en los tiempos anteriores a la conquista. Ahora se ven doblegados, convertidos nada más que en atracción turística, lo que puede observarse cuando llegan las docenas de enormes autobuses, repletos de gente.

Las mujeres de Chichicastenango son bajas y poco atractivas en sus pesados huipiles y sus faldas cortas, lo que les da un aire demasiado pesado por arriba. El huipil morado que se ve en el frente a la derecha de la pintura, claramente enseña el emblema estrillado del sol alrededor de su cuello, y la luna negra redonda en su hombro, que anteriormente llevaba una cuenta de jade al centro. El sol y la luna juntos son símbolos de fertilidad. El panel frontal y central del huipil, que se compone de tres paneles, tiene el ave bicéfalo en un diseño muy

The man in the centre of painting 16 (p. 88) is an Aj Kij, an astronomer and astrologist. Only he can use the zigzag blue on the shoulder and cuff. Very similar to the sun on the front of his jacket, but with a silver coin in the centre instead of a gold, is the sun worn by the Aj Tij, the religious master of ceremonies and director of the peoples' instruction. Several other casts have come down from antiquity, counsellors, arbitrators, writers, secretaries, carvers of sacred images, orators and even parliamentarians. Each has distinctive symbols on his clothes by which he can be recognized at a glance. This all gives us an idea of the organization which existed and supported the rule of the mighty Quiché king in pre-Conquest times. Now their heads are bowed in shame for if they are seen when the dozens of big buses arrive packed with people, they become nothing but a tourist attraction.

The women in Chichicastenango are short and unattractive in their very heavy blouses and short skirts which make them look top-heavy. The purple blouse pictured in front right, clearly shows the spiked emblem of the sun round the neck, and the round black moon on the shoulder. It used to have a jade bead in its centre. The sun and moon together are the sign of fertility. The front and centre panel of the blouse made up of three panels has the double-headed bird in a very conventional design. This is the Cot of the Quichés, and represents Balam Akap, the brujo of the night. The small circles and rhomboids in red and yellow which fill up the bird's body are the stars in the heavens. The wavy lines that finish the centre panel on either side represent the waves of the sea, after which comes nothing but the plain cotton weave, signifying that the land stops at the seashore and beyond that there is nothing.

When the Spaniards found the double-headed bird in Chichicastenango, in Cotzal, and a few other places, they were amazed that the Habsburg eagle had penetrated so far. They made the Indian reproduce it again and again, in weaving, stone and wood, and adorned their houses and palaces with it, but they never guessed that the two birds did not quite resemble each other. There was always a secret difference and no Indian ever made his Cot for a white man.

convencional. Este es el *cot* de los quichés y representa a *Balam Akap,* el brujo de la noche. Los pequeños círculos y romboides en rojo y amarillo que llenan el cuerpo del ave son las estrellas del cielo. Las líneas onduladas que terminan en el panel central de ambos lados representan las olas del mar, de donde sigue sólo tejido de algodón liso, lo que para ellos significa que la tierra termina en el mar y más allá no hay nada.

Cuando los españoles encontraron el ave de dos cabezas en Chichicastenango, en Cotzal, y en algunos otros lugares, quedaron sorprendidos que el águila de los Habsburgo hubiera llegado tan lejos. Insistieron en que los indígenas la reprodujeran una y otra vez, en sus tejidos, en sus piedras y maderas talladas y adornaron sus propias casas y palacios con esa figura, sin sospechar jamás que en realidad las águilas no son del todo iguales. Siempre hubo una diferencia secreta y ningún indígena hizo su cot para el hombre blanco.

El huipil ceremonial de la mujer no está cosido debajo de los brazos y se puede extender totalmente, lo que permite ver que las secciones en colores forman una cruz sobre el fondo blanco con un gran sol al centro alrededor de un agujero, por el cual, al ponérselo la mujer, pasa la cabeza. Esta cruz es el Xucut de los quichés, mencionado en el Popol Vuh, es emblema de la vida eterna y a la vez representa los cuatro puntos cardinales, los cuatro vientos y los cuatro caminos. También se decía que la tierra y el cielo estaban divididos en cuatro. En este mismo huipil se indican las cuatro fases de la luna y el ave bicéfalo está representado cuatro veces.

La vista trasera de las dos mujeres en el cuadro del mercado a la izquierda las muestra sentadas en la postura típica de mercado, que se usa también al estar tejiendo en sus casas con telar de palitos o de cadera. Sus anchos y pesados huipiles se recogen hacia atrás y se cruzan al meterlos en la faja, lo que da forma triangular al panel central. El corte va debajo, y las *randas,* bandas en sedalina de colores, son de puntada grande y unen los dos anchos de la tela que forman el corte.

El mercado de Chichicastenango sigue siendo bello a pesar de la multitud de extranjeros. A un costado está la iglesia del Calvario y del otro la iglesia dedicada a

The woman's ceremonial blouse is not sewn under the arms and can be laid out flat, and then it can be seen that the coloured sections form a cross on the white background with a big sun in the centre, through which goes the woman's head. This cross is the *Xucut* of the Quichés and mentioned in their Popol Vuh. It is the emblem of eternal life and at the same time of the four cardinal points, the four winds and the four roads. Also the earth and sky were said to be divided in four. On this same blouse four phases of the moon are indicated, and the double-headed bird is pictured four times.
The back view of the two women on the left pictured in the market scene, shows them sitting in the typical market posture, also used when at home while weaving with a hip or strap loom. Their wide heavy blouses are pulled back and crossed as they tuck into the belt, shaping the brocaded centre panel into a triangle. The skirts go under and the *randas,* the embroidered colours on them, are in blanket stitch and join the two widths of material that make the skirt.
Chichicastenango market-place is still beautiful in spite of the foreign crowds. At one end stands the Calvary and opposite the church, dedicated to Saint Thomas, built in 1540 by the Dominican Order. On fiesta and market days the steps leading up to the church are crowded with men and women (photo p. 84) burning pom to the old gods before entering to pray to the Christian saint. The whole centre of the church floor from main door to altar is strewn with a carpet of rose petals. Down its edges burn hundreds of little candles, stood there by the praying Indians.
The three-day yearly fiesta in honour of Saint Thomas presents a magnificent sight and ceremonies of great interest. To begin with there are fourteen confraternities who parade with their saints and are joined by processions from the outskirts, hamlets and distant groups who bring their local saints.
The large majority of the 30,000 Indians of this tribe live on the land and not in town, which they only visit on fiesta and market days. When almost all come to town the sight is overwhelming.
It is a tribe that has kept itself pure and seldom intermarried even with other Indians. It has no ladino blood

Ceremonial blouse showing the Maya cross, the sun and four stages of the moon.
Huipil ceremonial. La cruz maya, el sol y cuatro lunas.

Santo Tomás, construida en 1540 por los Dominicos. En los días de fiesta o de mercado, las gradas que conducen a la iglesia se llenan de hombres y mujeres (fotografía p. 84) quemando pom a los dioses de antaño antes de entrar a rezar ante los santos cristianos. Todo el centro del piso de la iglesia, desde la puerta principal hasta el altar, está regado de pétalos de rosa, formando una alfombra, a cuyos lados arden cientos de velitas, puestas allí por los indígenas hincados que rezan a ambos lados.
La fiesta anual de tres días en honor de Santo Tomás presenta una escena magnífica y ceremonias de gran interés. Para comenzar, hay catorce cofradías que desfilan con sus santos a los que se unen procesiones de caseríos vecinos y de grupos que llegan de más lejos, llevando sus santos locales. La gran mayoría de la

at all and has never let a foreign idea or religion in any way change its own. If it has apparently accepted Christianity and the saints, this has been grafted on to its former faith, and in part acts as façade for rituals. They have their own civil governing class with all the officials and judges necessary to run this large group strictly and fairly, as well as giving what protection is possible. A pueblo as conservative in social, civic and religious matters cannot change its symbolic dress without disintegrating. The embroidery and brocading on the clothes record their origin, the creation of the race and the exodus to the highlands from the jungle of Petén, their history and how they settled in the highlands first in Ziguan Tiamit, and then in "The Place of the Nettles". They are the authors of the Popol Vuh, a masterpiece of genius unequalled in the Americas for many centuries by any race or tribe. We need no further proof of the value of Chichicastenango people.

población de esta tribu, 30.000 indígenas, vive en el campo y no en la ciudad, que visitan solo en días de fiesta y de mercado, de manera que cuando casi todos llegan al pueblo, presentan un cuadro impresionante.
Esta tribu se mantiene pura y raras veces se celebran matrimonios con otros indígenas, tampoco tiene sangre ladina. Jamás ha permitido que una idea o religión extraña cambie la suya en forma alguna. Si aparentemente han aceptado el cristianismo y los santos, esto lo han mezclado con su antigua fe y en parte sirve de fachada para sus ritos. Tienen su propia clase de gobierno civil, con todos los funcionarios y jueces necesarios para administrar a este grupo grande de manera estricta y justa, así como para darle la protección que sea posible. Un pueblo tan conservador social, civil y religiosamente no puede cambiar su vestimenta con su simbolismo sin desintegrarse. El bordado y brocado en la ropa registra su origen, la creación de la raza y el éxodo al altiplano desde las selvas de El Petén; su historia y cómo se asentaron en el altiplano primero en Ziguan Tiamit, luego en el lugar del chichicaste (ortigas). Son los autores del Popol Vuh, obra maestra genial que por muchos siglos no tuvo igual en tribu o raza alguna. No se necesita mayor prueba del valor del pueblo de Chichicastenango.

VIII
Nahualá

The town of Nahualá, lying on volcanic rock on the edge of the Nahualate river cañon, has little fertile soil. The name means "magic water" and refers to the clear flowing river. The town is a municipality of 18,500 people of whom barely a thousand live in the little town, hating the ladinos, non-Indians, who have been forced on them. The rest of the people live scattered over a large territory tending their sheep, working small patches of land and carving heavy grindstones from the rock around them. They sell these all over the country for grinding maize. The people are poor, stern and austere.

During the presidency of General Manuel Barillas in the last century, the government took large areas of land belonging to the Maya population in various parts of the country, and sold it to coffee planters. The excuse was that the best use was not being made of this good land on the volcanic slopes towards the Pacific, and that the Indian contributed nothing towards the general economy. By this confiscation the Nahualá tribe lost the territory they had owned and worked for innumerable generations, and on which they had always grown their food crops.

The male population rose as one man, donned their best tribal clothes and walked the 150 kilometres to the City of Guatemala. They stood in a quiet, orderly crowd at the presidential door. President Barillas, alarmed at the mob, ordered that only the Principales, or leaders, a mere handful, should be admitted. This was refused by the Indians, who said that they had come as one man and as one man they would face the president. They won their point and were allowed into the big reception hall, where they knelt before the president with foreheads touching the floor. Only one man stood erect, head held high. The president, somewhat embarrassed, commanded them all to stand, but the leader refused saying: "I will not command my people to stand until you have given us justice, for it is justice we are seeking. You have ordered us to leave our lands, the soil that feeds us, so that others can plant coffee. In exchange you have offered us a large tract of malarial coast land. We cannot go there. We would die and you know it. How can we consent to leave the hills that have always been

El pueblo de Nahualá se extiende sobre roca volcánica a orillas del desfiladero del Río Nahualate, tiene poca tierra fértil. Su nombre significa 'agua mágica' y se refiere a la clara corriente del río. El pueblo es un municipio de 18.500 habitantes, de los cuales a penas 1.000 viven en el pueblecito, odiando a los ladinos mestizos que se les han impuesto. El resto de la población vive esparcida en una amplia región, cuidando sus ovejas, trabajando en sus terruños y tallando pesados *metates* de la roca de la región, que venden por todo el país para moler el maíz. La gente es pobre, austera y severa.

Durante la presidencia del General Manuel Barillas en el siglo pasado, el gobierno quitó grandes áreas de tierra pertenecientes a la población maya, en diversas partes del país, para venderlas a los caficultores. La excusa fue que no se hacía el mejor uso de esta buena tierra en las faldas volcánicas hacia el Pacífico y que el indígena no contribuía en nada a la economía general. Con esta confiscación la tribu de Nahualá perdió el territorio que había poseído y cultivado durante innumerables generaciones para producir sus cosechas de consumo. Los hombres de la población se levantaron como un solo hombre, se pusieron sus mejores trajes tradicionales y recorrieron a pie los 150 kms. hasta la Ciudad de Guatemala deteniéndose en ordenado grupo frente a la puerta presidencial. El Presidente Barillas, alarmado por la muchedumbre, ordenó que se admitiera la entrada únicamente a los principales o líderes, un grupo reducido, cosa que rechazaron los indígenas diciendo que habían llegado como un solo hombre y que como un solo hombre se presentarían ante el Presidente. Se salieron con la suya y les fue permitido entrar al gran salón de recepciones, donde se arrodillaron ante el Presidente tocando el piso con la frente. Sólo un hombre permaneció de pie, erguido, con la cabeza en alto. El Presidente, un poco desconcertado, ordenó a todos ponerse de pie, pero el dirigente rehusó diciendo:

"Yo no le ordenaré a mi pueblo ponerse de pie hasta que usted nos haya hecho justicia; porque es justicia lo que hemos venido a pedir. Usted nos ha ordenado abandonar nuestras tierras, el suelo que nos alimenta, para que otros puedan sembrar café. En cambio nos ha ofrecido una gran extensión de tierra palúdica en

ours, where we have been born and raised and our ancestors before us? We do not want to plant coffee, we want to plant our maize and black beans as we have always done."

The leader unslung the morral carrying bag from his shoulder and took out a set of documents which he put down before the president one by one as he spoke. "We have paid for this land three times. The first time President Carrera took it from us and we bought it back. The second time President Cerna took it and we bought it back. The third time President Barrios took it and we bought it back. Now we have come to buy it back from you, President Barillas. Señor, how much money do you want for it? We have money with us."

The president, ashamed, told them to return home without fear. The land would not be taken from them. The Nahualá Indians worked their land for many years after this, but ultimately lost it. Now coffee covers it. It has many ladino owners and the big government plantation, Chocolá, is part of it.

During the thirties of this century the much feared General Jorge Ubico was president of the Republic. Once a year he travelled round the country, going from town to town, checking on the conditions of each, and personally making contact with the leaders. He travelled with a large staff in cars, trucks and motorcycles, and took with him a kitchen, cooks and provisions. The dirt roads were very rough and although the individual towns were ordered to patch them up as best they could, with forced Indian labour scraping the tracks with hoes, they remained almost impassable. There were then no tractors, professional road builders or road engineers.

The town where the president was scheduled to stay overnight naturally provided the best accommodation available. On arrival his bed, chair and washing facilities were moved in, as well as the sleeping basket for the Chihuahua dog which spent its days on his lap. It was a hard life for his staff as most of these men had never been outside the city before, or even knew the geography of the country, and they were not able to carry their beds and comforts with them. The towns gave their humble best to the president but were quite

la costa. No podemos ir allí. Moriríamos y usted lo sabe. ¿Cómo podemos consentir en dejar las montañas que siempre han sido nuestras, donde nacimos y crecimos, al igual que nuestros antepasados? No queremos sembrar café, queremos plantar nuestro maíz y frijol como lo hemos hecho siempre."

El líder se quitó el morral del hombro y sacó un juego de documentos que colocó ante el Presidente, uno por uno, diciendo: "Hemos pagado esta tierra tres veces. La primera vez el Presidente Carrera nos la quitó y la volvimos a comprar. La segunda vez el Presidente Cerna nos la quitó y la volvimos a comprar. La tercera vez el Presidente Barrios nos la quitó y la volvimos a comprar. Ahora hemos venido a comprársela a usted, Presidente Barillas. Señor, ¿cuánto quiere usted por ella? Traeremos el dinero." El Presidente, avergonzado, les dijo que volvieran a sus casas sin temor, que no se les quitaría la tierra.

Los indígenas de Nahualá trabajaron sus tierras por muchos años después de esto, pero finalmente las perdieron y ahora están cubiertas de cafetales. Muchos ladinos son los propietarios actuales y parte de ellas pertenece a la gran finca del gobierno, Chocolá.

Durante los años 30 de este siglo, el muy temido General Jorge Ubico fue presidente de la República. Una vez al año viajaba por el país, de pueblo en pueblo, examinando las condiciones de cada uno y haciendo contacto personal con los líderes. Viajaba con gran séquito, en automóviles, camiones y motocicletas, llevando consigo cocina de campaña, cocineros y provisiones. Los caminos de tierra eran muy malos y si bien cada pueblo tenía orden de repararlos lo mejor posible con trabajo forzado por los indígenas que aplanaban la vía con azadones, los caminos se mantenían intransitables. En aquel entonces no habían tractores, constructores profesionales ni ingenieros de caminos.

El pueblo donde estaba programado que el presidente pasara la noche naturalmente le brindaba el mejor alojamiento posible. Al llegar, su cama, silla y facilidades para lavarse eran instaladas, así como la cesta donde dormía su perro chihuahua, que pasaba los días en el regazo del presidente. Era una vida dura para su séquito, pues la mayoría de estos hombres jamás había salido antes de la ciudad, ni conocía la geografía del país y

17
Nahualá
Quiché

Gabriel and Margarita Siquinay were born into the upper class of this hard, austere and united town. He holds his bar of office and wears a black loose coat over a heavy wool one, and underneath a thick cotton shirt with elaborate cuffs and collar. The very beautiful wide sash does not show at all, nor do the little birds on his short pants hidden under the wool knee-blanket. She wears her ceremonial blouse over her daily one as she will presently enter the church with the flowers. There is much cerise in both her blouses. It runs and stains each time she washes it, but she likes the softened effect this gives. These people are special; surly and independent, trying in vain to protect their town from the encroaching 'ladino' and his vices.

Gabriel y Margarita Siquinay pertenecen a la clase alta de este pueblo duro, austero e íntegro. El lleva la vara de oficio y usa un saco negro suelto sobre otro saco de pesada lana, y camisa de grueso algodón con puños y cuello primorosamente bordados. La bella faja ancha no se ve, como tampoco los pajaritos bordados en sus pantalones cortos, ocultos bajo el ponchito de lana que le llega hasta sus rodillas. Ella usa huipil ceremonial sobre su huipil de diario, porque luego entrará a la iglesia llevando las flores. Hay mucho color cereza en sus huipiles que se destiñen y se manchan cada vez que los lava, pero a ella le gusta el efecto tenue que esto les da. Esta gente es especial. Hoscos e independientes, tratan en vano de proteger a su pueblo contra el ladino y sus vicios.

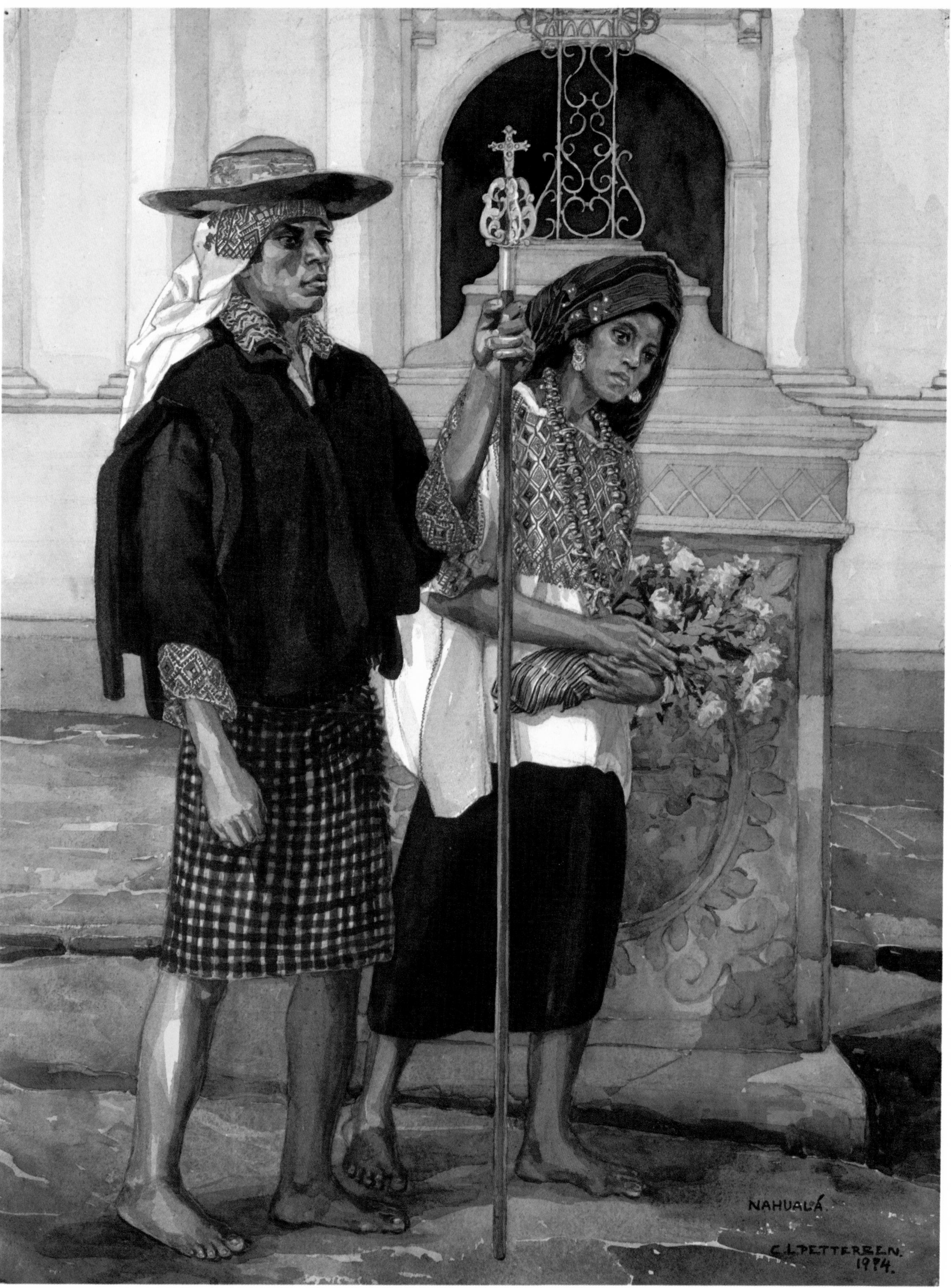
NAHUALÁ.
C.L.PETTERSEN.
1974.

18

Santa Catarina Ixtahuacán

Quiché

There is more soil around this pueblo of nearly 10,000 than in the surroundings of its sister pueblo Nahualá, though both stand on an old volcanic outcrop. Nahualá to the north has very limited agricultural grounds, but Santa Catarina lies further down the Nahualate river valley which is covered in cultivated patches. The people make querns from the volcanic rocks. The man's costume has the much prized 'cuyustate' cotton in the shirt and trousers, the natural brown giving the articles a rich velvety look. The tzut cloth he wears folded on his left shoulder, not on his head. The wool knitted bag on his right shoulder shows a stylized double-headed bird in white on black. The tzut on the woman's head is elaborate and beautiful in design but in no way resembles his. Her blouse is plain white but shows off her rich double necklace of blue beads. Her basket cloth is sombre and heavy, her sash elaborate. The people of this village are serious and strict, but as nature is kinder to them they are not quite as hard as their brothers in Nahualá.

Este pueblo de casi 10.000 almas está rodeado de mejores tierras que su pueblo hermano, Nahualá, a pesar de que ambos están situados en un viejo afloramiento volcánico. Nahualá, al norte, tiene tierras agrícolas muy limitadas, pero Santa Catarina más abajo en el valle del Río Nahualate lo ha cubierto con lotes cultivados. Esta gente hace metates de las rocas volcánicas. El traje del hombre tiene la camisa y los pantalones del algodón altamente apreciado llamado 'cuyuscate'. El color café natural da una apariencia aterciopelada a estos artículos. El tzut lo lleva doblado sobre el hombro izquierdo, no en la cabeza. El morral de lana que cuelga de su hombro derecho, muestra un ave bicéfalo estilizado, en blanco sobre fondo negro. El tzut en la cabeza de ella es muy detallado y de bello diseño, pero no se parece en nada al de él. Su huipil es blanco liso, pero hace resaltar su lindo collar doble de cuentas azules. El lienzo para el canasto es sombrío y pesado y su faja de diseño complicado. La gente de este pueblo es seria y estricta, pero como la naturaleza es más bondadosa con ellos, no son tan duros como sus hermanos de Nahualá.

SANTA CATARINA IXTAHUACAN
C. L. PETTERSEN.
1972.

unable to provide any but the most primitive shelter for his staff.

A few days ahead of the president, don Jorge Echeverría, as chief auditor, travelled with a small group of accountants and book-keepers to inspect each town's financial affairs, including taxation. They reported directly to the president in a sealed letter to await his arrival, or, very occasionally, as in the case of Nahualá about which I write, they waited for him to arrive to settle certain problems with which they were unable to cope. It is from don Jorge that I received the following account of the session in Nahualá.

"Nahualá is an overwhelmingly Indian town, governed by its own leaders and Church confraternities, who are chosen from its own aristocracy. The central government through the years had sent in its own officials to control the taxation, and had installed a small military headquarters and barracks, a post and telegraph office, a nurse, a school and a jail, and lastly a bar selling hard liquor.

The leaders of Nahualá had long practised passive resistance against the intended breakdown of their autonomy and the disintegration of their tribe, which was inevitable if the ladinos were allowed to stay and drink was to be sold.

They therefore would not send their children to school to learn under ladino teachers, nor would they use the post or telegraph, yet they paid their taxes regularly. The day that General Jorge Ubico arrived with his military and civil staff all the male population, as well as a considerable number of women and children, were there to receive and face him. The confrontation had to be held in the open space in front of the church as the only place big enough.

General Ubico was a hard man but here he was faced by a harder and more singleminded multitude, and he realized it. The first question to come up was that of the officials and ladinos sent in by the government to live in the town, the civil governor, the military control, the post and telegraph men and the teachers, each man with a numerous family. The leaders humbly but stubbornly asked the president to remove this corrupting element from their town. The president insisted that Nahualá could not have special treatment

tampoco podían llevar consigo sus camas ni otras comodidades. Los pueblos humildemente brindaban lo mejor que tenían al presidente, pero no podían proporcionar otra cosa más que un primitivo albergue a sus acompañantes.

Unos días antes que viajara el presidente, don Jorge Echeverría, Auditor General, llegaba con un pequeño grupo de auditores y contadores a revisar los asuntos financieros de cada pueblo, incluyendo los impuestos. Le informaban directamente al presidente, por carta sellada que dejaban esperando su llegada, o, muy ocasionalmente, como en el caso de Nahualá al que me estoy refiriendo, esperaban su llegada para que él resolviera ciertos problemas que ellos no podían resolver. Fue don Jorge Echeverría quien me proporcionó el siguiente relato de la sesión en Nahualá.

"Nahualá es un pueblo indígena casi en su totalidad, gobernado por sus propios dirigentes y cofradías religiosas que son elegidas entre su misma aristocracia. El gobierno central, a través de los años, enviaba sus propios funcionarios civiles para controlar la tributación, había instalado una pequeña guarnición militar y un cuartel, oficina de correos y telégrafos, una enfermera, una escuela, cárcel y por último una cantina para vender licores.

Los principales de Nahualá hacía mucho que presentaban resistencia pasiva contra el derrumbamiento fatal de su autonomía y contra la desintegración de su tribu, inevitable al permitir a los ladinos quedarse en el pueblo y permitir la venta de licores.

Por consiguiente no estaban dispuestos a enviar a sus hijos a la escuela para aprender con maestros ladinos, ni a usar el correo ni el telégrafo, no obstante de pagar sus impuestos con regularidad.

El día que llegó el General Jorge Ubico con su séquito militar y civil toda la población masculina, así como un número considerable de mujeres y niños, estaba allí para recibirlo y hacerle frente. La confrontación tuvo lugar en el espacio abierto frente a la iglesia, único lugar de suficiente amplitud.

El General Ubico era un hombre duro, pero aquí enfrentaba a una multitúd más dura aún y con un firme propósito, lo cual percibió enseguida. La primera cuestión que se presentó fue la de los funcionarios y

and had to accept what every other town of its size had accepted. He would not give in on any point. The Indians talked this over among themselves and then told the president that they would continue to accept the present conditions for five years, during which time they would send, with the government's permission, their most intelligent young men and women to the city to be trained for these posts in the government schools, if at the end of that time the government would accept them as government employees and send them back to Nahualá to replace the present ladinos. The president saw sense in this and agreed to the arrangement.

School attendance was the next problem. Very few children attended school. They reached deadlock on this until the president singled out some of the bystanders at random, and questioned them as to how many children each had and why none went to school. Here he was given some very amusing and practical answers, which released the tension between the authorities and the Indians, and put everyone in a better humour. Some of the wives came forward with a baby at the breast and other small ones hanging on to their skirts, and stood behind their husbands as they were questioned. The women spoke no word of Spanish but they well knew that this concerned them very closely, and they meant to stand by their men in case the all-powerful president should turn nasty. The fathers pointed out that even though they had four school-aged children these could not be spared from the daily chores. One thin stunted man unexpectedly took the lead; he stepped forward from his companions and with urgency in his voice argued with the great man before him, just as he and his kind repeatedly argue in church speaking directly to God and telling Him how He is unjust and failing his poor servant. "Tata Señor," he said, "one of my children has to tend my flock of sheep. They graze far from my house and if not constantly guarded by my eldest boy, the coyote will kill and eat them. My eldest girl goes with her mother to cut and carry home firewood for the daily cooking. The next child has to carry water from the river at the bottom of the gully, and it is hard work on the steep path. I work on my milpa, my maize field, far from

ladinos enviados por el gobierno para vivir en el pueblo: el gobernador civil, el control militar, los empleados de correos y telégrafos y los maestros, cada cual con su familia y otros dependientes. Los principales, humilde pero tenazmente pidieron al presidente remover de su pueblo este elemento de corrupción. El presidente insistió en que no era posible dar a Nahualá un trato especial por lo que debía aceptar lo que cualquier otro pueblo de ese tamaño había aceptado. No cedería en ningún punto. Los indígenas trataron entonces el asunto entre sí y luego dijeron al presidente que continuarían aceptando las condiciones vigentes durante 5 años, plazo durante el cual ellos, con el permiso del gobierno, enviarían a sus hombres y mujeres jóvenes más inteligentes a las escuelas del gobierno en la ciudad para ser adiestradas para estos cargos, siempre que, al terminar dicho plazo se les aceptara como empleados del gobierno y se les enviara a Nahualá para reemplazar a los ladinos. El presidente reconoció que era sensata la idea y estuvo de acuerdo con este arreglo.

El problema siguiente fue la asistencia a la escuela. Muy pocos niños iban a la escuela. Obtuvo algunas respuestas muy divertidas y prácticas, que aliviaron la tensión entre las autoridades y los indígenas y pusieron a todo el mundo de mejor humor. Algunas de las esposas se hicieron presentes, con un niño de pecho y otros pequeños agarrados de sus cortes, parándose detrás de sus hombres cuando éstos eran interrogados. Ninguna de las mujeres hablaba español, pero ellas sabían muy bien que esto les afectaba muy de cerca y estaban dispuestas a respaldar a sus hombres en caso que el presidente todopoderoso se pusiera desagradable. Los padres a quienes se interrogaba hicieron ver que si bien tenían cuatro hijos de edad escolar, no se podía prescindir de ellos en los quehaceres diarios. Un hombre delgado y pequeñito inesperadamente asumió el liderazgo; separándose de sus compañeros se puso al frente y con vehemencia en la voz alegó con el gran hombre que tenía enfrente, igual que él y los suyos frecuentemente alegaban en la iglesia, hablándole directamente a Dios y diciéndole cuán injusto es y cómo les falla a sus pobres servidores.

"Tata Señor," dijo, "uno de mis hijos tiene que cuidar mi rebaño de ovejas que pastan lejos de mi casa y si

my house, and the fourth child must carry out my lunch and coffee to me daily, and work a bit helping me there. Tell me, Tata Señor, who is going to do all this work if I send my children to school?"

General Ubico took a while and some discussion with his staff and lawyers to solve this one, while the Indians stood silently waiting. The decision reached was that if a man had three or more school-aged children one must attend school, and the families must cope with the work as best they could.

The third and most important problem, left to the last, was that of the hard liquor sold in the town. Any good humour introduced by the questions about the children vanished. The eight Principales of Nahualá came forward to support their spokesman, with stern faces and unblinking eyes. They were conscious of the sometimes ruthless power and ill humour of the man they were facing, but on this question they did not mean to give way one millimetre, whatever it might cost them. The men standing behind the president were uneasy and even afraid of what might happen. It was obvious the Nahualá leaders considered that their racial and religious life lay in grave danger. They had conceded points on the other two problems, but they would consider none on this. Drink was not going to be sold in their town and that was that.

President Ubico was as obstinate as they. Ultimately the Indian leader stepped forward alone after a long discussion in a low voice with his companions. He asked the president how much a year the government expected to make in taxes on the liquor sold in that town. General Ubico consulted again with his bookkeeper staff and then named a high sum. The Indian leader said at once, "Señor, we accept this price and we will pay it yearly without fail, so long as not one bottle is sold in our municipality."

This was agreed. Documents were quickly typed and signed by both parties, and the president with his staff, somewhat disconcerted, left as quickly as possible for the next Indian town on their agenda."

no las cuida constantemente mi hijo mayor, el coyote las mata y se las come. Mi hija mayor va con su madre a cortar la leña y acarrearla a casa para cocinar diariamente. El niño que sigue tiene que traer el agua del río desde el fondo del barranco, y ese es trabajo arduo por el empinado sendero. Yo trabajo en mi milpa lejos de la casa, y el cuarto niño tiene que llevarme mi almuerzo y el café diariamente, y trabaja un poco para ayudarme allá. Dime, Tata Señor, ¿quién va a hacer todo este trabajo si mando a mis hijos a la esuela?"

El General Ubico tomó algún tiempo discutiendo con su personal y sus abogados para resolver este caso, en tanto, los indígenas esperaban de pie en silencio. Se llegó a la decisión de que si un hombre tenía tres o más niños de edad escolar, uno debía asistir a la escuela y la familia haría frente al trabajo en la mejor forma posible.

El tercer problema y el más importante, se dejó de último, el del aguardiente que se vendía en el pueblo. Todo el buen humor y la agilidad de las pláticas sobre las cuestiones relacionadas con los niños y la escuela, desaparecieron. Los ocho principales de Nahualá se hicieron al frente para apoyar a su portavoz, con gesto severo y la mirada fija. Estaban conscientes del poder, a veces despiadado, y del mal humor del hombre a quien debían enfrentarse, pero en este asunto estaban dispuestos a cualquier costa a no ceder ni una pulgada. Los hombres que guardaban las espaldas del presidente estaban inquietos y hasta temerosos de lo que pudiera suceder. Era evidente que los líderes de Nahualá consideraban su vida racial y religiosa en grave peligro. Habían cedido en algunos puntos respecto a los otros dos problemas, pero en esto no pensaban hacerlo. En su pueblo no se venderían licores, y se acabó.

El Presidente era tan terco como ellos. Finalmente el líder indígena solo preguntó al presidente cuánto esperaba recaudar anualmente en impuestos sobre el licor vendido en el pueblo. Ubico consultó a su contador y luego mencionó una suma elevada. El dirigente indígena dijo inmediatamente: "Señor, aceptamos ese precio y lo pagaremos anualmente sin falta, mientras no se venda una sola botella en nuestro municipio."

"Se convino en esto. Rápidamente se redactaron y se firmaron los documentos por ambas partes."

IX

A Day in My Life in Santa Lucía Utatlán
Un Día de mi Vida en Santa Lucía Utatlán

The quiet of the night in that little village nestling among the high mountains was broken by the barking of dogs, the sudden crowing of roosters, and there, in my humble home, by my mother shouting, "Chavela, Chavela!". The little servant got up slowly and went to the kitchen to light the fire and put the big coffee jar on to boil. And so a new day began, a bright Thursday like all the other days.

By 5.30 a.m. my father had finished his breakfast of coffee and tortillas with chili by the light of a faggot lying on the earth floor. He went into the lean-to to fetch his string bag and a rope, and, scratching his head and yawning widely, crossed the floor past all the board beds piled up with sleeping children, out of the door to the shelter where the horse was stabled. He untied the horse and bridled and saddled it, and left it standing out there with the rope dangling on the ground while he returned through the room to the kitchen to pick up his lunch, which my mother had ready for him. Standing in the middle of the room on his way out again he suddenly opened his mouth and started to pour out a stream of orders for us, and instructions for my mother.

"Look," he said, "You get Juan up at six sharp and send him with this message." "And if he won't get up?" "Oh, that's what whips are for, or give it him hard with a piece of firewood. He takes the message. On his return you send him to fetch a big sackful of dry pine needles to mix and hold the mud, and after that all the others too must work the earth, carry the water, mix in the pine needles, and mould the adobe bricks. Plenty must be made today. And . . ."

"Luis, what must he do?" "Oh, that's right! He has to go to the potato patch and check that everything is all right there, and correct what is not and . . ."

At last the flood stopped, and my father took a little bag from his coat pocket, and from it picked out a few small coins which he slipped into my mother's apron pocket.

"It is market day today. Buy the children something." He mounted his horse and called back, "Good-bye, and pray that I have a good day. I hope to return about two in the afternoon." "We will be waiting for you . . .," called back my mother. He disappeared at a good trot

La tranquilidad de la noche en aquel pueblecito escondido entre altas montañas se rompía con el ladrido de los perros, el repentino cantar de los gallos y, en mi humilde casita, por los gritos de mi mamá: "¡Chabela, Chabela!"

La pequeña sirvienta se levantó lentamente y fue a la cocina para encender el fuego y poner a hervir la gran olla de café, mientras mi madre se vestía. Comenzaba un nuevo día, un jueves luminoso, como todos los demás.

A las 5:30 a.m., ya mi padre había terminado su desayuno de café y tortillas con chile, a la luz de un brasero sobre el piso de tierra. Fue al cobertizo para recoger su morral y un lazo, rascándose la cabeza y bostezando a boca entera, lo atravesó, pasando al lado de todas las tarimas apiladas de niños dormidos y salió por la otra puerta hacia el cobertizo donde estaba el caballo. Lo desató, poniéndole freno y silla, y lo dejó con el lazo colgado hasta el suelo, mientras volvía a la cocina para recoger su almuerzo, que mi madre le había alistado. Ya de salida se detuvo de golpe, abrió la boca y comenzó a lanzar un chorro de órdenes para nosotros y de instrucciones para mi mamá.

"Mirá," dijo, "a Juan lo levantás a las seis en punto y lo mandás con este mensaje." "¿Y si no se quiere levantar?" "Bueno, para eso hay chicotes, o le pegás duro con un leño. Que lleve el recado. Cuando vuelva lo mandás a recoger el costal grande con agujas secas de pino para mezclar y ligar el lodo y después de eso todos los demás también tienen que revolver la tierra, acarrear agua, mezclar las agujas de pino, y moldear los adobes. Hay mucho que hacer hoy. Y . . ."

"Y Luis, ¿qué tiene que hacer?" "Ah sí, ése tiene que ir a ver la siembra de papas y revisar que todo esté bien y componer lo que esté mal . . . y, . . ."

Al final, paró el chorro de palabras y mi papá sacó una bolsita de la bolsa de su saco, tomó unas cuantas monedas y las deslizó en la bolsa del delantal de mi mamá. "Hoy es día de mercado. Comprales algo a los niños." Se montó en su caballo y llamó: "Adiós, rezá porque tenga un buen día. Espero regresar allí por las dos de la tarde." "Te estaremos esperando . . .", le gritó mi mamá. Desapareció a buen trote con su perrito, Tayuyo, que brincaba alegremente delante del caballo.

with his little dog, Tayuyo, jumping joyously in front of the horse.

Let's follow my father, trotting away, thinking all the time how to make a little more money for the family. "Can I plant this? Can I grow that? Would it be wise and safe to spend on the seed?" The cold is bitter. There is ice on the ground ringing under the little horse's hoofs. My father arrives at his field and starts working with the big hoe, breaking the earth while the horse grazes on the weeds. He is cold, but there is a smile of satisfaction and happiness on his face.

Meanwhile in our house my mother's voice rung out again. "Juan, Juanito, (that's me) wake up, you have to take this message immediately." "I am sleepy!"

My mother ripped off the blanket and left me uncovered in that icy morning. "This blanket must be washed today, " she explains, and walks off with it.

"Chavela, wash the nixtamal (cooked maize) at once and place the grindstone."

I drank a cup of hot coffee and asked where I had to go. "To don Pedro," said mother. I made a face as I do not like don Pedro, but went anyway, kicking stones along the way. I was back soon enough as it really was not far.

Luis meanwhile had gone to take a look at the potato patch and my mother had awakened my six little brothers and sisters, and, as usual when they wake and pull on their clothes, the noise is awful. Shouts and screams and fights, and the bigger children taking it out on the younger. The baby woke, wetter than you would think possible, and howled. The children went into the kitchen, still with earsplitting noise, and started fighting over the little chairs and benches. "This is my chair."

"No, it isn't, it's mine." "No." "Yes." "No." "Mama, Mama, look at Tomás, (10 years old), he won't let me have my chair!" More shouts. My mother took a wooden paddle and laid into all of them. Some ran out, some sat tight, but there was quiet for a bit while she gave the orders for the day.

"Tomás, I will tell your father about you, but right now run and buy some sugar. Gaspar, take a broom and sweep the front of the house while the coffee boils" . . . grumbles.

Sigamos a mi papá, que sale a trote, pensando todo el tiempo cómo ganar un poco más de dinero para la familia.

"¿Puedo sembrar esto? ¿Cultivar aquello? ¿Sería sensato y seguro gastar en semilla?"

El frío es penetrante. Hay escarcha en el suelo que cruje bajo los cascos del caballito. Mi papá llega a su campo y comienza a trabajarlo con un azadón grande, rompiendo la tierra mientras el caballo come hierbas. Tiene frío, pero en su cara hay una sonrisa de satisfacción y felicidad.

Entre tanto en la casa vuelve a sonar la voz de mi madre. "Juan, Juanito, (ese soy yo) despertate, tenés que hacer un mandado inmediatamente." "Tengo sueño." Mi mamá me arrancó la frazada y me dejó al descubierto en esa helada mañana. "Esta frazada hay que lavarla hoy," explica y se la lleva. "Chabela, lavá el nixtamal, (maíz cocido) inmediatamente y poné el metate." Me tomé una taza de café caliente y pregunté a dónde tenía que ir.

"Donde don Pedro," dijo mamá. Le hice caras, porque me cae mal don Pedro, pero fui de todos modos, dando puntapiés a las piedras del camino. Volví pronto, porque realmente no era lejos.

Mientras tanto, Luis había ido a ver la siembra de papas y mi mamá había levantado a mis seis hermanitos, incluyendo a mi hermanita, y como de costumbre, cuando despiertan y se visten, el bullicio es terrible. Gritos, llantos y peleas, los grandecitos emprendiéndola contra los pequeños. El nene despertó increíblemente mojado y se puso a berrinchar. Los niños entraron a la cocina, siempre con ruido estrepitoso, y comenzaron a pelear por las sillitas y los bancos. "Esta es mi silla." "No, es mía." "No." "Sí." "No." "¡Mamá, mamá, mirá a Tomás, no me da mi silla!" Más gritos. Mi mamá tomó una paleta y les dio a todos. Algunos corren, otros se quedan quietos, pero hubo silencio un ratito, mientras ella daba las órdenes del día.

"Tomás, se lo contaré a tu papá, pero ahorita corré y comprá un poco de azúcar. Gaspar, tomá la escoba y barré el frente de la casa mientras hierve el café . . ." Este se queja. "Javier, cuidá a tu hermana y fijáte que no se eche nada en la boca."

Cuando volví todos estaban sentados alrededor de una

"Javier, you look after your sister and see she doesn't put things in her mouth."
By the time I returned all were sitting round a low table waiting for breakfast. My mother was dishing it out.
"Mama, Mama, what is there to eat?"
"Wait and see what God sends you," she answered as she divided out the tortillas hot from the comal. "Today we will have two egg cakes." "But . . . is that all for so many of us?" She, with the same good hand with which Jesus multiplied bread to feed a multitude, gave us each our little pieces of egg cake, and then filled us from the basket of tortillas kept warm under her own woven napkin. There were grumbles. "You gave him a bigger piece than me!" "What's that? You don't want yours?" Silence, no more grumbles.
"Eat, children, eat, and be thankful. Have you finished, son?" "Yes, mother, look my plate is empty." "Good, good, here is a *tamalito* for each of you. Eat it with salt. Now you won't be hungry. Let me eat now. Pass me my coffee. The baby wants to nurse."
Leaving a pile of dirty plates, we ran out of the kitchen and each one went to his job, leaving mother sitting on a low chair quietly suckling her baby.
She called me back after a few minutes. "Juan, you must help Carlos work the mud. It is heavy for him alone. I had quite forgotten, first you must go and fetch pine needles. A big sack full." I obeyed and went out to do this. "Now you little ones, you must start carting the water for your elder brothers to work into the mud."
"You, Javier, look after your sister Lucía, and keep her out of the sun."
My mother went to the hen house to feed the chickens and search the nests for eggs. She was satisfied with what she found. Then she went to the pigsty to feed the pigs, big and small. Her morning chores were interrupted by a woman calling "Dominga, Dominga." "Whatever does she want?" mother said, knowing the answer perfectly well. "Yes, I am just coming." The woman had black beans and maize for sale, and lively bargaining followed with remarks that the prices were sky high, and everything nowadays was more and more expensive. After much talk a compromise was reached and the grain, beans and money changed hands.

mesa baja esperando el desayuno que mamá iba a servirles.
"Mamá, mamá, ¿qué hay de comer?" "Esperen y vean lo que Dios les mande," contestó dividiendo las tortillas que venían calientes del comal. "Hoy habrán dos tortas de huevo." Pero . . . ¿es eso todo para tantos? Ella, con la misma mano buena con que Jesús multiplicó el pan para alimentar a la multitud, a cada uno nos dio nuestros pedacitos de torta de huevo y luego nos llenó con las tortillas que mantenía calientes bajo una servilleta tejida por ella.
Se oye refunfuñar.
"A él le diste un pedazo más grande que a mí."
"A ver pues, si no lo querés." Silencio . . . terminan las quejas. "Coman hijos, coman y den gracias." "¿Ya terminaste, hijo?" "Sí mamá, mi plato está vacío." "Bueno, aquí tenés un tamalito, uno para cada uno. Comélo con sal. Ya se te quitará el hambre. Déjenme comer ahora. Dame mi café. La nena quiere mamar."
Dejando un montón de trastes sucios, salimos corriendo de la cocina cada uno a hacer su oficio, dejando a mamá sentada en una silla baja tranquilamente amamantando a la nena.
A los pocos minutos me llamó: "Juan, tenés que ayudarle a Carlos con el lodo, pesa mucho para él. Ya casi se me olvida, primero tenés que ir a buscar el pino – un saco grande lleno." Le obedecí y fui a buscarlo.
"Ahora, chirices, tienen que ir a acarrear agua para que los otros amasen el lodo. Tú, Javier, cuidá a tu hermanita Lucía, que no se asolee."
Mi mamá fué al gallinero, para darles de comer a las gallinas y buscar huevos, volvió satisfecha de lo que encontró. Fué al chiquero para alimentar a los marranos grandes y pequeños. Sus tareas matutinas fueron interrumpidas por una mujer que llamaba: "Dominga, Dominga." "¿Qué quiere esa mujer?" preguntó, sabiendo la respuesta. "Bueno, ya voy."
La mujer llevaba frijol negro y maíz para vender; siguió un buen regateo, comentarios sobre los precios que andan por las nubes, todo cada día más caro. Después de mucho hablar transaron, y el maíz, el frijol y el dinero cambiaron de manos.
Hacia las 8:30 de la mañana el camino está lleno de gente que va al mercado de Santa Lucía, que es los

19
Five Children / Cinco Niños

Five children from four villages. Normally they would not come together in one place. We have a little Ixil girl from Cotzal, a boy from Sololá, a brother and sister from Nahualá, and a very serious grown-up five-year-old from San Juan Sacatepéquez. One boy sits on a homemade wheelbarrow, and the other on a roughly carved wooden animal.
Children wear clothes like their parents', though less elaborate in weaving and pattern, and without some of the adult symbolism. The family bond is very strong and the children are loved and treated very gently. Like all peasant people the world over the children are given daily household chores as soon as they are big enough to be of use, the little girls help their mothers with the tortilla making and water carrying, and the boys go with their fathers to work in the fields on the food crops, or to bring in firewood.

Cinco niños de cuatro aldeas diferentes. Normalmente no se reunirían en un sólo lugar. Tenemos a una pequeña ixil de Cotzal, a un muchacho de Sololá, a un hermano con su hermana de Nahualá y un pequeño de cinco años, serio como un adulto de San Juan Sacatepéquez. Uno de ellos está sentado sobre una carretilla de mano hecha en casa y el otro sobre un animal de madera tallado toscamente.
Los niños visten como sus padres, si bien el tejido y el diseño no son tan complicados y les falta parte del simbolismo que usa el adulto. Los nexos familiares son muy fuertes y los niños son queridos y tratados con mucha dulzura. Como todos los campesinos del mundo entero, a los niños les dan tareas diarias de la casa tan pronto tienen edad para ser útiles. Las niñas ayudan a su madre a tortear y cargar el agua y los niños van al campo a trabajar con el padre, cultivando las cosechas de sustento y recogiendo leña.

C.L. PETTERSEN
1974.
COTZAL
SOLOLA
NAHUALA.
NAHUALA
SAN JUAN SAC.

20
Zacualpa
Quiché

There is nothing primitive or basic about this dress in spite of its eye-catching qualities. The weave is close and fine, the colour never gaudy; the embroidery, called 'randa', which joins the two loom widths and is usually worked in simple blanket stitch, is elaborate and important in this dress. The huge tzut on the woman's head is elegant and worn at all times except when she carries her water jar.
The child's skirt is not native costume as she is wearing a beautiful piece of tie-dye woven in Salcajá. This young couple dote on their first child, the most spoilt I have ever known. The mother is seventeen and the father twenty-two, while the child Gregoria is only thirteen months. The man told me he owned inherited land up in the mountains too distant from his pueblo to walk there daily. He would be living there and working his own land instead of hiring himself out in Zacualpa at fifty cents a day, and living in one room, were it not that a group of roaming renegade Indians rape and murder to steal from such outlying habitations.

No hay nada primitivo o simple en este traje, a pesar de sus atractivas cualidades. El tejido es tupido y fino, el color jamás es chillón, el bordado llamado 'randa', que une los dos anchos de telar y que generalmente se trabaja en un sencillo punto de ojal, es en este traje complicado e importante. El enorme tzut de la cabeza es elegante y la mujer lo lleva a toda hora, salvo cuando carga su tinaja de agua.
El corte de la niña no corresponde al traje. Lleva un bello corte de jaspe tejido en Salcajá. Esta joven pareja está embobada con su primer hijo, la niña más mimada que jamás he conocido. La madre tiene 17 años, el padre 22 y la niña, Gregoria, apenas 13 meses. El me dijo que arriba en las montañas es dueño de tierras heredadas, demasiado lejanas de su pueblo para llegar a pie diariamente. De no ser por un grupo de indígenas renegados y vagabundos que violan y asesinan por robar en lugares tan remotos, él estaría viviendo allí y trabajando su propia tierra en vez de emplearse en Zacualpa por cincuenta centavos diarios y tener que vivir en un cuarto.

ZACUALPA.
C.L. PETTERSEN
1974.

By 8.30 in the morning the road outside was lined with people going to the market of Santa Lucía, for it was Thursday. Women passed carrying heavy baskets on their heads and dragging little children by the hand. Some carried chickens, and others led pigs on the ends of ropes, squealing as they were pulled.

My mother began to prepare herself for the trip to the village. First she gave her hair a quick wash in hot water with the herb *jaboncillo,* combed it out with a large wooden comb and wound it, still wet, round her head with a blue ribbon. She took her basket and her hand-woven basket cloth. She changed her huipil for a better one, and put her sandals out ready. A chicken flew into the room, and jumped over all her things. Furious, she chased it and kicked it out, shouting comic insults at it.

Well, I have not told you about our usual preparations for a market day. We kill pigs and carve them up into saleable pieces. This usually takes us two days before each market day, but this Thursday there was nothing like that. My mother had nothing to sell, and was just going for the fun of it and to spend the coins my father had given her on fruit for the children.

It was well after nine and we were all working and as peaceful and quiet as a group of nations that have just signed a peace treaty. The sun was warming up and I returned with my load of pine needles sweating at the brow. We worked the earth and clay with the big hoes, crushing the lumps, adding water and making an even mush before mixing the pine in. We three bigger boys worked round one big pool. The smaller boys were dying to get in and wade in the heavy yellow mud, but my mother would not let them as they would get so dirty, and anyway it was their job to fetch more water from the spring about 150 metres away. Carlos, Luis and I worked steadily adding our sweat to the mud.

Our mother called out, "Gaspar, you will come with me to the market." Gaspar jumped for joy. "Fine, I shan't carry any more water." He ran madly towards his mother and stepped hard on a maize stump which stuck into the sole of his foot. He gave a howl of pain and ran on limping.

My grandmother stopped by and tied my little four-year-old sister, Lucía, on to her back with a big shawl.

jueves. Pasaban mujeres con pesados canastos en la cabeza, llevando de una mano a sus hijitos. Unas cargan pollos, otras traen marranitos amarrados con lazos, estos van chillando mientras los jalan y empujan.

Mi mamá comenzó a prepararse para el viaje al pueblo. Primero se lava la cabeza rápidamente en agua caliente con jaboncillo, una hierba, luego se peina con un gran peine de madera y enrolla su pelo, aún mojado, con una cinta azul alrededor de la cabeza. Lleva su canasto y la servilleta tejida a mano. Cambia su huipil por uno mejor, saca sus caites. Un pollo entra volando y salta sobre las cosas. Furiosa, lo espanta y lo saca, con cómicos insultos.

Bueno, no les he contado de nuestros preparativos corrientes para el día de mercado. Destazamos marranos y los cortamos en pedazos vendibles, esto generalmente toma dos días antes del día de mercado, pero este jueves no hubo nada de eso. Mi mamá no tenía nada que vender y sólo iba para divertirse, para gastar los centavos que mi papá le había dado comprando frutas para sus hijos.

Ya eran pasadas las nueve y todos estábamos trabajando pacífica y tranquilamente como un grupo de naciones que recién han firmado un tratado de paz. El sol comenzaba a calentar, yo volvía con mi carga de pino, la frente bañada en sudor. Removimos la tierra y la arcilla con grandes azadones, deshaciendo los terrones, agregando el agua y haciendo una masa pareja antes de mezclarle el pino. Los tres más grandes trabajábamos al rededor de un gran charco y los más pequeños se morían por meterse en él para embarrarse los pies con el espeso lodo amarillo, pero mi mamá no lo permitía, se hubieran ensuciado demasiado. En todo caso, la tarea de ellos era acarrear más agua de la fuente, a una distancia de más de ciento cincuenta metros. Carlos, Luis y yo trabajábamos tesoneramente, agregando nuestro sudor al lodo.

Mamá llamó a Gaspar para que la acompañara al mercado y éste brincó de alegría. "¡Que bueno!, ya no tengo que acarrear más agua." Salió como flecha, pero se paró en una caña de milpa y ésta se le ensartó en el pie. Aulló del dolor, pero siguió corriendo-cojeando.

Mi abuelita pasó a vernos, se amarró a mi hermanita Lucía de cuatro años a la espalda con un perraje grande. Mi mamá se va con ella, cargando a la nena más pequeña

My mother joined her with the baby on her own back, and up the road to market they went along the stone-paved highway.

In under an hour mother was home again, but from far away she had heard the noise of fighting. A real battle was raging and mud was flying through the air in all directions.

As she approached a big ball of it hit someone on the head. The howls really made her run for the paddle with which she hit out left and right, and scored a good hit on the behind of the thrower who had provoked this civil war.

también a tuto tomando el camino empedrado que conduce al mercado.

En menos de una hora había vuelto mi mamá, pero ya desde lejos había oído los pleitos. Se había desatado una verdadera batalla y el lodo volaba en todas direcciones. Cuando se acercaba una gran bola de lodo le dió en la cabeza a alguien y los chillidos la hicieron correr a buscar la paleta con la que asestaba golpes a diestra y siniestra, acertando muy bien el trasero del tirador que había provocado esta guerra civil.

Nos llamó para descansar y fué necesario darnos una buena lavada antes de permitirnos entrar a la casa.

Preparing yarn for a man's foot-loom.
Preparando hilo para el telar de hombre.

She called us to rest and we really had to do some washing up before being allowed to enter the house. Chavela washed the fruit mother had bought in the market and gave us each our share. We raced into the kitchen and she served us maize gruel in little gourd cups. We love it even if it has no sugar, as it settles well and warm into an empty hot stomach.

Mother shouted from the patio. "Back to work. How many bricks have you made today? I want ten more before any of you get your lunch."

We set to with a will. Luis cleaned and smoothed another piece of ground where we would set the bricks to dry, Tomás washed and wetted the wooden frame moulds, and Carlos and I filled the frames with the almost solid mud mixture.

Mother meanwhile was in the kitchen cooking over the open fire, her eyes watering with the smoke. Chavela was grinding steadily, kneeling in front of the grindstone till the wet maize meal was smooth and even. Then she began to shape the tortillas between the palms of her hands, clap-i-ti-clap, dropping them one by one on the top of the hot *comál,* turning them once and then piling them into the basket to keep warm.

We were called after 12.30. We washed again and went in to a good lunch of black beans, hot tortillas and black coffee. After lunch we lazed, and we bigger boys played marbles, while some of the little ones played in the sand, till our father came home.

When the sun was no longer overhead we worked again, this time led by our father, and everything moved faster with no loss of time or fighting and kidding. My mother sat weaving at her hip loom with the baby on the rush mat by her side. Chavela was busy in the kitchen measuring out the maize to be boiled with lime that evening for the next day's tortillas.

When we had finished filling the brick moulds father said, "Come on boys, we must go and fetch firewood." We each found our rope, tumpline, and the sack for our backs. "We will soon be back with firewood, mother." "I will have coffee ready for you on your return." "Thanks," in chorus.

The path up the wooded hill is slippery and steep and we had to reach the summit to find the dry wood we

Chabela lavó la fruta que mamá había comprado en el mercado y la repartió. Corrimos a la cocina, donde en pequeñas jícaras nos dio atole, nos gusta aunque no tenga azúcar, cae bien y calienta el estómago frío.

Mamá grita desde el patio: "¡Vuelvan al trabajo! ¿Cuantos adobes hicieron hoy?" "Hagan 10 más antes que les dé su almuerzo." Nos pusimos a trabajar. Luis limpió y aplanó el suelo para poner a secar los adobes; Tomás limpió y mojó los moldes de madera; Carlos y yo los llenamos con la mezcla de lodo casi sólida.

Entretanto, mamá estaba en la cocina, cocinando sobre un fuego abierto, con ojos que le lloraban por el humo. Chabela molía, hincada frente al metate hasta dejar la masa de maíz fina y lisa, luego empezó a moldear las tortillas entre las palmas de las manos, colocándolas una por una en el comál caliente, volteándolas una vez, para cocer el otro lado también, después las apilaba en el canasto, para mantenerlas calientes.

Nos llamaron después de las 12:30, volvimos a lavarnos y pasamos a comer un buen almuerzo de frijoles negros, tortillas y café negro. Después descansamos, los muchachos mayores jugando a los cincos (canicas), los más pequeños jugando en la arena, hasta el regreso de papá.

Cuando ya el sol no calentaba tanto, volvimos a trabajar, esta vez bajo la dirección de papá, y todo se hacía con mayor rapidez, sin pérdida de tiempo, ni pleitos ni bromas. Mamá tejía en su telar de palitos con la nena a su lado, sobre un petate de tul. Chabela estaba ocupada en la cocina midiendo el maíz que iba a cocer con cal esa noche para las tortillas de mañana.

Al terminar de llenar los moldes para los adobes, papá dijo: "Vamos muchachos, hay que ir a traer leña." Cada uno de nosotros fue a buscar su lazo, el mecapal y el costal para la espalda. "Ahorita volvemos con leña para el fuego, mamá." "Les tendré listo café cuando vuelvan." "Gracias," casi en coro.

El caminito que sube la montaña poblada de bosques es resbaladizo y había que llegar hasta la cumbre para encontrar leña seca. Cada uno sabía cuánto podía cargar y esa cantidad cortó con su machete. Papá ayudó a Tomás pues por ser menor era un poco más lento y no muy alto. Al volver a casa encontramos para nuestra felicidad que mi mamá también había comprado unas

needed. Each one of us knew how much he was able to carry and cut this amount with his machete. Father helped Tomás as he was a bit slower being younger and smaller. Returning home we found coffee ready, and, oh joy, mother had bought some Xecas in the market, These little breads are a real treat.

Mother had heated up the steam bath that afternoon and gone into the closed adobe cone with the younger children while we were out fetching the firewood. She scrubbed them down in there, by the light of faggots, and sent them out wrapped up, while she scrubbed herself. Now it was our turn, and my father and we four boys stripped and went in. It was a tight fit with five of us in there, and not easy to keep off the hot stone heap at the far end. A lot of yellow mud came off us and our skins sweated clean in the heat. We came out and dried and dressed again. Mother, meanwhile, had tied up her hair and gone to feed the horse, the chickens and the pigs for the last time that day, with Chavela's help, and we heard them chatting and laughing.

The younger children were tired and not so noisy now, and the baby was sleeping soundly after his steam bath.

Later we had supper of black beans and tortillas. They tasted really good. We could have eaten more, but anyway it was enough. It had been a good day, we had had fun, and the sun had shone warm on our peaceful little village. We finished eating. "Thank you Papa, thank you Mama." Thursday is over and tomorrow will be a new Friday.

Juan Can Saquic, 16 years
Santa Lucía Utatlán

xecas en el mercado, además de las frutas. Estos panecillos son un verdadero deleite.

Mi mamá había calentado el baño de vapor esa tarde y se metió en ese cono cerrado de adobe con los niños menores, mientras nosotros buscábamos la leña. Adentro los estregó bien, alumbrada con ocote, y luego los despachó bien tapados mientras ella se bañaba. Ahora era nuestro turno, mi papá y nosotros cuatro nos desvestimos y entramos. Apenas cabíamos los cinco, no era fácil mantenerse alejado del montón de piedras calientes al fondo. Nos quitamos bastante lodo amarillo y sudamos hasta quedar lustrosos. Salimos, nos secamos y nos volvimos a vestir. Entre tanto, mamá se había amarrado el pelo y había ido a darle de comer al caballo, a las gallinas y a los cerdos por última vez en el día, con la ayuda de Chabela y se les oía charlar y reir. Los más pequeños estaban cansados, ya no hacían tanta bulla y la más chiquita dormía tranquilamente después de su baño de vapor.

Después comimos frijoles negros con tortillas – una delicia. Hubiéramos podido comer más, pero en fin, fue suficiente. Había sido un buen día, nos divertimos y el sol había brillado calentando nuestra tranquila aldea. Terminamos de comer. "Gracias papá, gracias mamá." Terminó el jueves y mañana será un nuevo viernes.

Juan Can Saquic, 16 años
Santa Lucía Utatlán

X

Confraternities
Cofradías

The Maya Quiché Indians are fundamentally religious. Their beliefs are not childish superstitions like those of the African Negro races. They are sensible and based on nature in all its manifestations, the sun, moon, rain, wind, seasons, animals, birds, fish, trees, plants, eruptions and earthquakes. As is to be expected, the maize god is very important, and much of the attention paid to wind, rain and other weather gods is centered on how these affect the planting and harvest of this staple food. From the time the land has to be prepared till the harvest is in, maize dominates the life, activities and worship of all who depend on it.

8. Palm Sunday procession
Domingo de Ramos

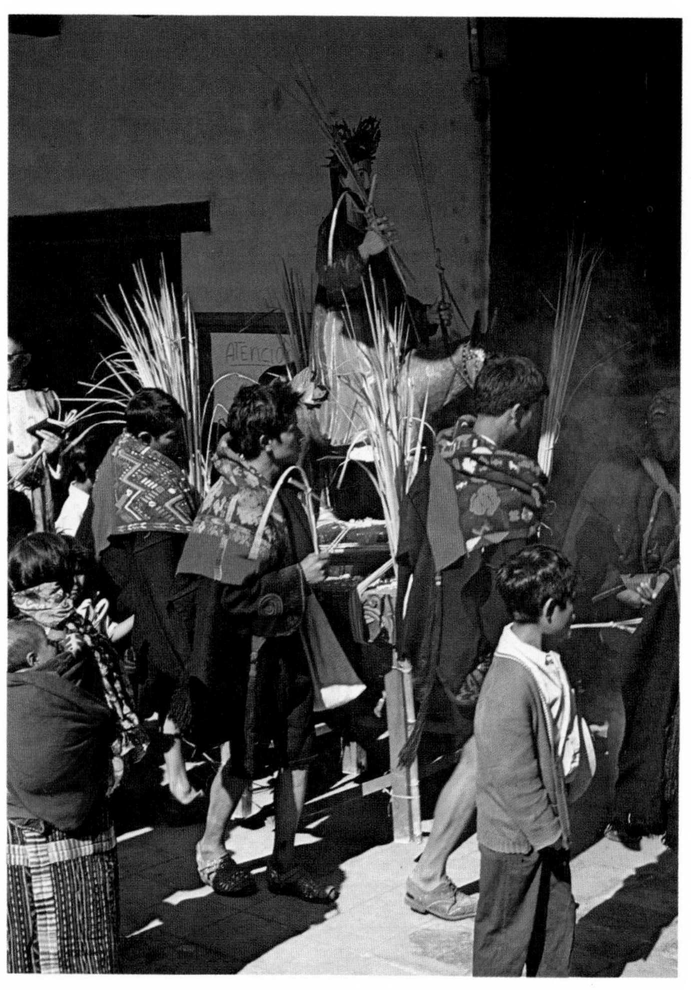

El indígena maya quiché es religioso fundamentalmente. Sus creencias no son supersticiones infantiles, como las de las razas africanas negras. Son sensatas y están basadas en la naturaleza y en todas sus manifestaciones: el sol, la luna, la lluvia, el viento, las estaciones, los animales, las aves, los peces, los árboles, las plantas, las montañas, las erupciones y los terremotos. Como es de esperar, el dios del maíz es de suma importancia, y gran parte de la atención que se presta a los dioses del viento, de la lluvia y a otros dioses del tiempo, se debe a la forma en que éstos afectan la siembra y cosecha de este alimento básico. Desde el momento en que la tierra debe prepararse para la siembra, hasta la época de cosecha, el maíz domina la vida, las actividades y el culto de todos los que dependen de éste.

El Dios Mundo es el que gobierna a todos los otros dioses grandes y pequeños, buenos y malos. Cuando la religión católica romana fue introducida entre los mayas, muchos aspectos de las antiguas creencias paganas paulatinamente se le fueron mezclando y los santos cristianos asumieron algunas de las características de los dioses de la naturaleza, sin que esto causara mayor daño. Los santos cristianos y los dioses de la naturaleza con frecuencia no difieren mayor cosa entre sí, respecto a lo que representan, excepto en un aspecto notable. Mientras que todos los santos cristianos son buenos, y el mal sólo se presenta como contraste o advertencia en la religión, el maya, que tiene dioses malos en su antiguo culto, se apoderó de un tipo tan poco atractivo como Judas Iscariote y lo introdujo en el rito de la Pascua cristiana.

En la aldea de Santiago Atitlán su imagen es llevada a la iglesia y colocada cerca del altar. El nombre ha sido cambiado al de San Simón y luego se modificó en Maximón. El culto es popular en varias otras aldeas, entre las cuales están San Andrés Itzapa, Patzún, Xejajabi de Tecpán, San Jorge la Laguna, Concepción, Nahualá, Santa Catarina Palopó, San Andrés Xecul, (como era de esperarse, por estar allí la universidad de los brujos), Zunil y Patulul. Los ladinos en estas aldeas tienen la misma devoción que los indígenas por este feo trozo de madera vestido, y como ellos, están prontos a encender candelas ante su altar cuando, una vez al

Dios Mundo, God of the World, rules over all other gods, big and small, good and bad. When Roman Catholicism was introduced to the Maya, many aspects of the old pagan beliefs ultimately came to be grafted on, and the Christian saints assumed some of the characteristics of the nature gods, without much harm being done. The Christian saints and the nature gods are often quite similar in what they represent, with one very marked difference. While the saints are all good people, and evil is only introduced as a contrast or warning in the religion, the Maya, who had evil gods in his old worship, had taken such an unattractive character as Judas Iscariot and introduced him into the ritual of the Christian Easter.

In the village of Santiago Atitlán his image is taken into the church and placed near the altar. The name has been changed to San Simón, and further modified to Maximón. The cult is popular in several other villages, among them, San Andrés Itzapa, Patzún, Xejajabi of Tecpán, San Jorge la Laguna, Concepción, Nahualá, Santa Catarina Palopó, San Andrés Xecul (as was to be expected since the brujo university is there), Zunil and Patulul. The ladinos in these villages are as devoted to this ugly, dressed up block of wood as are the Indians, and as readily burn candles at his altar, when he is brought out once a year from the rafters of the house that hides him and set up to one side of the Crucified Christ.

Other evil gods are still venerated but not in the church. They are left-overs from the old worship and much used in black magic. It is curious that the Roman Catholic Church should have unwittingly given the Indian his most popular god of evil!

Every household has an altar with the family saints set amid fresh flowers. Candles can usually be found burning in front of the framed pictures as a daily offering, not just when there is a family emergency or reason to pray for special heavenly help. Worship is continual throughout the year, reaching peaks of activity on the recognized church dates. Yet in the rafters of the house dominated by the family altar you will often see a little wooden or earthernware figure of a Chac, one of the several kindly minor pagan gods, whose indulgence is also sought.

año lo bajan de las vigas de la casa donde lo ocultan para colocarlo a un lado del Cristo Crucificado.

Existen otros dioses malos que siguen siendo venerados, pero no en la iglesia. Son los remanentes del antiguo culto y muy usados en la magia negra. Es curioso que la Iglesia católica romana fuera la que, sin saberlo, diera a los indígenas su dios del mal más popular.

Todo hogar tiene un altar con los santos de la familia colocados entre flores que se cambian constantemente. Generalmente se encuentran candelas encendidas ante los cuadros enmarcados, como ofrenda diaria, no sólo cuando hay una emergencia de familia, o razón para rezar pidiendo especial ayuda del cielo. La adoración es constante durante todo el año, y la actividad llega a la cumbre en las fechas reconocidas por la iglesia. Sin embargo, entre las vigas de la casa, dominada por el altar familiar, frecuentemente se encontrará una pequeña figura de madera o barro de *Chac,* uno de los diversos dioses menores paganos, cuyos servicios también se solicitan.

Oficialmente existe total libertad de cultos en Guatemala. No siempre fue así, con el resultado de que muchas de las costumbres paganas fueron incorporadas secretamente, en forma velada, al culto cristiano. De manera que la religión es dual, en parte cristiana y en parte pagana y como sólo se han adoptado los aspectos mejores de lo pagano, ésto ha sido un compromiso afortunado y operante.

Un hombre quemará incienso dentro de la iglesia ante un santo cristiano, luego subirá al cerro boscoso, fuera de su aldea, para quemar copal ante el altar de piedra. Esta sólida confianza en la religión es la fuerza que une a la comunidad y ha desarrollado un sentido igualmente sólido de responsabilidad comunal. Cada aldea es en realidad una unidad cerrada de autogobierno. Al igual que el altar de piedra en la montaña, la iglesia pertenece al pueblo y no a la Iglesia en la ciudad. La entidad que une al pueblo es la cofradía. Puede o no haber un sacerdote residente y su presencia incluso puede provocar resentimiento. Si es hombre sabio, interferirá lo menos posible en las actividades de las cofradías y se limitará estrictamente a las funciones de un sacerdote cristiano dentro de la iglesia, pero aún allí frecuentemente encontrará que sus dominios y

21
Quezaltenango
Quiché

Quezaltenango is the second largest city in Guatemala with over 40,000 inhabitants and it retains much of the old charm of the colonial way of life. It has combined the Maya and the Spanish with modern life in a most happy and attractive manner. Lying on the north side of the active volcano Santa María the city suffered total destruction in 1902, but was rebuilt, and is the political and social centre of an extensive plateau at an altitude of 2,333 metres roughened by extinct volcanoes and blown out jagged peaks. The Indian population is divided into five distinct social classes with a marked difference in the blouse of each class. The highest carry more pagan symbols whose meaning the wearer understands, while the lower classes wear without question what is strictly reserved for them. The woman's face with its strong jaw shows this is a superior type. The natural intelligence of the Quezaltenango Indian with his capacity for steady work and management puts him head and shoulders above the other tribes. He has penetrated into every walk of life, including art, medicine, law and government.

Quezaltenango es la segunda ciudad de Guatemala en tamaño con más de 40.000 habitantes, y conserva mucho del antiguo encanto de la forma de vida colonial. Ha combinado lo maya y lo español con la vida moderna en forma muy feliz y atractiva. Ubicada al norte del Volcán de Santa María, en actividad, fue destruida totalmente en 1902, pero se reconstruyó. Es el centro político y social de una extensa área muy accidentada, de extinguidos volcanes y cimas escarpadas en el altiplano a 2.333 metros de altitud. La población indígena está dividida en cinco clases sociales distintas, con una marcada diferencia en el huipil de cada una. La clase más alta lleva mayor número de símbolos paganos cuyo significado comprende quien lo lleva, mientras que las clases más bajas usan sin objetar, lo que está estrictamente reservado. La cara de la mujer con su enérgica quijada demuestra que se trata de un tipo superior. La inteligencia natural del indígena de Quezaltenango, con su capacidad constante para el trabajo y la administración, lo colocan muy por encima de las otras tribus. Se ha abierto acceso a todas las profesiones, incluyendo las artes, la medicina, el derecho y el gobierno.

C.L.PETTERSEN.
1970.

22
Zunil
Quiché

Zunil is named after the long extinct volcano on which it lies and from which pours a heavy stream of boiling thermal water. People have bathed here since time immemorial to rid themselves of aches and pains or just old sweat. It is a sight never to be forgotten: the dozens of gleaming bright bodies of men, women and children of all ages, seen through the rising, whirling steam, bathing in a huge rock-lined basin, with the steaming water falling from high above.
The men's dress is unique with the shirt down to their calves. Purple predominates. The woman ties two corners of the width of her long shawl around her neck and envelops herself in it like a cocoon. Her necklace is Victorian jet with big silver coins. Her skirt is unique, short and most attractive. The fibre from the maguey plants behind them will be made into rope and net bags. Their flirtation will be formalized by their families if she bats an eye or smiles a little smile. Meanwhile she is thinking it over carefully.

Zunil lleva el nombre del volcán, extinto hace ya mucho tiempo, sobre el cual está ubicada y del que brota una fuente de aguas termales en ebullición. Desde tiempo inmemorial la gente ha venido a bañarse aquí, para limpiarse de dolores y dolencias o simplemente del viejo sudor. Es una escena inolvidable, docenas de cuerpos resplandecientes de hombres, mujeres y niños de todas edades se ven a través del vapor que asciende en remolinos, bañándose en una inmensa poza revestida de roca, en el agua humeante que cae de grandes alturas.
El traje de los hombres es singular, con la camisa que llega hasta las pantorrillas. Predomina el morado. La mujer ata dos puntas de lo ancho de su largo perraje alrededor del cuello y se envuelve en él, cual un capullo. Su collar es de cuentas victorianas de azabache con grandes monedas de plata. Su corte es muy especial, corto y sumamente atractivo. La fibra de las plantas de maguey que se vé al fondo se convertirá en cuerdas y redes para cargar. El coqueteo de la muchacha será formalizado por sus familiares con sólo un guiño o una sonrisa suya . . . Mientras tanto ella lo medita cuidadosamente.

ZUNIL
C.L. PETTERSEN

23
Chuarrancho
Cakchiquel

The woman is awed by the honour of carrying the town's most sacred and beautiful image – the Virgin of Concepción – which it is her duty to do as leader of the confraternity. She does not even let her hands touch the glass box holding the image but uses a specially richly woven cloth to hold it. Her own ceremonial blouse is almost equal in beauty to the cloth. The double-headed bird is repeated over the whole length. Her figure shows she has borne innumerable children and the expression on her face has a sweet idealism and resignation. The man accompanying her guards and supports her to the market-place asking for alms for the coming church feast. He carries the 'bar of office' and with it responsibility and authority.

La mujer está sobrecogida por el honor de cargar la imagen más sagrada y bella del pueblo – la Virgen de Concepción – lo que es su deber como capitana de la cofradía. Ni siquiera permite que sus manos toquen la urna de vidrio que contiene la imagen, usa un lienzo especial ricamente tejido para sostenerla. Su propio huipil de ceremonia es casi igual en belleza al lienzo. A todo lo largo se repite el ave bicéfalo. Su cuerpo demuestra que ha dado a luz innumerables hijos y la expresión en su faz es de dulce idealismo y resignación. El hombre que la acompaña la protege y ayuda a pedir en el mercado limosnas para la fiesta religiosa que se avecina. El lleva la vara de oficio y con ella, responsabilidad y autoridad.

CHUARRANCHO.
C.L.PETTERSEN
1973.

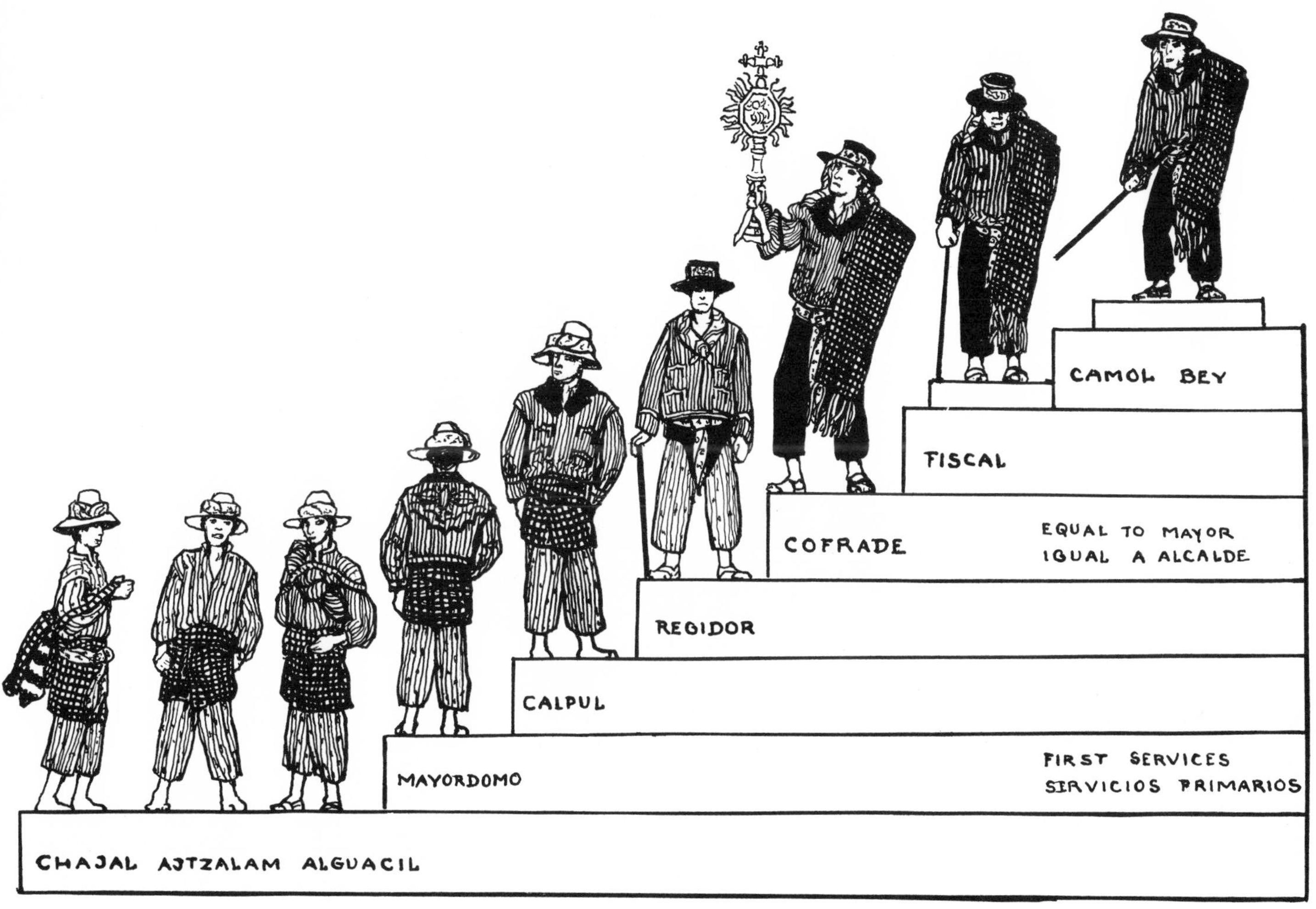

Sololá – Scale of civil and religious service
Sololá – Escala de servicios civiles y religiosos

There is, officially, complete freedom of worship in Guatemala. This has not always been so, with the result that many of the pagan customs were incorporated secretly, and in disguised form, into Christian worship. There is then a dual religion, part Christian and part pagan, and, as only the better aspects of the pagan have been adopted, we have a happy and workable compromise.
A man will burn incense inside the church before the Christian saint, and he will then climb the wooded hill outside his village to burn copal before the stone altar. This strong reliance on religion is the binding force

autoridad han sido invadidos y tendrá que limitar sus actividades a decir misa y a bautizar, etc.
Existen pueblos como el de Santiago Atitlán, donde no puede haber sacerdote residente, pues, ningún buen sacerdote cristiano podría tolerar a Maximón, Judas Iscariote, al lado del altar de Cristo Crucificado!
La cofradía es el poder que sostiene a la aldea y hace posible una vida gregaria y pacífica. Los cofrades son elegidos en sus cargos por un año. Las obligaciones, ceremonias, responsabilidades y aún la vestimenta son dictados por costumbres tan antiguas que si bien es posible que se hayan adaptado al cambio y a la evolución

in the community. It has developed an equally strong sense of community responsibility. Each village is to all intents and purposes a closed and self-governing unit. The church belongs to the village and not to the Church in the city, just as does the stone altar on the hill. The body that binds the village together is the church confraternity. There may or may not be a resident priest, and the presence of such may even be resented. If he is a wise man he will interfere as little as possible with the activities of the confraternities, and limit himself strictly to the official functions of a Christian priest within the church. Even there he will often find his ground and authority invaded and have to restrict his activities to Mass and Baptism.

There are villages, such as Santiago Atitlán, where there cannot be a resident priest, for what good Christian cleric could tolerate Maximón, Judas Iscariot, next to the altar of the Crucified Christ!

The church confraternity is the authority that holds the village together and makes a peaceful gregarious life possible. The members are chosen to serve for one year at a time. The duties, ceremonies, responsibilities, and even the dress are dictated by customs so old that, though they may have been adapted to necessary evolution and change through the centuries, they must still be very similar to those which existed in the pre-Conquest era.

Before a man is elected to a position of responsibility within the church he is required to have served in several of the minor civilian posts in his village and have proved himself reliable, intelligent and diligent. He will, through his work, get to know his people and they him. We may take the town of Totonicapán as an example of how a man of the lower class can serve and gain prestige for himself and his family by voluntary service. This beautiful municipality has many outlying suburbs and hamlets over a wide area of highland plateau. Wheat is its main crop. Several men are appointed each year to work for the general benefit of the village. Some act as messengers and keep contact with the outlying hamlets. They carry messages from the civil authorities, the church, the confraternities. They give out warnings and relay news, notices of deaths, births, accidents, and anything else that an illiterate may

necesarios a través de los siglos, se deben haber mantenido muy similares a los de la pre-conquista.

Socialmente los indígenas están divididos en tres clases: alta, media y baja y si bien se traslapan, cada clase tiene su preciso tipo de trabajo y sus responsabilidades. Naturalmente provienen de la clase más alta los dirigentes y los sacerdotes paganos; son los descendientes de la nobleza y aristocracia maya. Han de ser los más ricos, pero también son los que más tienen que contribuir a la comunidad y sobre todo, a las cofradías. La clase media está constituida por mercaderes y comerciantes, mientras que la clase más baja incluye los cargadores, los jornaleros y los trabajadores del campo y de caminos; hombres y mujeres que hacen las labores más arduas y menos inteligentes. Es posible ascender de una clase a otra por medio de los servicios y de la contribución que se haga para el bienestar general, siempre que la esposa sea una persona igualmente valiosa y respetada. Sea cual fuere el cargo que alcance, su esposa ascenderá con él y dará sus servicios, y sus hijos e hijas deben ser respetables. Los lazos familiares son muy fuertes. El hombre es el jefe de su hogar y su palabra es ley, pero la esposa tiene campos de autoridad bien definidos. Al ser elegido el hombre para servir en cualquier cargo oficial, su prestigio incluye a su esposa.

Para un cargo de responsabilidad en la iglesia, el hombre debe haber servido antes en diversos cargos civiles menores en la aldea, y ser digno de confianza, inteligente y diligente. En su trabajo llegará a conocer a su gente y ésta lo conocerá a él. Totonicapán puede tomarse como ejemplo, en donde un hombre de la clase baja puede servir y ganar prestigio para sí mismo y para su familia por medio de servicios voluntarios. Esta bella municipalidad tiene muchos suburbios y caseríos distantes en una amplia región del altiplano, siendo el trigo su cultivo principal. Anualmente varios hombres son nombrados para trabajar en beneficio general del pueblo. Algunos actúan como mensajeros manteniendo el contacto con los caseríos remotos. Llevan mensajes de las autoridades civiles, de la iglesia, de la cofradía, dan amonestaciones, noticias, avisos de defunciones y nacimientos, de accidentes y de cualquier otra cosa que debe saber un analfabeto acerca de los

9. Zunil

Steep eroded volcanic slopes shelter this valley to form a perfect wheat and vegetable garden. The basalt rocks thrown out of the Zunil volcano in prehistoric times break the even fertility of the valley bottom, but the contrast between the starkness of the hills and the rich green of the small fields is softened by the rolling mist. Men work harvesting the ripe wheat. Steaming thermal springs fall from great heights into man-made rock basins and Indians have always crowded here to bathe.

Empinadas laderas volcánicas muy erosionadas protegen este valle formando un verdadero jardín de trigo y vegetales. Las rocas basálticas arrojadas por el volcán Zunil en épocas prehistóricas rompen la uniforme fertilidad del fondo del valle pero el contraste entre lo agreste de los cerros y el rico verde de los pequeños campos se suaviza por la ondulante bruma. Los hombres trabajan cosechando el trigo. Humeantes fuentes termales caen de grandes alturas a estanques artificiales de roca y los indígenas siempre han llegado allí bañarse.

need to know about the happenings in his village. Other men are appointed to look after and guard the cemetery; the general cleanliness of the streets and roads; the safety of footpaths and bridges. They see that cows and pigs do not foul the springs, they scrub the fountains, and keep order in the public washing places. A man is appointed for each school. His job is to see that the pupils attend in orderly fashion, but also that the teachers and masters are there on time and stick to their jobs.

In Sololá there will be three or four men who serve the priest for a year and are under his command. This is the lowest rung of the church service ladder. They guard, clean and do any necessary odd job. The present priest, a Spaniard, needs several such helpers as he is a very busy man trying to rebuild the church, brought down by earthquakes, entirely on voluntary labour, with materials donated by opposing political parties trying to buy goodwill and votes. He runs a boarding school of over two hundred little Indian girls and boys gathered from the lake villages that may not be within reach of a school. How he feeds them on next to nothing remains a miracle.

The men serving the priest are called chajales, ajtzalans and alguacils. Whichever of these men proves the most able may serve as the major-domo of the three categories in another year. He will help in processions and other select functions. A step higher will make him a calpul, and a big step further and he will be a regidor, a kind of church police or alderman. He and his eleven companions will carry staffs of office, have authority over the civilian population, and wear distinctive dress on ceremonial occasions.

Beyond this a few can rise to the full status as a member of the confraternity for a particular saint. There are a dozen such confraternities in Sololá with about twenty-four men each. Six men at a time are on duty for each saint and this means six wives as well. In all there are 288 men and the same number of women. A powerful group of nearly 600 people, chosen for their conservativeness, their uprightness, ability and authority, to control the town, give judgement, settle disputes, enforce good traditional behaviour, and attend the saint in whose ward they are serving.

acontecimientos de su pueblo. Otros son nombrados para cuidar y velar por el cementerio, para la limpieza de las calles y de los caminos; la seguridad de los senderos y de los puentes, de las fuentes; cuidan que las vacas y los cerdos no ensucien los manantiales; lavan las fuentes y mantienen orden en los lavaderos públicos. Hay un hombre para cada escuela. Su tarea es velar por que los alumnos asistan de manera ordenada, pero también que los profesores y maestros lleguen a tiempo y cumplan con su trabajo.

En Sololá hay tres o cuatro hombres que sirven al sacerdote durante un año y están a sus órdenes. Este es el escalón más bajo de la escalera de servicios de la iglesia. Cuidan, limpian y hacen cualquier oficio que sea necesario. El actual párroco, un español, necesita a varios de estos ayudantes, ya que es un hombre muy ocupado que trata de reconstruir la iglesia, derrumbada por un terremoto, todo con mano de obra voluntaria, usando materiales donados por partidos políticos opuestos que tratan de ganar buena voluntad y votos. Administra un internado para más de 200 niñas y niños indígenas recogidos de las aldeas del lago, a quienes la escuela queda fuera de su alcance. Es un milagro cómo puede darles de comer con casi nada.

Los hombres que sirven al sacerdote son llamados *chajales, ajtzalanes* y *alguaciles.* Quienquiera que entre estos hombres sea el más capaz, otro año puede llegar a servir como mayordomo de alguna de las tres categorías mencionadas arriba. Ayudará en las procesiones y en otras funciones especiales. El siguiente escalón lo ascenderá a *calpul,* y con otro ascenso importante será *regidor,* una especie de agente de guardia o concejal de la iglesia. El y sus once compañeros llevarán las varas de oficio, tendrán autoridad sobre la población civil, y llevarán trajes distintivos en ocasiones ceremoniales.

Más allá de esto, no hay muchos hombres que puedan ascender a la posición plena como miembro de la cofradía de un santo en particular. Existen una docena de tales cofradías en Sololá, compuestas de veinticuatro hombres cada una.

Seis a un tiempo están en servicio para cada santo y ésto incluye a las seis esposas también, de manera que son 288 hombres y el mismo número de mujeres. Este es un poderoso grupo de casi 600 personas, escogidas

These men and women are almost exclusively descendants of the old nobility. They are regarded as wealthy and contribute heavily towards their confraternity. Their ceremonial dress is very distinctive. The women's long blouses are exquisitely woven and among this group you will find the finest belts, headribbons, shawls, and jewellery. The hands of all the confraternity are kissed in salutation by the ordinary men and women in acknowledgement of their honoured authority.
Every year all the confraternities are changed. Many men drop out for a few years, and some change from one saint to another in a different ward. In this way no group can ever become too autocratic. The prestige they have gained stays with them when they step from office, but not the authority.
Over the confraternities rules the Fiscal. He is a really old man who has served in all the confraternities in turn during his long life, and in his old age has reached this high estate. Above him stands the Camol bey, so venerated, so ancient that I can hardly bring myself to mention him. He has duties towards no one. Long experience has made him wise beyond understanding and completely impartial in judgement. His every word is pure gold. We can only kneel and kiss his withered hand.

Saint Bartholomew's Day

The following are the twelve saints of Sololá:
The Virgin Mary leads, with her image residing in the church. The Fiscal is the principal of her confraternity and has in his charge the Holy Child. She is La Patrona del Pueblo. Next come, Our Lady of the Rosary, The Holy Cross, The Holy Sacrament, Saint Antony of Padua, the Archangel Michael, and Saint Bartholomew. In a slightly lower category, because they belong to poorer wards, come the Archangel Gabriel, Saint Isidore, Saint Nicolas, Saint James and Saint Frances. Each saint stays within his ward and it is usually named after him, but when the yearly change of his confraternity takes place he will be moved to a different chapel in that ward. Sometimes it is no more than a room in a compound dedicated to him for the year by the

por su conservatismo, su rectitud, habilidad y autoridad, para controlar al pueblo, juzgar, resolver disputas, imponer buen comportamiento tradicional y atender al santo en cuya custodia sirven.
Estos hombres y mujeres son descendientes casi exclusivamente de la vieja nobleza, son considerados ricos y contribuyen fuertemente a su cofradía. Su vestido ceremonial es muy distintivo. Los largos huipiles de las mujeres son de tejido exquisito y entre ellos se encontrarán las mejores fajas, cintas para el pelo, perrajes y joyas. Las personas comunes besan las manos de todos los cofrades al saludarlos, como reconocimiento de su respetada autoridad.
Cada año se cambian todas las cofradías. Muchos hombres las dejan por algunos años y otros cambian su servicio de custodia de un santo a otro. De esta manera ningún grupo puede jamás llegar a ser demasiado autocrático. El prestigio que han ganado lo conservan aunque salgan del cargo, no así la autoridad. Las cofradías son regidas por el *fiscal,* él es realmente un anciano que ha servido por turnos en todas las cofradías durante su larga vida y ha alcanzado este alto rango en su vejez. Por encima del fiscal está el *Camol bey,* tan venerado, tan anciano, que me cuesta mencionarlo siquiera.
No tiene deberes con nadie. Su larga experiencia lo ha hecho incomparablemente sabio y totalmente imparcial en su juicio. Cada una de sus palabras vale oro puro. Solo podemos besar su mano marchita y doblar la rodilla ante él.

Día de San Bartolomé

Los doce santos de Sololá son los siguientes: La Virgen María es la principal y su imagen reside en la iglesia. El fiscal es el principal de su cofradía y está encargado del Niño Dios. Ella es la patrona del pueblo. Luego le siguen Nuestra Señora del Rosario, la Santa Cruz, el Sagrado Sacramento, San Antonio de Padua, el Arcángel Miguel y San Bartolomé. En una categoría ligeramente menor, por corresponder a custodios más pobres, vienen el Arcángel Gabriel, San Isidro, San Nicolás, San Juan y San Francisco. Cada santo permanece

10. Zunil

With its great bulk the church in Zunil dominates the landscape and seems to defy earthquakes and the looming evil of the two extinct but harsh volcanic cones of Zunil and Santo Tomás. The small houses cluster close among the basalt rock-walled fields, seeking comfort and heavenly protection from the evil earth gods.

The soil ist thin but fertile and the small men take what stones they can lift from their fields. They leave those that are too heavy, as they do in Norway and Scotland.

La iglesia de Zunil domina el panorama con su gran tamaño y parece desafiar los temblores y la maligna presencia de los dos extintos pero ásperos conos volcánicos de Zunil y Santo Tomás. Las casitas se agrupan unas a otras entre los campos salpicados por rocas basálticas buscando abrigo y protección celestial de los malévolos dioses terrenales.

La capa de tierra es delgada pero fértil y los hombres quitan de sus terrenos las piedras que pueden levantar, dejando las demasiado pesadas y grandes, como se hace en los campos en Noruega y Escocia.

head of his confraternity. There is an altar at one end on which he is stood with flowers and burning candles in front, and a few wooden benches round the walls for the confraternity members. Drinking rum and smoking is part of the religious duties. The wherewithal is provided by the host or the head of the confraternity, and the saint is usually included in the good fellowship. Rum will be poured out in front of him as an offering before the members take their first drink, or it may even be poured over him.

I can describe only one of these annual changes of one saint's confraternity, that of Saint Bartholomew, held on August 24. Every street in the ward had been swept clean and decorated in preparation the day before. At dawn rockets were fired outside the chapel where the image had stood for a year, and the whole population of the ward turned out in its best clothes ready for fun and more fireworks. In the case that I write of, the chapel was in the cemetery, but this dampened no one's spirits, as everyone was only too happy to have his dead enjoy the fiesta. Hundreds of vendors squatted among the graves outside the chapel selling sweetmeats of all sorts and colours, biscuits, fruits, toys and pink, yellow and blue pulled candy. There were diamond shaped pumpkin-seed cakes boiled solid in brown sugar, candied fruits and roots, little coconut pyramids, and condensed milk and sugar sticks. Innumerable soft drinks, all very sweet and bright coloured, and the very popular scraped ice with thick syrup flavouring poured on top served in flowered tumblers.

The masked dancers arrived to the burst of more rockets and the music of the *chirimía* and drum, dressed in brilliant costumes of velvet, silk and gold braid. They danced in the cleared space in front of the chapel hour after hour, acting out their roles, talking loudly and quite unintelligibly behind the wooden masks, stumping around in unaccustomed boots. No woman takes part in these dances. About ten in the morning the priest said mass in the chapel. Then, amid a fearful racket of exploding bombs and rockets, the image of Saint Bartholomew was carried out of the chapel on a platform borne on men's shoulders and surrounded by the full confraternity of men and women

en su barrio, que generalmente lleva su nombre, pero al ocurrir el cambio anual de la cofradía, se le traslada a otra capilla en ese distrito. A veces no se trata más que de un cuarto en una casa, dedicado al santo durante el año por el jefe de la cofradía: un altar en donde se le coloca con flores y candelas encendidas al frente, y unos cuantos bancos de madera contra las paredes para uso de los miembros de la cofradía. Parte de los deberes religiosos son beber ron y fumar. Esto lo brinda el anfitrión o el jefe de la cofradía, y al santo generalmente se le incluye en esta buena confraternidad, frente a él se vierte ron como ofrenda, antes de que los miembros tomen su primer trago, y a veces hasta se lo echan encima.

Solamente podemos describir uno de estos cambios anuales de cofradía, la de San Bartolomé, realizado el 24 de agosto. Todas las calles del barrio se han barrido y adornado el día anterior. Al alba estallan bombas y cohetes frente a la capilla donde la imagen ha estado durante el año y toda la población del barrio se ha aparecido en sus mejores trajes, dispuesta a divertirse y ver más fuegos artificiales. En este caso al que me refiero, la capilla estaba en el cementerio, lo que no aplacó el espíritu de nadie, ya que todos estaban más que contentos de que sus muertos disfrutaran de la fiesta. Cientos de vendedores, acuclillados entre las tumbas fuera de la capilla, vendían dulces de toda clase y color, galletas, frutas, juguetes y algodón de azúcar en rosado, amarillo y azul. Había dulces de pepita de calabaza en forma de diamante (pepitoria) sólidamente pegados con miel de caña; frutas cristalizadas, chilacayote, camotes, naranjas, pequeñas pirámides de coco, canillitas de leche y palitos de azúcar. Refrescos innumerables, todos muy dulces y de vivos colores y la tan popular granizada (hielo raspado) saboreado con espeso jarabe, servido en vasos floreados.

Al estallido de más cohetes y la música de la chirimía y el tun, llegaron los bailarines enmascarados, vestidos con brillante ropa de terciopelo, seda y galones dorados. Bailaron en el espacio libre frente a la capilla hora tras hora, desempeñando sus papeles, hablando en voz alta en forma ininteligible detrás de sus máscaras, dando taconazos con sus botas, a las que no están acostumbrados. Ninguna mujer participa en estos bailes. Alrededor

who had attended him through the year, and whose last day of duty this was. The decorations on the platform around the feet of the saint flashed with mirrors and tinsel. Fresh flowers were intermingled with bright coloured feathers; a riot of colour. Saint Bartholomew was carried slowly up and down every street in the ward, and everyone felt blessed by this holy image passing their door. By evening he was returned to the chapel to the accompaniment of more rockets and bombs. Everyone went home exhausted.

Next morning the new confraternity took charge. The saint was again taken out with full pomp and exploding rockets, with the drum and the chirimía, and in a mist of burning incense was escorted towards his new chapel, which would serve him for a year. There was a difference in his escort, however. Two stately robed women walked in front of the procession with their arms under their *nima-pots,* their loose ceremonial tunics, and they obviously carried something very precious and important in their hidden hands under the nima-pot. On either side of each woman, guarding and supporting her, walked two men. All eyes followed the women with their secret charge, rather than the image of the saint, whom they had all seen the day before anyway. When the procession arrived at the new chapel, the women were conducted in, followed by the saint, and the door closed behind them. There, out of the sight of the multitude, they brought out their precious burdens. From under the nima-pot came two little earthenware dogs, originally white with black spots, but now yellow with age. The women opened a small door in the actual pedestal of the saint, carefully strapped in the little dogs, and bolted it shut. No virgin must ever set eyes on the dogs or all the dogs in the ward would develop rabies and disaster would overtake Sololá.

de las diez de la mañana, el sacerdote dijo misa en la capilla, después de lo cual, entre el estruendo aterrador de las explosiones de cohetes y bombas, la imagen de San Bartolomé fue sacada de la capilla, de pie en un anda cargada en hombros por los hombres, rodeada en pleno por su cofradía de hombres y mujeres que la habían atendido durante el año, siendo éste su último día de deberes. La decoración del anda destellaba con espejos y oropel, alrededor de los pies del santo y con flores frescas mezcladas entre brillantes plumas: toda una orgía de colores. San Bartolomé fue llevado lentamente subiendo y bajando por cada calle del barrio y todos se sentían benditos por esta santa imagen al pasar frente a sus puertas. Al atardecer fue devuelto a la capilla, acompañado por más bombas y cohetes, después de lo cual todos regresaron a sus casas totalmente agotados.

A la mañana siguiente la nueva cofradía lo tomó a su cargo. El Santo fue llevado nuevamente con gran pompa al estallido de más bombas, con chirimía y tambor, entre espeso incienso para llevarlo acompañado a su nueva capilla, que ocuparía por un año.

Sin embargo, había una diferencia en su escolta, dos mujeres soberbiamente ataviadas caminaban frente a la procesión con los brazos debajo de su *nima-pot,* sus sueltas túnicas ceremoniales, y era obvio que en sus manos ocultas llevaban algo muy precioso e importante. A cada lado de estas mujeres, de guardianes y respaldo, caminaban dos hombres. En vez de seguir a la imagen del santo, a la que todos habían ya visto el día anterior, la muchedumbre seguía con sus miradas a las mujeres, con su encomienda secreta. Al llegar la procesión al nuevo oratorio, las mujeres fueron conducidas dentro, seguidas por el santo, y las puertas se cerraron. Allí, fuera del alcance de las miradas de la multitud, revelaron su carga presiosa, sacando debajo de su nima-pot dos perritos de barro, originalmente blancos con puntos negros, pero ahora amarillentos por la edad. Las mujeres abrieron una puertecita en el pedestal de San Bartolomé, atando dentro cuidadosamente a los perritos, poniendo otra vez el cerrojo a la puerta. Jamás virgen alguna debe poner los ojos en estos perros, porque de hacerlo, todos los perros del barrio llegarían a tener rabia y sobrevendría un desastre a Sololá.

XI

Sololá

11. Lake Atitlán
Lago de Atitlán

Lake Atitlán must be the most beautiful lake in the world. It lies cradled by the high volcanic cones and steep escarpments, which were thrown up by eruptions and earth movements long, long ago during the geographical formative era. The blue of its deep waters cannot be equalled. We do not know if it is a crater lake, formed by huge blowouts or by subsidence, or whether the volcanoes that rose on the southern side blocked the outlets of the rivers and so formed this 126 square kilometre body of water. It has no visible outlet, yet there must be one, as there is no accumulation of minerals, and the owners of the coffee plantations on the far slopes of the volcanoes, facing the

El lago de Atitlán debe ser el más bello del mundo. Descansa entre altos conos volcánicos y desafiantes acantilados, elevados por antiguas erupciones y el repliegue de la tierra durante la era de formación topográfica. El azul de sus profundas aguas no tiene igual. No sabemos si es un lago cráter formado por grandes explosiones, o por hundimientos, o si los volcanes al levantarse al sur, bloquearon las salidas de los ríos y así formaron este cuerpo de agua azul de ciento veintiseis kilómetros cuadrados.

No tiene salida visible, pero ésta debe existir, ya que no hay acumulación de minerales y los propietarios de fincas de café en las lejanas faldas de los volcanes,

Pacific, say great springs of clear water gush from their hillsides.
Round its steep and narrow edge cling ten villages: Panajachel, Santa Catarina Palopó, San Antonio Palopó, San Lucas Tolomán, Santa Cruz la Laguna, Santiago Atitlán, San Marcos la Laguna, San Pedro la Laguna, San Juan la Laguna, and San Pablo la Laguna. Their names alone are musical. Only three have land flat enough to build and plant on, the rest cling to the steep cliffs. None has sufficient soil or space for maize fields, so all have developed little industries and handicrafts, and must go to the Sololá central market to sell their products and buy their maize. Each village has its own individuality and sticks to it firmly. It also has its own home-woven dress. Some speak different languages, have different looks and manners, and have wooden gods.
It is strange that the people who have only lived on the edge of this lake cannot swim, and do not bathe in it. One village, Santiago, has developed a clumsy dugout canoe called a cayuco. These are sold to other villages, but no one ever goes out on to the lake unless he has to. They are definitely not water people. The lake can be very dangerous, and every year there is a toll of drowned people, when the wind blows over the volcanoes and smashes down on to the surface of the water, and in seconds turns into a swirling squall. The Indians call the wind the Xocomil, the fury of demons. Only those too far away across the lake will come to market in cayucos; the rest would rather carry their produce on their backs, mile after mile on the rough steep footpaths round the lake and arrive at Sololá market on foot.
Sololá holds its market on Friday. It lies 500 metres above the lake and has magnificent views to the south, east and west. It is the head town of the department of the same name. This has 90,000 people under its jurisdiction, while the town has 17,000 in its municipality, so the Friday market serves a large community of two linguistic groups, the Cakchiquels and the Tzutujiles. It is principally an Indian market, selling Indian products to Indian buyers, and though too crowded because of lack of space, the layout is still based on the old Meso-American Indian pattern. The corn is sold in one

frente al Pacífico, dicen que grandes manantiales de agua clara brotan de las laderas.
Prendidos alrededor de su angosta y empinada ribera hay diez pueblos: Panajachel, Santa Catarina Palopó, San Antonio Palopó, San Lucas Tolimán, Santa Cruz la Laguna, San Pedro la Laguna, Santiago Atitlán, San Marcos la Laguna, San Juan la Laguna y San Pablo la Laguna. De por sí la mención de estos nombres es musica l. De todos, únicamente tres cuentan con tierras planas para la construcción y siembra, mientras que el resto se aferra a rocas abruptas.
Ninguno tiene suficiente espacio o tierra para sus milpas, de manera que todos han desarrollado pequeñas industrias y artesanías y tienen que ir al mercado central de Sololá para vender sus productos y a comprar su maíz. Cada pueblo tiene su propia individualidad a la que se apega con ahinco, igual que a sus propios trajes tejidos en casa. Algunos hablan una lengua distinta, tienen diferente apariencia y comportamiento y adoran dioses de madera.
Es extraño que la gente que sólo ha vivido a orillas de este lago no sepa nadar, ni se bañen en él. Santiago, uno de estos pueblos, desarrolló la construcción de una canoa tosca llamada *cayuco,* que vende a los otros pueblos, pero jamás se mete nadie al lago si no se ve obligado a ello. Definitivamente no es gente acuática. El lago puede ser muy peligroso y anualmente hay ahogados, cuando el viento que sopla sobre los volcanes baja golpeando la superficie y lo convierte en una arremolinada borrasca. Los indígenas a este viento le llaman *xocomil,* la furia de los demonios. Sólo aquellos demasiado alejados al otro lado del lago irán al mercado en cayucos, el resto prefiere cargar sus productos a la espalda, milla tras milla, por empinados senderos alrededor del lago, para llegar a pie al mercado de Sololá.
Los viernes son los días de mercado en Sololá. El pueblo está situado a quinientos metros sobre el nivel del lago y tiene vistas magníficas hacia el sur, este y oeste. Es la cabecera del Departamento del mismo nombre, con 90.000 almas en su jurisdicción, mientras que la municipalidad tiene 17.000, de manera que el mercado del viernes sirve a una gran comunidad de dos grupos lingüísticos, los cakchiqueles y los tzutujiles.

24
Sololá
Cakchiquel

Daily Dress.
This is a windy town at 2,100 metres above sea-level on a high shelf on the northern ramparts of the great blue Lake Atitlán, lying 500 metres lower. The view across the lake to the long row of volcanoes on the southern shore is magnificent.
The woman has been crying. Newcastle disease has killed her two chicks, and the hen on the steps is keeling over. Her husband has brought her a ring-dove from the Petén to console her.
In every available can and container she grows flowers and plants – in old saucepans, petrol cans, a kettle and even a chamber pot.

Vestido de diario.
Este es un pueblo azotado por el viento, a 2.100 metros sobre el nivel del mar situado en una alta plataforma en las estribaciones septentrionales del gran lago azul Atitlán, 500 metros más abajo. La vista es magnífica a través del lago, hacia la larga fila de volcanes que lo limitan en su ribera sur.
La mujer del grabado ha estado llorando. La enfermedad de Newcastle ha matado sus dos pollos y la gallina sobre las gradas está ya trastrabillando. Su hombre le trajo una paloma torcaz de El Petén para consolarla.
Cultiva flores y plantas en todo recipiente y envase disponible, en cacerolas viejas, en latas de gasolina, en peroles y hasta en una bacinilla.

SOLOLA.
C.L.PETTERSEN.
1972.

25
Sololá
Cakchiquel

Church Confraternity.
These three people, who are very important to their town and serve 17,000 inhabitants, are about to return to their duties within the church. They are dressed in full ceremonial robes. The man takes back the silver monstrance to replace it on the altar after carrying it in procession. He does not touch it but holds it with a special ceremonial cloth; likewise the woman with the candles for the altar. The flowers will go in vases on the floor so they may be handled.
During their year of duty with the Confraternity the work in their fields and houses will be done for them by others of the community.

Cofradía de la iglesia.
Estas tres personas son sumamente importantes para su pueblo, sirven a 17.000 almas y están por volver a sus ocupaciones dentro de la iglesia. Van ataviados con rigurosa vestimenta ceremonial. El hombre regresa con la custodia de plata, para colocarla de nuevo en el altar después de cargarla en la procesión. No la toca, sólo la sostiene con un lienzo ceremonial especial.
Lo mismo sucede con la mujer que lleva las candelas para el altar. Las flores serán colocadas en floreros en el suelo, así que pueden tocarse.
Durante su año de deberes con la cofradía, sus labores del campo y de la casa estarán a cargo de otros miembros de la comunidad.

COFRADES DE SOLOLA
C.L.PETTERSEN
1972.

26
Sololá Market / Mercado de Sololá
Cakchiquel

The streets are jammed on Friday's market day. It is the sixth of January and the frail old man, head of the Church Confraternity, carries the Christ Child on a special tray slung on a Chinese silk scarf. He is supported on either side by the next two most important men. A third receives donations from the market women, who then take a few of the blessed rose petals from the tray and slip them under their blouses. The procession's way down the cluttered street is opened by twelve men holding symbolic spears. A drummer and man with the 'chirimia' whistle announce the immediate Presence.

Los viernes, día de mercado, las calles están atascadas. Es el 6 de enero y el frágil anciano, jefe de la cofradía, carga al Niño Jesús en una bandeja especial colgada de una chalina de seda china. Lo sostienen de ambos lados los dos hombres que le siguen en importancia. Un tercero recibe las donaciones de dinero de las mujeres del mercado, las que luego toman de la bandeja unos cuantos pétalos de rosa benditos y los deslizan debajo de sus huipiles. Doce hombres abren paso a la procesión por la calle abarrotada, portando lanzas simbólicas. Un tambor y un hombre con chirimía anuncian la Presencia inminente.

SOLOLA.
PETTERSEN.
1972.

27
Panajachel
Cakchiquel

The delta formed by the river Panajachel, as it flows into Lake Atitlán, provides these people with fine soil for their basic food, as well as for several other crops. There is a complicated irrigation system many hundreds of years old by which each small piece of this precious flat land, at the foot of high eroded hills, has a right to water. The wind can be cold – hence the heavy black coats. The boy who modelled for me was beaten by his mother with a piece of firewood till he consented to stand still for two minutes. His expression was not as submissive as I have made it appear here. The little girl was thrilled to be painted and stood so still and rigid that she would not move even when I said I had finished with her. The man was like the boy or vice versa. The very idea that I was looking at him made him nervous and he had to keep rushing off behind the trees. Altogether it was not an easy family to paint, but the corn drying on the ground, and hung on the hot wall, glowed like living gold and compensated for all other irritations.

El delta del Río Panajachel en el Lago de Atitlán, proporciona a esta gente buenos suelos para su alimentación básica, así como para otros varios cultivos. Existe un complicado sistema de regadío desde hace cientos de años, por medio del cual cada pequeño trozo de esta preciosa planicie al pie de altas montañas erosionadas tiene derecho al agua. El viento llega a ser frío, a ello se deben los pesados sacos negros del hombre y del niño. Al niño que me sirvió de modelo le pegó su madre con un leño hasta que consintió en permanecer quieto dos minutos. Su cara y expresión no eran tan sumisas como las he pintado. La niñita estaba emocionada de que la pintaran quedándose tan inmóvil y rígida que no quería moverse aún al haber terminado con ella. El hombre se comportó como el niño, o vice versa. La sola idea de que yo lo estuviera viendo lo puso nervioso afectándole el sistema digestivo, de manera que tenía que salir corriendo a cada momento para esconderse detrás de los árboles. Viéndolo bien, esta familia no fue fácil de pintar, pero el maíz que se secaba en el suelo y colgaba de la pared caliente, brillaba como oro vivo, y me compensó de todas las otras irritaciones.

PANAJACHEL.
C.L.PETTERSEN.
1972

28
San Antonio and Santa Catarina Palopó
Cakchiquel

Coming to the Sololá market from their villages alongside Lake Atitlán, this man and woman from Santa Catarina have their clothes enriched with countless small insects woven into the cloth in bright colours. They have just landed from their 'cayuco'. Those from San Antonio will follow, and they will all climb the steep 500 metres to Sololá, to sell their produce, principally rush mats, and buy onions, salt, raw sugar and cotton for weaving. The man with the straw hat weighs it down against the lake wind with his tzut. The other village men prefer to tie the tzut right on to their heads. The man's sleeves have more red in the weaving than the body panel, while with the woman it is the other way around. His stiff woollen overlapped kilt makes trousers unnecessary. He will wear a black woollen coat when the wind blows colder.

Para ir al mercado de Sololá desde las aldeas que rodean el Lago de Atitlán, el hombre y la mujer de Santa Catarina visten su ropa adornada con un sinfín de pequeños insectos tejidos en la tela en vivos colores. Recién han llegado en su cayuco. En seguida llegarán los de San Antonio, y juntos treparán los empinados 500 metros hasta Sololá, para vender sus productos, principalmente petates de tul, y para comprar cebollas, sal, panela y algodón para tejer. El hombre del sombrero de paja lo protege del viento con el tzut. Los otros prefieren amarrarse el tzut en la cabeza directamente. Las mangas del hombre tienen más rojo en el tejido que los lienzos del cuerpo, mientras que en las mujeres es la inversa. Un ponchito rígido de lana traslapado elimina la necesidad de llevar pantalones. Usará un saco de lana negra cuando el viento sea más frío.

C.L. PETTERSEN
1971

29
Santiago Atitlán
Tzutujil

All the cayucos on the lake are made in this village of 10,000, whose race and language is different from the others round the lake. The village lies up a long inlet due south at the foot of the volcano Tolimán. From its southern slope they fell the avocado trees with which they build the cayucos that they sell to the other lake villages. Their land is mostly volcanic rock and lava flow, with pockets of soil between, but not enough to feed so many people. They form the connecting link between the highland and the hot rich lowland extending down to the sea, and so they earn their living by transporting raw sugar, bananas and tropical fruits across the lake. They paddle standing up in eight or ten men cayucos. The Maya is not a good waterman and few can swim. Many are drowned in squalls in midlake. The woman's halo-like head-dress is outstanding, as are the many bright birds woven into the man's trousers.

Todos los cayucos del lago se fabrican en este pueblo de 10.000 almas, que es de raza e idioma distintos al resto de los pueblos del lago. Está situado a la orilla de una larga ensenada hacia el sur, al pie del Volcán Tolimán, de cuyas faldas meridionales talan los árboles de aguacate para construir los cayucos que se venden a las otras aldeas del lago. Sus terrenos se componen de roca volcánica y corrientes de lava con depósitos de tierra que no bastan para producir el alimento de tanta gente. Forman el enlace entre el altiplano y la baja región costera rica y cálida que se extiende hasta el mar; ganan su sustento transportando panela, bananos y frutas tropicales a través del lago, en cayucos para ocho o diez hombres, que reman de pie. El maya no es bueno para el agua y pocos pueden nadar, por lo que muchos mueren ahogados a medio lago cuando hay chubascos.
El tocado de las mujeres es notable – parece un enorme disco o aureola roja, también lo son las muchas aves multicolores tejidas en los pantalones de los hombres.

L. PETTERSEN
1972.
SANTIAGO
ATITLAN.

place, the vegetables in another; the livestock are on the outskirts to one side, while the onion, beet, avocado and hogplum sellers stay together. The charcoal filled nets are up on the pavement. Wool blankets from Momostenango keep well to one side as the men do not belong to this district. The potters are down the street in front of the huge half-built and ugly church, always under repair, the hope and despair of every priest sent to this parish. If you go to the Anthropological Museum in Mexico City and walk behind the great round calendar stone dominating the main salon, you will find a beautifully set up model of an Aztec market as it used to be, before the Spaniards arrived.
This will show you the pattern of a true well-organized Indian market, where everything has its place and all the people are orderly, even to the authorities walking down the rows of seated sellers charging the official tax.
Panajachel lies on the edge of the lake immediately below Sololá. The canoes from across the lake start arriving before dawn bringing produce to Sololá market from Santiago, San Lucas and San Pedro, Santa Catarina and San Antonio. The morning mist lies heavy on the surface of the water, and sometimes you can hear the sound of many paddles and the creaking of wood, long before the canoes come into sight as faint grey shapes, with standing Indians, as many as eight to twenty in one canoe, pushing on the heavy paddles to reach the shore.
On the beach of Panajachel they unload the canoe before pulling it up on to dry land. Each man and woman takes his load, the men on their backs, the women on their heads, with the babies, too young to be left at home all day, slung on their backs. The long walk up the steep road to Sololá begins, up and up past the cool spray of the waterfall, past the hospital, the church, each to their alloted place in the market, where they can put down their loads.
People from the mountains to the north arrive on foot. The pigs, sheep, and goats come from there and are taken to the livestock section. The onions are the most valuable, and truckers wait to buy and take them to the city market, for this is real onion country at this cool high altitude, and the choice little valleys and dips

Quiché

Es principalmente indígena, se venden productos indígenas a compradores indígenas, y si bien está demasiado apretado por falta de espacio, aún se basa en el antiguo patrón de los mercados indígenas meso-americanos. Los granos se venden en un lugar, las verduras en otro. El ganado en las afueras a un costado; los vendedores de cebollas, aguacates y jocotes se mantienen agrupados. Las redes de carbón de leña se apilan en el pavimento. Las frazadas de Momostenango se venden en un sitio bien apartado pues los vendedores no son del distrito. Los alfareros están calle abajo, frente a la inmensa y fea iglesia a medio construir, siempre en reparación y que es la esperanza y desesperación de todo sacerdote enviado a esta parroquia. En el Museo Antropológico de la Ciudad de México, al pasar por detrás del gran calendario de piedra que domina el salón principal, se encuentra una bella maqueta de un mercado azteca, tal como era antes de llegar los españoles. Esta muestra la buena organización de un verdadero mercado indígena, con cada cosa en su lugar y toda la gente ordenada, incluso las autoridades que pasan entre las filas de vendedores sentados recolectando el impuesto oficial.

Chiquimula

are blue-green with the foliage. There are Indians everywhere, from every town and village near the lake, each in his costume, and the colour and variety is confusing. The few ladinos buying are hardly noticed, and tourists from the city, or foreigners are not much in evidence.

It was a windy day when my granddaughter and I drove up to the Sololá market from Panajachel one Friday morning. It was already completely crowded with the squatting vendors in rows so close that you could not see the ground anywhere. As I wandered around trying to take photos for painting no. 26 (p. 138) without being noticed, the whole church confraternity began to arrive and wind its way down the street among the vendors. First came the twelve regidores, aldermen, each carrying a staff representing a spear. They slowly opened the way for those that followed. Next came a man playing the chirimía, a flute of limited tones, and then a man drumming on his *tun.* The nucleus, and all-important part of the procession, followed, the Christ Child on a tray thick with rose petals, slung from the neck of an old man whose skin was so thin with age that he had lost all the brown pigmentation,

Panajachel está situado a la orilla del lago, justamente abajo de Sololá. Antes del amanecer comienzan a llegar los cayucos desde el otro lado del lago, llevando verduras al mercado de Sololá, vienen de Santiago, San Lucas y San Pedro, Santa Catarina y San Antonio. La neblina matutina descansa sobre el agua y a veces se puede escuchar el chapoteo de muchos remos y el crujir de madera mucho antes de que surjan a la vista las imprecisas formas grises de los cayucos, con indígenas de pie, de ocho a veinte en cada canoa, empujando los pesados remos hasta alcanzar la orilla.

En la playa de Panajachel descargan el cayuco, antes de arrastrarlo a tierra. Hombres y mujeres llevan sus cargas, ellos en la espalda, ellas en la cabeza, con los hijos demasiado pequeños para dejarlos en casa todo un día, amarrados a la espalda (a tuto). Comienza la larga caminata a Sololá, suben y suben, pasando bajo el fresco rocío de una catarata, por el hospital, por la iglesia, hasta llegar cada uno al puesto que le está asignado en el mercado, donde finalmente pueden bajar su carga.

La gente de las montañas hacia el norte llega a pie. Los marranos, las ovejas y las cabras vienen de allí y se llevan a la sección del ganado. Las cebollas tienen la mayor demanda y los transportistas las esperan y las compran para llevarlas al mercado de la ciudad. Son tierras para ese cultivo, frescas y altas, los preciosos valles y hondonadas se ven verde-azules con su follaje. Hay indígenas por todas partes, de cada pueblo y aldea cercana al lago, cada cual en su traje regional, tanto color y variedad confunden. Los pocos ladinos que van de compras pasan casi inadvertidos y los turistas de la capital o extranjeros casi no se ven.

Era un día de mucho viento cuando mi nieta y yo llegamos desde Panajachel en automóvil al mercado de Sololá, un viernes por la mañana. Ya estaba completamente repleto de vendedores sentados en cuclillas en filas tan cerradas que no se podía ver el suelo. Caminábamos sin rumbo, yo tratando de pasar inadvertida al tomar fotografías para el cuadro no. 26 (p. 138), cuando comenzó a llegar la cofradía de la iglesia en pleno, zig-zageando calle abajo entre los vendedores. Primero llegaron los doce regidores, cada cual con una vara representando una lanza. Lentamente iban abriendo paso para los que venían atrás. Le seguía un

and looked as pink and white as any of our own elders. This was the Fiscal, don José Bocal. He was supported on either side by two tall men in full ceremonial costume. It was January 6 and the Holy Child had been taken out for the first time since the Nativity. This confraternity, the principal one of the twelve in Sololá, had been walking since early morning and had visited each of the other eleven confraternities in order of importance, and at each they had been presented with a drink of rum, so by the time I saw them they were well and truly drunk. Except the man in charge of receiving alms from the vendors; he was cold sober.

If he had been careless enough to drop a cent in that crowd it would never have been found. Behind every alderman, the old man and his two most unsteady supporters, stood a strong young fellow in everyday dress. It was his duty to keep his charge from toppling over. These men were the alguaciles, the lowest on the ceremonial ladder of community service, any of whom might in time rise, step by step, with his voluntary work, through all the eleven confraternities, till he reached a place of high honour, such as was held by the man who stood in front of him, and whom he was struggling to keep steady on his two legs.

Behind the old Fiscal stood the strongest and tallest young man of all, obviously in charge and controlling the whole procession. He carried the Fiscal's ceremonial hat, a bunch of tuber roses, and a bagfull of rose petals, as replacements for those taken off the Christ Child's tray by the market women. Each paid her pennies, and took a pinch of the blessed flowers to stuff under her own blouse or that of her child. This man saw me photographing and shouted at me telling me I had to give alms in payment. I carried only my camera and no purse, so I tried to make him understand that I would pay as soon as I was able to call my granddaughter who carried my money. He did not believe me, nor did the others, and the scolding and shouting continued. I was able, after a few minutes, to contact my Jenny, who did her best to reach me quickly, stepping between baskets and babies on the over-crowded ground. When she gave me my purse and I handed over a full dollar to the fifth man, the treasurer, they

hombre tocando la chirimía, flauta de pocos tonos, y atrás venía otro tocando su *tun*. El grupo central, la parte más importante de la procesión, le seguía con el Niño Dios en una bandeja cubierta densamente con pétalos de rosa, colgada del cuello de un anciano, cuya piel tan delgada y fina por la edad había perdido toda su pigmentación morena, y se veía tan sonrosado y blanco como cualquiera de nuestros ancianos. Era el fiscal, don José Bocal. Lo sostenían de ambos lados dos hombres altos en completa vestimenta ceremonial. Era el 6 de enero y al Niño Dios se le sacaba por primera vez desde la Navidad. Esta cofradía, la principal de las doce de Sololá, había estado caminando desde temprano, visitando cada una de las otras once cofradías, en orden de importancia, en cada una se les había ofrecido un trago de ron, de manera que cuando yo los ví estaban muy ebrios, excepto el hombre que recibía las limosnas de los vendedores, que estaba totalmente sobrio. Si por descuido hubiera dejado caer un centavo entre esa multitud, jamás lo hubiera encontrado. Detrás de cada regidor, del anciano y de sus dos tambaleantes sostenes, había un joven fuerte en traje de diario, no de ceremonia, cuyo deber era velar por que su encargado no cayera al suelo. Estos son los alguaciles, los de menor rango en la escala ceremonial de servicio a la comunidad; cualquiera de ellos puede con el tiempo ascender, paso a paso, con su trabajo voluntario, pasar por cada una de las once cofradías, hasta alcanzar un cargo de alto honor, como el que ocupa el hombre que tiene enfrente, sostenido, y a quien lucha por mantener firme sobre sus temblorosas piernas.

Detrás del anciano fiscal iba el joven más fuerte y más alto entre todos, evidentemente el encargado de controlar toda la procesión. Llevaba el sombrero ceremonial del fiscal, un ramo de nardos y una bolsa con pétalos de rosa, para sustituir los que cogían las mujeres del mercado de la bandeja del Niño Dios. Estas pagan cada una sus centavos y toman unas cuantas hojas de las flores benditas para colocarlas debajo de su huipil o el de sus hijas. Este hombre me vió tomando fotografías y a gritos me dijo que en pago debía dar limosna. No llevaba monedero, sólo mi cámara y traté de hacerle comprender que le pagaría tan pronto pudiera llamar a mi nieta quien llevaba mi dinero. No me creyó,

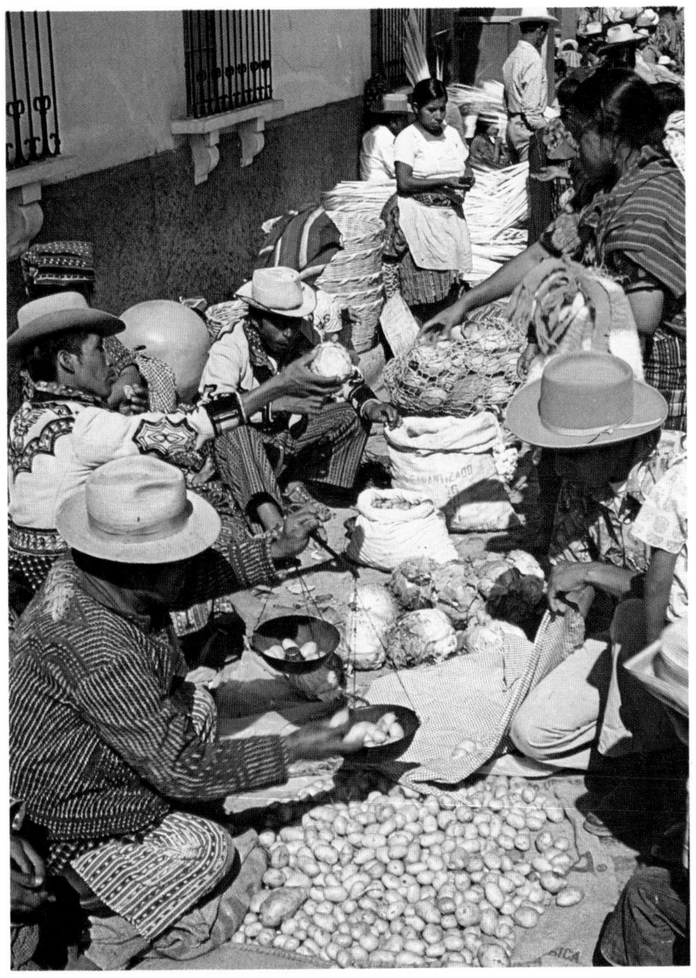

12. Sololá market
Mercado en Sololá

were impressed and repentant for having doubted me. Jenny and I were invited to kiss the Christ Child. We had to push our way through and step between the packed rows of baskets and people till we were able to bend low into the tray and kiss the holy image as it lay among the rose petals amid a strong smell of hot flowers, humans, and liquor fumes.

The costumes of the four Principales consisted of the ceremonial black hat with an Austrian ribbon round the crown, the tzut tied round the head under the hat, a striped wool coat not opened in front, with a stylized bat worked in black braid across the back, and the sacred maize pattern on the lower border. A thick black

tampoco los otros, por lo que continuaron los gritos y regaños. Después de algunos minutos pude ponerme en contacto con mi nieta Jenny, quien hizo lo posible por llegar pronto a mi lado, poniendo los pies entre canastos y niños en aquel apiñamiento. Al darme mi monedero, y al entregar un quetzal completo al quinto hombre, el tesorero, quedaron impresionados y arrepentidos por haber dudado de mí. Nos invitaron a Jenny y a mí a besar al Niño Dios. Tuvimos que empujar y poner los pies entre aquellas estrechas filas de gente y canastos, hasta poder inclinarnos sobre la bandeja para besar la santa imagen, recostada entre los pétalos de rosa, entre un fuerte y cálido vaho de flores, gente y emanaciones alcohólicas.

Los trajes de los cuatro principales consistían en el sombrero negro ceremonial con listón austriaco alrededor de la copa, el tzut atado a la cabeza debajo del sombrero, un saco de lana rayado sin abertura, con un murciélago estilizado de cinta negra en la espalda y el diseño sagrado del maíz en el borde inferior. Echada sobre el hombro izquierdo una gruesa manta en blanco y negro con flecos llegando hasta los tobillos atrás y adelante. Pantalones de lana negra cubrían los de algodón de color de uso diario.

El anciano no podía cargar la manta porque en vez de ésta, llevaba un gran tzut ceremonial cubriendo sus hombros y brazos y la chalina morada de seda china alrededor de su cuello para sostener la bandeja con el Niño.

El traje de los regidores era un poco diferente, con los tzutes amarrados al cuello en vez de la cabeza. El saco de lana no llevaba el diseño sagrado del maíz en el borde y sus pantalones de lana negra, rasgados los lados, doblados hacia atrás, con el borde inferior metido en la faja, enseñando así los pantalones de algodón de uso diario enfrente y abajo de las rodillas. La 'vara de oficio', un bastón pulido con puntera de plata colgaba en la espalda de una correa de cuero pasada sobre el hombro izquierdo y bajo el brazo derecho.

El hombre vestido de diario no es funcionario de la cofradía, si bien trabaja para ella, llevaba sombrero de paja de copa alta con el tzut amarrado alrededor para darle peso contra el viento. La única lana que usaba sobre sus pantalones era el ponchito cuadriculado en

and white fringed blanket was thrown over the left shoulder reaching to the ankles front and back. Black wool trousers covered the coloured everyday cotton. The old man was not able to carry the usual blanket as he had instead a big ceremonial tzut covering his shoulders and arms, and the Chinese silk scarf round his neck supporting the tray with the Child.
The regidores' costume differed slightly. Their tzutes were tied round the neck instead of round the head. The wool jacket did not have the sacred maize pattern on the border, and the black wool trousers were split up the side and folded up behind with the bottom edge tucked into the belt, thus showing the daily-worn cotton trousers in front and below the knees. Their bar of office, a polished silver-tipped staff, was slung on their backs by a leather thong which went over the left shoulder and under the right arm.
The man in everyday dress, not an official of the confraternity even if working for it, wore a high-crowned straw hat with the tzut wound round it to weigh it down against the wind. The only wool he wore over his cotton clothes was the black and white checked blanket round his hips, kept in place by a red sash.
The whole effect of the market, with its fantastic site on the plateau overlooking the azure blue lake shored up on the further side by the row of volcanoes rising steeply from the water into tumultuous clouds, was very dramatic.
I received the following letter from the priest in Sololá thanking me for the photos I had taken that morning and sent to him with a request that he should kindly give one to each of the men pictured.
"Estimada Señora:
Last week I received your letter addressed to the church confraternity, and imagine my surprise to find enclosed the photos which you have so kindly sent us. During the ten years I have worked in the Departamento de Sololá you are the only person who has taken the trouble to send photos to my people.
I waited to write to you until I had delivered each photo to its intended owner. You cannot imagine the surprise and pleasure it has given to us all to see our little old man in these photos, showing him carrying out his duties as Fiscal of all the confraternities, and

blanco y negro alrededor de sus caderas y sujeto con una faja roja.
El efecto general del mercado, con su fantástica ubicación en la meseta mirando desde lo alto el azulado lago, enmarcado a lo lejos por la cadena de volcanes alzándose empinadamente del agua hacia las inquietas nubes, era muy dramático.

Recibí la siguiente carta del sacerdote en Sololá, agradeciéndome las fotos tomadas esa mañana y que envié recomendadas a él, rogándole que fuera tan amable de darle una a cada uno de los hombres a quienes fotografié.
'Estimada señora:
La semana pasada recibí su carta dirigida a la cofradía de la iglesia y cual no sería mi sorpresa al encontrar en la misma las fotos que Ud. tuvo la gentileza de enviarnos. Durante los diez años que tengo de trabajar en el departamento de Sololá, Ud. es la única persona que se ha tomado la molestia de enviar fotos a mi gente.

by the right that this gives him, having the honour of carrying the Christ Child, on this Day of the Kings, to visit the twelve wards of Sololá. This custom is so old that even they do not know when it started.

The principal confraternity led by our Fiscal is so strictly ritual and ceremonial, and will comply with each duty to the last detail no matter what it may cost, that I do believe it would carry on even to death.

This almost happened with our little old man. When you saw him and took the photos, he had already been on his feet for several hours carrying the Child Jesus, and that is why you found him, and the men supporting him, in the condition they were in.

The confraternity had taken over their duties from last year's group on the first of the year, and they had been continually on the go ever since, visiting the saint in each of the wards and then the house of each of the innumerable Principales. At every stop they had been offered rum, which cannot be refused, and as the saint is the host one measure of rum was poured over him. By noon, when you saw them, they were no longer in good condition, and our Fiscal was on the point of collapse, but held up till the market had been walked through, and everyone blessed.

I will not tire you with further details, and wish only to thank you in my own name and that of don José Bocal, Fiscal of all ceremonies during the current year.

Respectfully,
Padre Ignacio."

Esperé para escribirle hasta haber entregado cada foto a su dueño. No se puede imaginar la sorpresa y el placer que nos ha dado a todos ver a nuestro viejito en estas fotos, que lo muestran desempeñando sus deberes de fiscal de todas las cofradías, y por el derecho que esto le otorga, teniendo el honor de cargar al Niño Dios, en este Día de Reyes, para visitar los doce barrios de Sololá. Esta costumbre es tan antigua que ni ellos saben cuando comenzó.

La cofradía principal, dirigida por nuestro fiscal es tan estricta en su rito y ceremonial y cumple con cada deber hasta el último detalle cueste lo que cueste, que creo que llegaría hasta la muerte.

Esto casi le pasa a nuestro viejito, quien cuando Ud. lo vió y tomó las fotos, ya había estado de pie durante varias horas cargando al Niño Dios y por eso es que Ud. lo encontró a él y a los hombres que lo sostenían en las condiciones que estaban.

El día 1°. de enero, la cofradía recibió el cargo del grupo del año anterior y han estado en actividad constante desde entonces, visitando al Santo en cada uno de los distritos y luego la casa de cada uno de los innumerables principales.

En cada visita se les había ofrecido ron, que no se puede rechazar y como el Santo es el anfitrión, se le vierte una medida de ron encima. A mediodía, cuando Ud. los vió, ya no estaban en buenas condiciones y nuestro fiscal estaba al borde del colapso, pero se sostuvo hasta haber atravesado el mercado y bendecido a todos.

No la cansaré con detalles adicionales, y deseo solo darle las gracias en nombre propio y en el de don José Bocal, fiscal de todas las ceremonias durante el corriente año.

Respetuosamente,
Padre Ignacio.'

XII
Mixco

In 1525, Pedro de Alvarado destroyed the great stronghold and centre of the Pokomanes, Mixco, now called Mixco Viejo. Unwilling to let the survivors resettle in their familiar surroundings for fear of their rising again and offering further resistance, he divided them into two groups. He sent one to live in what is now Chinautla, and with the other he founded what is now known as Mixco, a large village on the eastern, steep mountain slopes between his new capital, now Antigua, and the Valley of the Cows further east, where the capital city now stands. He wanted the Pokomanes near at hand to control them more easily, so we can gather that they had fought fiercely, and that he thought they might be of use to him later.

Alvarado had some of his Mexican soldiers from San Juan Yalalag, Oaxaca, stationed in Mixco to keep them subdued. Some of these Indian soldiers settled permanently with the few women who had come with them, while others married the local Indian girls. This Yalalag immigration still shows in the womens' belts with their typical double-headed doves, the small figures holding bunches of feathers, and the deer dancers. The belts are brought from Oaxaca once a year and sold to the women of Mixco.

The people speak Cakchiquel and Pokomán, and being so near the capital city where they sell their produce, almost all now speak Spanish. Their skill in pottery, which is painted in most attractive fresh colours and for which they are rightly famous, as well as the way they work and prepare the cocoa beans into dry cakes of chocolate with cinnamon ready to be boiled into a delicious drink, is very reminiscent of Mexico. The Yalalag soldiers brought new blood and ideas with them. The Pokomanes, who settled in Chinautla, did not receive this Mexican stimulant and, though they make pottery, it is poor and not painted.

The women of Mixco inherited something still more valuable than painted pottery and chocolate from their Mexican ancestors. They are fuller breasted than the usual Maya woman and make the most wonderful wet-nurses.

Before powdered milk was introduced into Guatemala, less than fifty years ago, the society ladies of the city, tightly corseted and never taking any exercise

En 1525, Pedro de Alvarado destruyó la gran fortaleza y centro de los pokomanes, ahora llamado Mixco Viejo. No estaba dispuesto a dejar que los sobrevivientes se asentaran en su ambiente familiar temiendo un resurgimiento para presentar resistencia nuevamente, por lo que los dividió en dos grupos. A uno lo trasladó a vivir en lo que ahora se llama Chinautla, y con el otro fundó lo que ahora se conoce como Mixco, un pueblo grande en las empinadas pendientes de la montaña entre su nueva capital, ahora Antigua, y el Valle de las Vacas, donde ahora se asienta la actual ciudad capital. Quería que los pokomanes estuvieran a mano, para controlarlos mejor. De esto se deduce que habían peleado feroz y valientemente y pensó que podrían serle útiles más tarde.

Para mantenerlos subyugados, Alvarado estacionó en Mixco algunos de sus soldados mexicanos de San Juan Yalalag, Oaxaca. Algunos de estos soldados indígenas se asentaron allí permanentemente con las pocas mujeres que habían venido con ellos, mientras que otros se casaron con las muchachas indígenas locales. Esta inmigración de Yalalag aún se manifiesta en las fajas de las mujeres, con las típicas palomas de dos cabezas, las figuritas sostienen ramos de plumas y los bailarines de la danza del venado. Las fajas las traen de Oaxaca una vez al año para vendérselas a las mujeres de Mixco.

La gente habla cakchiquel y pokomán y por estar tan cerca de la capital donde venden sus productos, ahora casi todos hablan español. Su destreza para la alfarería pintada en alegres colores es justamente famosa, así como la forma en que preparan el cacao, del que hacen tabletas redondas y secas de chocolate con canela, listas para hervir y hacer una deliciosa bebida, hace recordar mucho a México. Los soldados Yalalag trajeron sangre nueva y nuevas ideas. Los pokomanes que se asentaron en Chinautla no recibieron este estímulo mexicano y si bien se dedican a la alfarería producen artículos de medio cocimiento y sin pintar.

Las mujeres de Mixco heredaron de sus antepasados mexicanos algo aún más valioso que la alfarería pintada y el chocolate. Son de senos más exuberantes que la mujer maya corriente y son las más maravillosas nodrizas.

Antes de introducir la leche en polvo a Guatemala,

Mixco

on their high heels (why should they while surrounded by pleasant and willing servant girls!), were often unable to feed their babies or did not wish to do so. The solution was to hire a wet-nurse from Mixco for a year or so.

The girl left her own baby at home in the care of a professional mother in her own village. Such a woman, having a child of her own, and more than enough milk, might take on two or even three more babies and she would be paid well by each of the wet-nurses now gone to town. The professional mother might give the babies a little gruel or cornflour if she did not have quite enough milk for all, but this did the babies no harm. I never saw any undersize or starved-looking foster-babies in Mixco.

The young Mixqueña, contracted to nurse the rich baby, would arrive at the great house in town dressed

hace menos de 50 años, las damas de la sociedad de la capital, encorsetadas y sin jamás poder hacer ejercicio con sus tacones altos, (¿ y por qué lo iban a hacer, estando rodeadas de jóvenes sirvientas amables y dispuestas?) frecuentemente eran incapaces de amamantar a sus hijos o no deseaban hacerlo. La solución era contratar a una *'chichigua'* de Mixco por un año o dos.

La joven dejaba a su propio hijo en casa, al cuidado de una madre profesional de su pueblo con un hijo propio y más que suficiente leche, era capaz de amamantar y cuidar dos y hasta tres niños más, recibiendo buena paga de las nodrizas que se iban a la ciudad. La madre profesional quizás se ayudaba con un poco de atole o maicena para llenar a los niños, cuando su leche no alcanzaba para todos, pero eso no les hacía daño. Nunca vi a ningún raquítico o hambriento entre los niños adoptivos de Mixco.

30
Mixco
Pokomán

The very heavy head-dress of multiple thick wool strands is the most barbaric of those found among the present Maya. It is topped by the sophisticated ceremonial Spanish mantilla and thus civilized to respectability, but the old woman hangs her head. The old gods no longer rule and she carries the candles to the Christian church. The young women of this pueblo are full bosomed, because of Aztec blood, it is said, that came in with Alvarado. For centuries, till powdered milk was invented and found its way to Guatemala during the thirties, they acted as wet-nurses for the babies of the rich in Guatemala City. Most of the upper class there, including the professionals, were raised on Mixco milk, and the old ladies still have as their main talking point the disruption caused in their households by the demanding wet-nurses from Mixco.

El tocado sumamente pesado de múltiples hilos de lana gruesa es el más bárbaro de los actuales mayas. Por encima lleva la sofisticada mantilla ceremonial española y así se disimula con un aire de respetabilidad, pero la vieja mujer tiene la cabeza baja. Los dioses antiguos ya no rigen y ella lleva candelas a la iglesia cristiana. Las mujeres jóvenes de este pueblo son de senos exuberantes y se dice que es por la sangre azteca que llegó con Pedro de Alvarado. Durante siglos, hasta que se inventó la leche en polvo y vino a Guatemala durante los años 30, sirvieron como nodrizas para los hijos de los ricos en la Ciudad de Guatemala. La mayoría de la clase alta, incluyendo profesionales, ha sido criada con leche mixqueña, y las viejas madres todavía tienen como tema principal de conversación las perturbaciones causadas en sus casas por las exigentes nodrizas de Mixco.

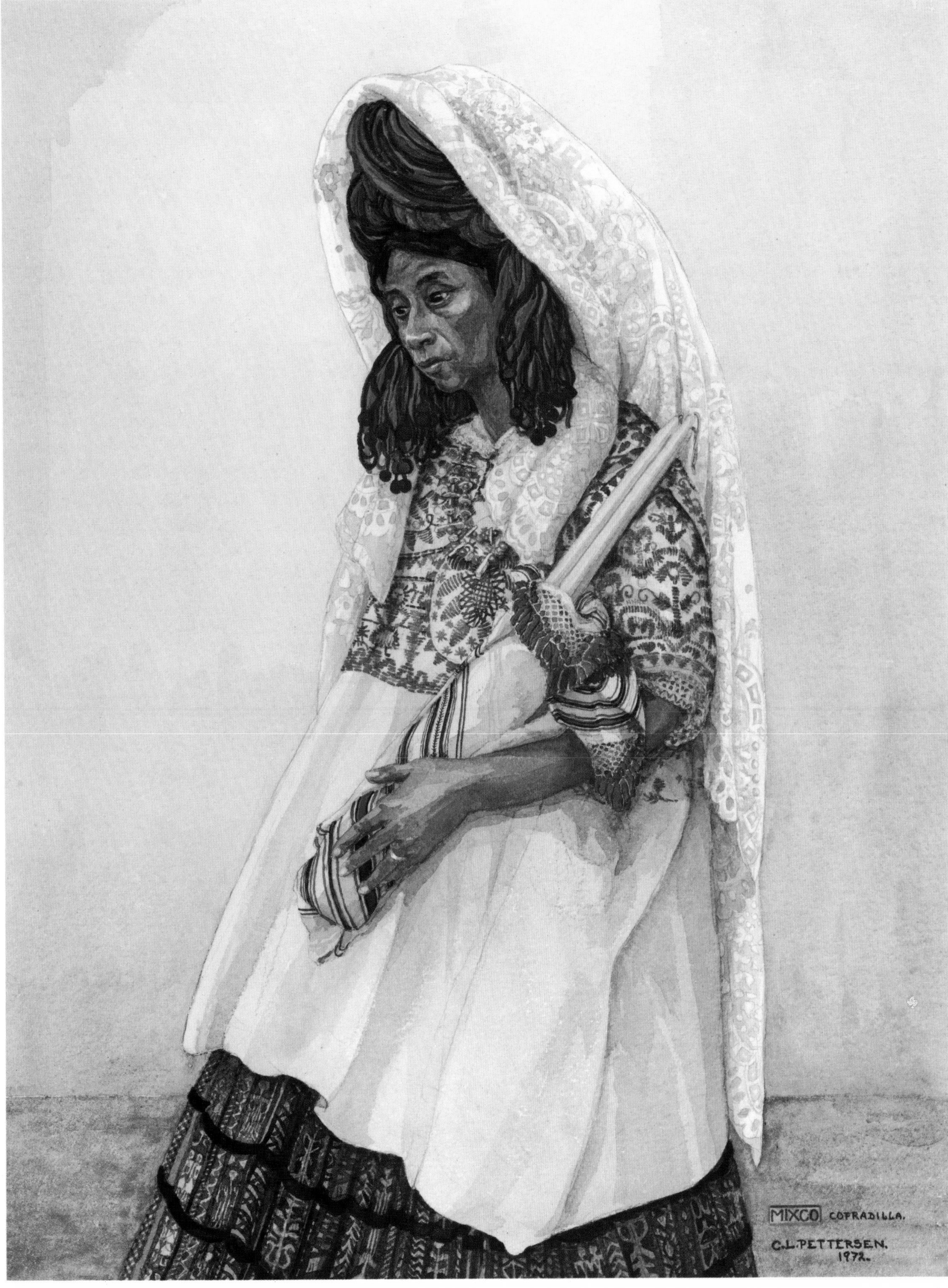
MIXCO COFRADILLA.
C.L.PETTERSEN.
1972.

31
Palín
Pokomán

Palín is known for its church with little angel heads outside; for the huge ceiba, cotton tree, that shades its market, and for its delicious sweet pineapples. One sees men around again today, but during President Ubico's time they were rounded up for army and road work and Palín was only a woman's village. However there was never a shortage of babies. The man has on his ceremonial head-cloth, hat, coat and long scarf as he carries the monstrance from the church. The women are in their daily clothes and short single-width blouses. Formerly the blouses were shorter and showed the breasts when the women lifted their arms above their heads to steady their baskets full of pineapples. As their skirts hung low their navels also showed and they presented a most charming sight to the train passengers at the station nearby when they ran up and down the length of the train shouting 'Piña, piña'. President Ubico noted this, so down came the blouses and up went the skirts.

Palín es conocido por su iglesia con cabezas de angelitos al frente, por la inmensa ceiba que cubre todo el mercado con su sombra, y por sus deliciosas piñas dulces. Ahora se ven hombres de nuevo, pero durante los tiempos del Presidente Ubico eran llevados al ejército y para trabajar en caminos y Palín era una aldea de sólo mujeres. Sin embargo, jamás hubo escasez de niños. El hombre usa su tzut ceremonial, sombrero, saco y una bufanda larga al llevar la custodia de la iglesia. Las mujeres visten su ropa de diario y un huipil corto de un solo ancho. Anteriormente los huipiles eran más cortos y permitían ver los senos cuando las mujeres levantaban los brazos sobre su cabeza para sostener la canasta llena de piñas. Como los cortes se llevaban bajos, también se veían los ombligos, presentando un cuadro encantador para los pasajeros del tren en la cercana estación cuando corrían a lo largo del tren gritando 'piña, piña'. El Presidente Ubico también lo notó y dispuso que bajaran los huipiles y subieran los cortes.

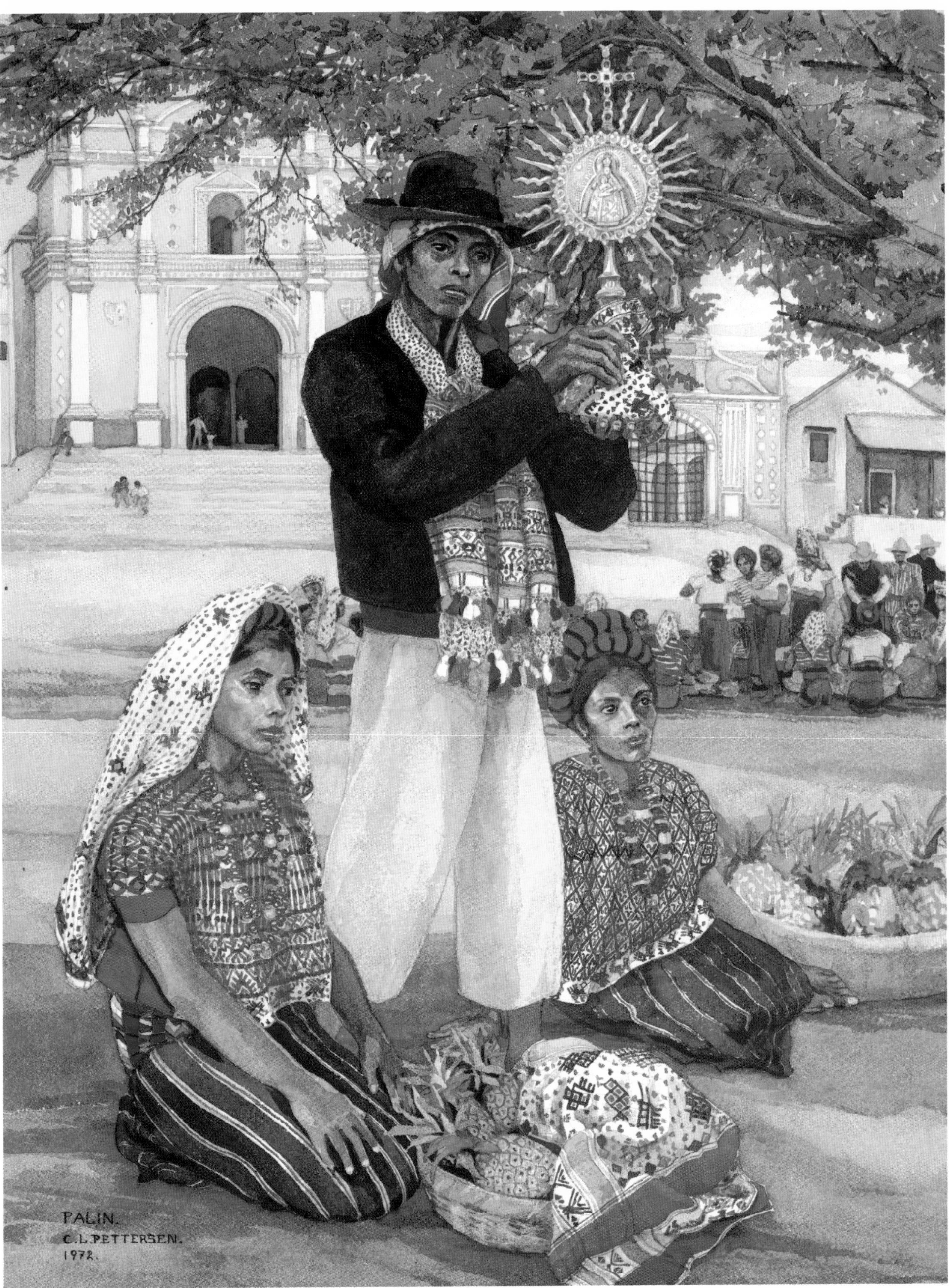
PALIN.
C.L.PETTERSEN.
1972.

in a full jaspé blue and white skirt, a finely woven soft-coloured mauve and white huipil, and over her shoulders a huge starched square of white cotton, folded into a triangle and used as a shawl. With this she would tie the baby on to her back. Another white square bordered in wide embroidered lace, would hang from her head and down her back to keep the sun, flies and curious eyes off her charge. She wore her hair hung in two plaits tied with bright ribbons.

From the moment the rich baby was handed to her it became her own and her sole responsibility. She nursed it, carried it all day, walked and slept with it. She washed its nappies and ironed its clothes. She allowed no one near it, and even its own mother had to take second place. The nurse kept herself spotlessly clean and bathed each morning before dawn at the font in the back patio, throwing ice-cold water over herself with her gourd to stimulate the milk production. She was well fed and demanded gruels and special foods at all hours of the day and night. The fatter she grew the more comfortable the baby seemed to be. She treated the house servants as inferiors and ordered them around as if she was the mistress of them all. Some of these women became quite unbearable, but if the mistress or even the master of the house dared say a word to try to curb them, they threw a tantrum, the milk was affected and the baby had a colic.

When the baby grew beyond the nursing stage and the nurse was sent back to Mixco, the family was still not rid of her. She returned for every one of the child's birthdays, illnesses, and for its first communion. She came to town to help or to help celebrate and was always given special privileges in matters of place and food. When the child grew to manhood and married, the nurse was included in the family party at the wedding and gave the bride her special blessing.

In the 1920s I stayed in my parents' house in the city for a time. Next door lived a young couple who had a new baby every year, and for every baby they had a wet-nurse from Mixco. There were as many as three nursing babies at one time and each had a nurse responsible for just that particular baby. As each child grew and the nurse's milk dried up, the nurse stayed on as nursemaid to the child, and would fight for her charge's

La joven mixqueña, contratada para amamantar al niño rico, llegaba a la gran casa de la capital vestida con una amplia falda azul y blanca jaspeada, un huipil de tejido fino en morado y blanco y sobre sus hombros un gran lienzo blanco de tela de algodón de fábrica, doblado en triángulo y usado como chal. Con éste se amarraba al niño a la espalda. Otro paño blanco cuadrado, ribeteado de ancho encaje bordado le colgaba de la cabeza sobre el niño a su cargo, para impedir que le molestaran el sol, las moscas y las miradas de extraños. Arreglaba su pelo en dos trenzas atadas con cinta de colores.

Desde el momento en que se le entregaba el niño rico, éste era su propia y única responsabilidad. Le daba de mamar, lo cargaba todo el día, caminaba y dormía con él y también lavaba y planchaba sus pañales y su ropita. No permitía que nadie se le acercara, e incluso la propia madre ocupaba un segundo lugar. La nodriza se mantenía impecablemente limpia, bañándose a guacalazos con agua congelada cada mañana al amanecer a la orilla de la pila en el patio de atrás, para estimular la producción de leche. Era bien alimentada y pedía atoles y comidas especiales a toda hora del día y de la noche. Cuanto más gorda se mantenía, tanto más cómodo parecía estar el niño. Trataba como inferiores a los sirvientes de la casa y les daba órdenes como si fuera su patrona. Algunas de estas mujeres se volvían bastante insoportables, pero si la dueña o aún el dueño de la casa se atrevía a decir una palabra para aplacarlas, les daba berrinche, se dañaba la leche y su adorado hijito resultaba con cólicos y diarrea.

Cuando el niño pasaba la edad de la lactancia y la nodriza era enviada de vuelta a Mixco, la familia no se liberaba de ella. Volvía para cada cumpleaños del niño, durante sus enfermedades, así como para su primera comunión. Llegaba a la ciudad para celebrar o ayudar a celebrar, siempre con privilegios especiales de lugar y comida. Cuando el niño llegaba a adulto y se casaba, su nodriza formaba parte del grupo familiar en la boda y daba a la novia su bendición especial.

Durante los años 1920, me quedé por un tiempo en la casa de mis padres en la ciudad. En la vecindad vivía una joven pareja que tenía un hijo por año y para cada uno había una chichigua de Mixco. A veces había hasta

rights against the other nurses and against the elder brothers and sisters. The number of children next door grew and grew. Each year the father had to buy a yet bigger car to take the family out, and it was quite a sight to see all the white-shawled fat Mixco nurses pile into it, each with her charge on her lap. The mother I seldom saw. She was always having another baby.

These children, please note, have all grown into well-balanced adults, and have never suffered inhibitions from not being cuddled enough while infants.

I was given the following account by a doctor who had found it in the historical medical files:

During the presidency of General Justo Rufino Barrios, 1873-85, a war broke out between Guatemala and her neighbour El Salvador. There was fierce fighting on the border between the two countries. The president, leading his troops and sharing their hardships as a good president should, unfortunately fell ill with dysentery. He could keep nothing in his stomach and grew weaker day by day. The fighting slowed down without his leadership and ultimately it came to a standstill on our side. The army was nowhere near a source of invalid food or even a cattle ranch. Distances were long and travel was either by oxcart, mule, or foot. No cow with calf could be brought in time to provide milk for the presidential stomach, and fresh milk, the doctors said, was the only nourishment that could save him. They wisely thought of an original but sensible solution. Three strong young women from Mixco, full of new milk, were sent for and brought by mule as fast as they could ride. The president took a long refreshing breakfast, stood steadily on his two legs, brandished his sword and shouted: "CHARGE!" We won the war.

tres lactantes al mismo tiempo cada uno con su nodriza, responsable únicamente por un niño en particular. Conforme éste crecía y se secaba la leche de la chichigua, ella se quedaba como niñera y peleaba los derechos de su niño contra las otras niñeras y contra los hermanos mayores. El número de hijos en la vecindad seguía en aumento. Todos los años el padre tenía que comprar un automóvil más grande para sacar a la familia, y era un verdadero espectáculo ver cómo se apilaban en él todas las niñeras mixqueñas de chal blanco, cada una con su niño sobre el regazo. A la madre pocas veces la ví, siempre estaba teniendo otro hijo. Es de anotar que todos estos niños han crecido y son adultos bien equilibrados que jamás sufrieron de inhibiciones por no haber recibido suficiente atención y caricias durante su infancia.

El siguiente informe me lo dio un médico extraído de los registros de la historia médica:

Durante la presidencia del General Justo Rufino Barrios, 1873-85, estalló una guerra entre Guatemala y su vecino El Salvador. Hubo feroces luchas en la frontera entre ambos países. El Presidente, que dirigía sus tropas y compartía sus fatigas, como corresponde a un buen presidente, desafortunadamente cayó con disentería. No retenía nada en el estómago y cada día estaba más débil. La lucha decaía sin su dirección, hasta estancarse finalmente del lado nuestro.

Donde las tropas estaban no había ninguna posibilidad de adquirir alimentos para enfermos, ni siquiera una hacienda ganadera. Las distancias eran largas y se viajaba por lenta carreta de bueyes, a lomo de mula o a pie. No podía llegar a tiempo una vaca con ternero que proporcionara leche para el estómago presidencial y la leche fresca, dijeron los médicos, era el único alimento que podría salvarlo. Sabiamente llegaron a una solución original pero sensata. Se mandaron traer de Mixco tres fuertes mujeres jóvenes, rebosantes de leche nueva, a lomo de mula, cabalgando a la mayor velocidad posible. El Presidente tomó un largo y refrescante desayuno, se puso de pie con firmeza, desenvainó su espada y gritó "¡A LA CARGA!" – nosotros ganamos la guerra.

XIII

San Pedro Sacatepéquez
San Juan Sacatepéquez

San Pedro Sacatepéquez, Guatemala

San Pedro with its sister towns of San Juan and San Raimundo, though within easy reach of the capital and using the big markets to sell their produce, have in no way adopted city habits. The merchants return to their town in the evening untainted and untouched; they step back into the pattern of their own lives as if they had seen no other.

I had a man servant from San Juan working in my house and serving the table for twenty-five years. He had arrived at the age of thirteen to work for my predecessor and he stayed on with me when I took over. Yet when I had occasion to visit his little house on the plantation because of sickness there, I was surprised to find that in every way it was a typical Indian house and that he had not applied anything that he might have learnt in mine. Not one item of a higher standard of living had he introduced. This was not through poverty as he was well paid. He had twelve children and the whole family lived and slept in one room. All but three are now dead as tuberculosis found its way into that full house. When the white man's illness strikes there is no escape. Jerónimo was his name and I miss him still.

San Pedro has a unique fiesta on September 7. It is of pre-Conquest origin, but is probably now much watered down. It is called El Pregón. Indian women go from house to house and recite a longish rigmarole in the Mam language. They are accompanied by a group of men carrying and playing the marimba, the national instrument like a big wooden xylophone, and that night there is feasting and a dance called Baile de Pax. To this dance an older woman takes the biggest and most perfect corncob, dressed as a woman, that the harvest that year has produced. Early on that day they will have attended a sung mass in the church to appease the God of the Sky, and when they carry the Virgin out in procession a mature woman walks in front holding the corncob, while younger women strew flower petals on the path. The maize goddess is feminine and this celebration is entirely the women's!

What is surprising is that these Cakchiquel-speaking women can recite in the Mam language. They neither

San Pedro Sacatepéquez, Guatemala

San Pedro, con sus pueblos hermanos de San Juan y San Raimundo, si bien está a la mano de la ciudad capital y usa los grandes mercados para vender sus productos agrícolas, de ninguna manera ha adoptado costumbres urbanas. Los comerciantes vuelven a su pueblo por la noche inalterados para entrar de nuevo a su propia forma de vida, como si nunca hubieran visto otra.

Tuve a un sirviente de San Juan que trabajó en mi casa y sirvió la mesa durante 25 años. A la edad de 13 años llegó a trabajar con mi predecesor y se quedó conmigo después. Sin embargo, cuando por una enfermedad tuve oportunidad de visitar su casita en la finca, me quedé sorprendida al ver que en todo sentido era una casa típicamente indígena y que nada había aplicado de lo que pudo haber aprendido en la mía. No había introducido ni un sólo objeto de nivel de vida más alto. Y esto no era por pobreza, pues ganaba bien. Tenía 12 hijos y toda la familia vivía y dormía en una sola habitación, si bien la cocina quedaba aparte. Todos menos tres ahora están muertos; entró la tuberculosis en esa casa tan abarrotada. No hay escape cuando ataca la enfermedad del hombre blanco. El sirviente se llamaba Jerónimo y todavía lo echo de menos.

El 7 de septiembre celebran en San Pedro una fiesta singular que se llama el pregón, de origen anterior a la conquista, que ahora probablemente ya está bastante diluida. Las mujeres indígenas van de casa en casa y recitan una larga jerigonza en idioma mam, las acompaña un grupo de hombres cargando y tocando la marimba, instrumento nacional semejante a un gran xilófono de madera y esa noche hay festejos y un baile llamado baile de pax. Una mujer de edad avanzada, lleva a este baile la mazorca de maíz más grande y más perfecta que haya producido la cosecha ese año, vestida de mujer. Temprano ese día habrán ido a la iglesia a oir una misa cantada para aplacar al Dios del Cielo y a cargar a la Virgen en procesión; la vieja mujer camina al frente llevando la mazorca de maíz, mientras que las jóvenes esparcen pétalos de flores en el camino. La diosa del maíz es femenina y esta celebración es también. Resulta sorprendente que estas mujeres de habla cakchiquel puedan recitar este parlamento en idioma

speak nor understand this, and the recitation has never been written. They learn it by ear from mother to daughter, one generation to the next.
It would be interesting to know if a modern Mam-speaking Indian could still understand what is said, and to know how this originated. Did a group of Mames ever bring the ceremony to San Pedro and settle there or are the people originally Mames?

San Juan Sacatepéquez

San Juan Sacatepéquez is only six kilometres away, and the towns have much in common and much that distinguishes them. The blouses of both are well woven, but the ceiba tree and the grouse-like bird on the San Pedro blouse in soft mauve are especially attractive, as is the belt embroidered with bright wools. San Juan uses gaudier colours, more yellow and orange with blue, and the pattern of birds and strange large animals crosses over the striped background. The large zigzag on the front represents the rugged wooded hills round the village. The San Juaneros are fond of animals and each kind of beast is under the protection of a saint. They are very superstitious, dread the hoot of an owl and are frightened of various sorts of ghosts; to me this all smells very European.
The main industry is flower growing. Sixty years ago an American called Andres Stombo brought carnation cuttings into Guatemala and employed three brothers Curup from San Juan in his nursery. They learnt all they could, took cuttings and started up their own nursery in a little watered valley in San Juan where it is cold enough to grow carnations. When they sold their first crop and came home from town with plenty of money in their pockets they celebrated by getting hopelessly drunk. This so impressed their neighbours that their nursery was raided, and now every watered valley in San Juan is vivid with flowers. Many other kinds have been added in the same way, and San Juan today provides most of the lovely rich display of cheap flowers sold in the city markets.

mam, lengua que ni hablan ni entienden y que jamás ha sido escrito. Lo aprenden de oído, de madre a hija y de generación en generación. Sería interesante saber si un indígena moderno de habla mam aún puede entender lo que se dice y saber como se originó. ¿Será que un grupo de mames se asentó alguna vez en San Pedro y llevó la ceremonia, o será que esta gente originalmente es mam?

San Juan Sacatepéquez

San Juan Sacatepéquez dista sólo 6 kms. de San Pedro y ambos pueblos tienen mucho en común a la vez que grandes diferencias. Los huipiles son bien tejidos, pero el huipil de San Pedro lleva el árbol de la ceiba y un ave semejante a la codorniz en color morado tenue especialmente atractivos, así como la faja bordada en lana de colores brillantes. San Juan usa colores más llamativos, más amarillo y anaranjado con azul y el diseño de aves y grandes animales raros va cruzado sobre el fondo, a rayas. El gran zig-zag al frente representa las escarpadas montañas que rodean la aldea. Los sanjuaneros sienten afecto por los animales y cada especie está bajo la protección de un santo de la iglesia. Son muy supersticiosos, tienen pavor al clamor de una lechuza y le temen a fantasmas de diversas clases, pero a mí eso me huele muy europeo.
La industria principal es el cultivo de flores. Hace 60 años, un norteamericano de nombre Andrés Stombo trajo vástagos de clavel a Guatemala y empleó a tres hermanos de San Juan de apellido Curup en su vivero. Aprendieron todo lo que pudieron, cogieron vástagos y comenzaron un vivero propio en un pequeño valle con agua cerca de San Juan, donde el clima es suficientemente frío para cultivar claveles. Al vender su primera cosecha y regresar de la ciudad con mucho dinero en la bolsa, lo celebraron con una colosal borrachera, lo que tanto impresionó a sus vecinos que saquearon el vivero y ahora todos los valles regables de San Juan lucen vívidos de flores. Como los claveles, se obtuvieron muchas otras especies y San Juan proporciona hoy la mayor parte del bello despliegue de flores baratas que se venden en los mercados de la ciudad.

32
San Pedro Sacatepéquez, Guatemala
Cakchiquel

The weavers of this ancient pueblo work for several pueblos in the area, and have samplers so that the customers can pick out their village symbols. The woman wears one of her best weaves with the pattern inside as well as out. It is made of two wide loom widths joined down the centre. The brocading has stylized great cotton trees and birds that resemble grouse. Her belt is embroidered in wool and for special occasions she will wear a complicated head-dress, her tocoyal, of innumerable coloured thick wool strands twisted with her hair and bunched behind.
The Virgin of the Rosary in the church has her own tunic from neck to foot woven in soft cotton by the virgins of the pueblo. Each will pay for the thread she uses and weave in her personal symbols, and work two or three hours daily.
The cloth in which the hot tortillas are wrapped to keep them warm is woven with long coloured loops and is called chivo or sheep. It is special to this town – a shaggy-looking but efficient piece of weaving.
She has just put her basket cloth on her head to shade her from the midday sun which burns at this altitude.

Los tejedores de este antiguo pueblo trabajan para varios pueblos vecinos y tienen muestrarios para que los clientes puedan escoger los símbolos de su aldea. La mujer lleva uno de sus mejores tejidos, con el diseño por el revés y el derecho. Está hecho con dos lienzos de la anchura del telar, unidos por el centro. La labor de brocado tiene grandes ceibas estilizadas y aves que se asemejan a la perdiz. Su faja está bordada en lana y para ocasiones especiales se pondrá un tocado complicado, el tocoyal, con un sinnúmero de cordones de lana gruesa de colores. Se enrolla con el cabello y se anuda atrás. La Virgen del Rosario en la iglesia tiene su propia túnica del cuello a los pies, tejida en suave algodón por las doncellas del pueblo. Cada una de ellas compra el hilo que usa y teje sus símbolos personales, trabajando dos o tres horas diariamente.
La servilleta en que envuelven las tortillas calientes para que no se enfríen está tejida con grandes presillas de color y se le llama chivo, siendo una especialidad de este pueblo, es un tejido de aspecto felpudo muy eficaz. Sobre la cabeza acaba de colocarse el tapado de la canasta para defenderse contra el sol del mediodía que a esta altura es ardiente.

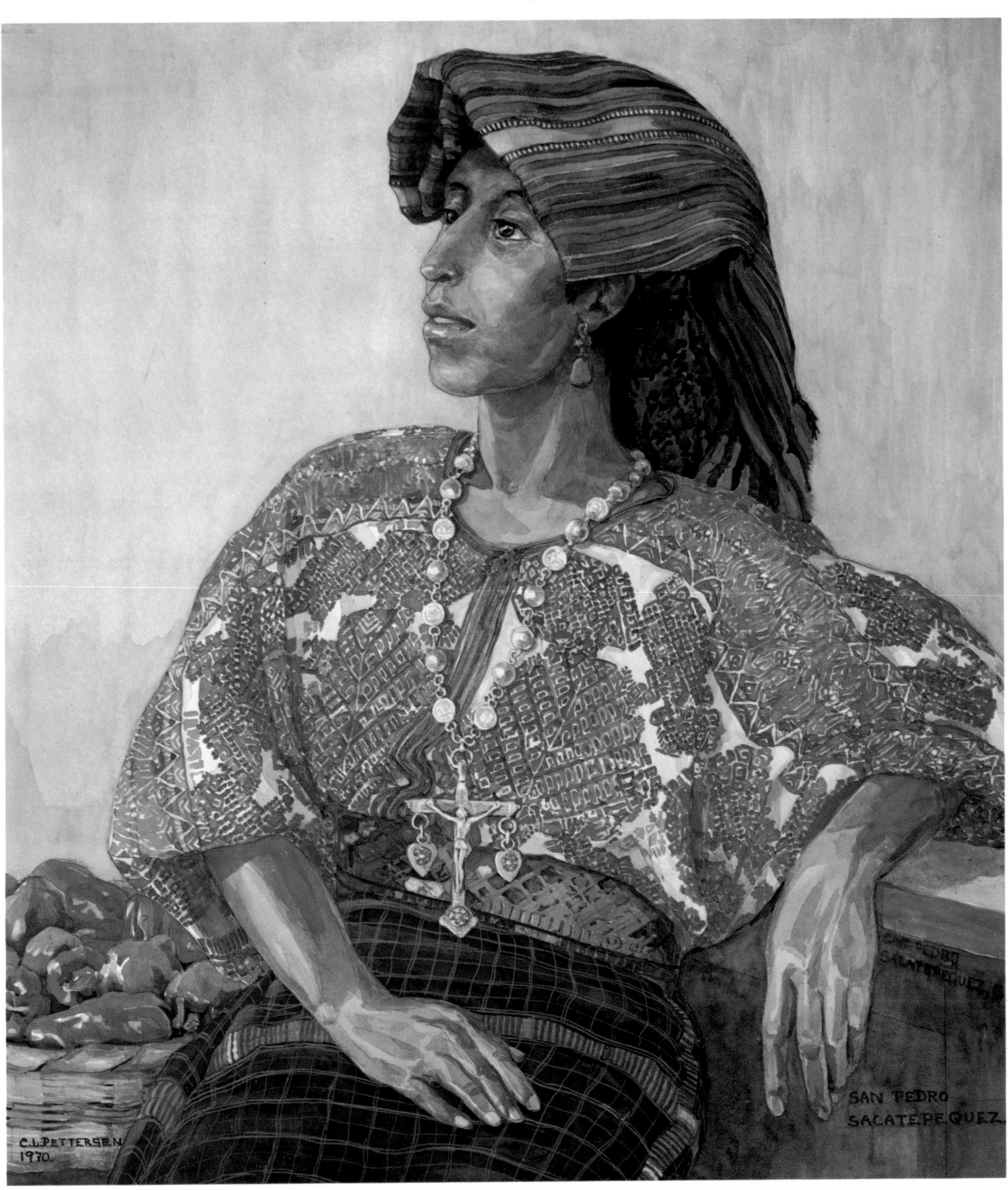

SAN PEDRO
SACATEPEQUEZ.
C.L.PETTERSEN
1970.

33
San Juan Sacatepéquez
Cakchiquel

Though within easy reach of Guatemala City this large pueblo has kept its integrity and ancient customs. The people trade firewood, flowers and vegetables in the main city markets, but return at the end of the day to their own town with a little money in their pockets and no wish to copy the city dwellers. The woman shown here has woven all her clothes with the exception of her foot-loomed skirt. Besides weaving she and her daughter make earthenware 'comales', the big flat plates on which tortillas are cooked. They carry the red clay to their house, grind it into a fine powder, wet it, shape the comal by hand, and fire it on an open fire outside their back door. The kiln was introduced by the Spanish conquerors and is not generally used. The men of this village are foresters and hewers of wood, and are contracted in large groups from far and wide for this work.

A pesar de ser fácilmente accesible desde la Ciudad de Guatemala, este pueblo grande ha guardado su integridad y sus antiguas costumbres. La gente comercia con leña, flores y verduras en los mercados capitalinos, pero al final del día vuelve a su propio pueblo, con un poco de dinero en la bolsa y sin deseos de imitar a los que viven en la ciudad. La mujer que se muestra en el cuadro ha tejido toda su ropa, con excepción del corte hecho en telar de pie. Además de tejer, ella y su hija fabrican comales de barro, esos grandes platos planos sobre los que se cocinan las tortillas. Llevan arcilla roja a su casa, la muelen para obtener un polvo fino, lo mojan y forman a mano el comal, que cuecen en un fuego abierto fuera de la puerta trasera. El horno fue introducido por los conquistadores y no es de uso corriente. Los hombres de este pueblo son taladores y aserradores, y de todas partes se les contrata en grupos para estos trabajos.

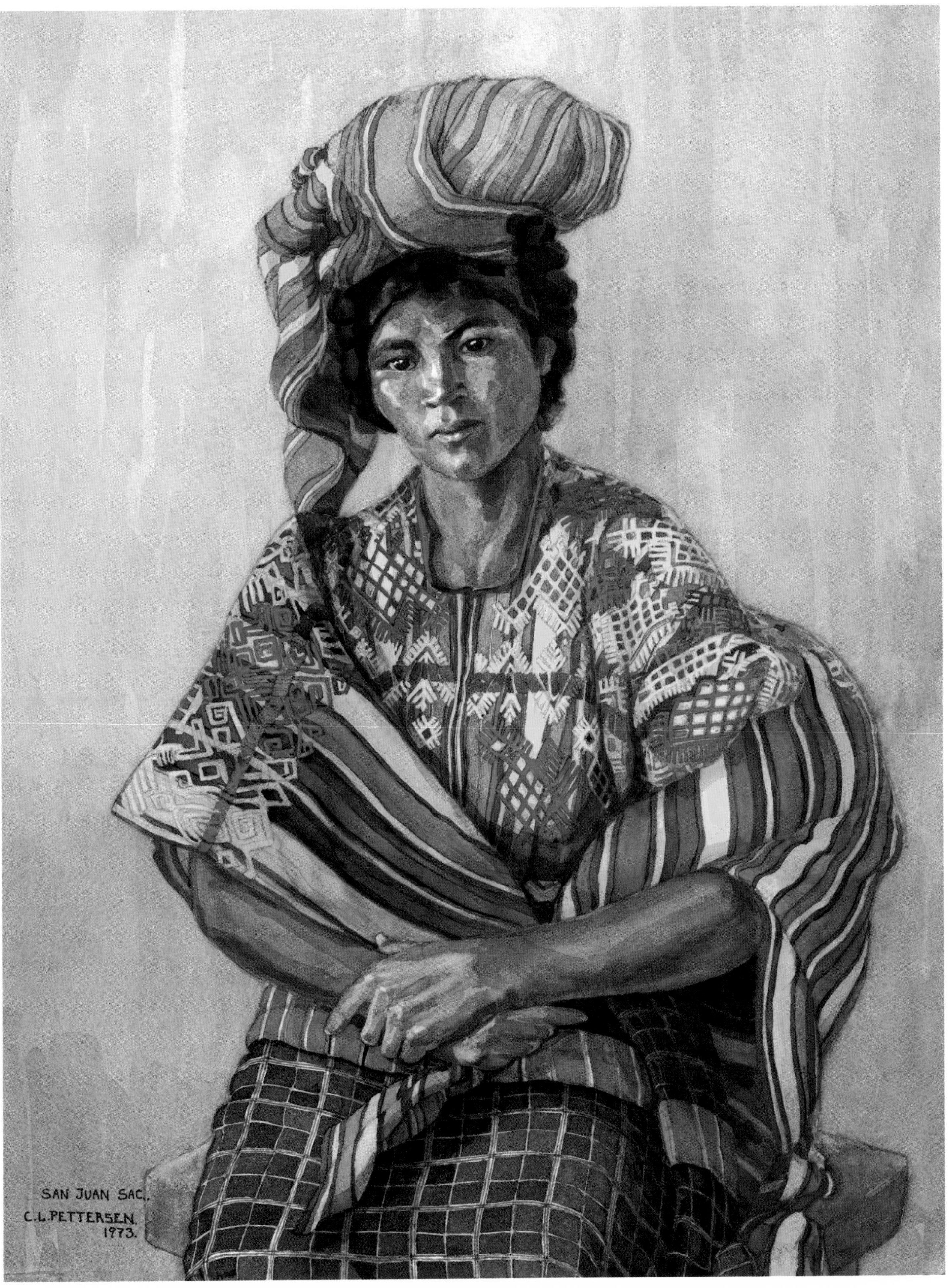
SAN JUAN SAC.
C.L.PETTERSEN.
1973.

XIV

Doctor in the Highland Plateau
Doctor en el Altiplano

As a doctor I have always been fundamentally interested in the relationship between my patients and myself. I worked in San Juan Sacatepéquez for some years after graduating from medical school in the Universidad de San Carlos, Guatemala, and at once I realized that I did not understand what my patients were telling me with regard to the symptoms of their illnesses. This worried me considerably. For example: I was continually told that a child had a fever in the top half of his body but that the lower half was cold; that a child had a fever only in his head while the rest of the body was cold; that he had a fever inside but his hands and feet were cold, and even that the sick child had a cold fever! It is no wonder that I was puzzled and confused, being fresh from training and quite clear on temperatures and how they are measured on the thermometer and what a fever might imply. These strange symptoms gave me no guidance as to the child's real ailment and left me bewildered.

But I learnt in time to take these so-called symptoms into account, and to show the mother of the sick child that I was paying full attention to what she was telling me. My diagnosis and recommended treatment were supposedly based on her information.

The Indian has a totally different conception of illness from ours. We are strictly, and I can say, logically, trained to draw certain conclusions, given certain data. The Indian has an equally strict, and to him, logical interpretation of the same data, quite alien to ours. To work with the Indian I had to accept this and try to find a solution that suited us both. It was very difficult for me at first, but I think I have ultimately succeeded, up to a point. I now practise as a paediatrician in the city and many Indian children are still brought to me from San Juan Sacatepéquez.

A further example of their beliefs is the importance an Indian mother gives to noises in the child's stomach. It was hard for me to hide my disinterest in what was to them an obvious symptom. To me the noises we hear when a baby sucks his mother's breast and swallows, when he is hungry, has wind, or is just indulging in normal intestinal movements, do not signify anything of importance, but the child's family think them very revealing.

Como médico me ha interesado fundamentalmente la relación entre mis pacientes y mí. Trabajé algunos años en San Juan Sacatepéquez después de recibirme en la facultad de Medicina de la Universidad de San Carlos de Guatemala y me dí cuenta inmediatamente que no comprendía lo que me decían mis pacientes con relación a los síntomas de sus enfermedades, cosa que me preocupó considerablemente. Para dar un ejemplo: contínuamente me decían que un niño tenía fiebre en la parte superior del cuerpo, pero que la parte inferior estaba fría; que un niño tenía fiebre sólo en la cabeza y que el resto del cuerpo lo tenía helado; que tenía fiebre por dentro, pero que sus manos y pies estaban fríos; ¡incluso decían que el niño enfermo tenía una fiebre helada! No es de extrañar que me sintiera perplejo y confundido, habiendo recién terminado mi carrera y con ideas muy claras acerca de la fiebre, de cómo se mide en el termómetro y de lo que puede implicar. Estos síntomas extraños no me daban ninguna orientación respecto a la verdadera dolencia del niño y me dejaban desconcertado.

Con el tiempo aprendí a tomar en cuenta estos así llamados síntomas, y a mostrar a la madre del niño enfermo que le prestaba completa atención a lo que me decía, aparentando basar mi diagnóstico y tratamiento en su información.

El indígena tiene una percepción totalmente distinta de las enfermedades que nosotros. A nosotros se nos adiestra rígida y yo diría, lógicamente para sacar determinadas conclusiones con base a determinados datos. El indígena tiene una interpretación igualmente rígida y para él, lógica, de los mismos datos, pero discorde con la nuestra. Para trabajar con ellos tuve que aceptar esto y tratar de encontrar una solución satisfactoria para ambos. Para mí fue muy difícil al principio, pero creo que finalmente tuve éxito, hasta cierto punto. Ahora ejerzo como pediatra en la ciudad y aún me traen a muchos niños indígenas desde San Juan Sacatepéquez y las aldeas circundantes.

Otro ejemplo de sus creencias es la importancia que tiene el "ruido de tripas" para la madre de un niño indígena. Me fue difícil ocultar mi desinterés por esto, que para ellas era un síntoma evidente. Para nosotros los ruidos que produce un niño al succionar el pecho

When I began to work in the Indian village I noted that whenever a child was brought to me in a dehydrated state, he invariably had a wound on the roof of his mouth, often a severe bruise or deep tear in the delicate mucous membrane. Finally I discovered that as a young child's fontanelle on top of his head depresses when the child is dehydrated, the mother took this as the seat of the child's diarrhoea and fever, and would either call in an old woman of the village versed in child ailments, or she herself would insert a finger in the child's mouth, and press hard upwards, to try to push the fontanelle out at the top of the skull. Another method was to hang the child by the feet, hoping that gravity would correct the depression, or even to find someone with a large strong mouth who would suck it up.

The obvious treatment is to replace the liquid in the child's body as soon as possible before more harm is done. So the cure goes like this. I say, "You have tried to lift the depressed fontanelle with pressure in the mouth and also by suction. Now let's try another kind of pressure by injecting serum into a vein, and in a short time you will see the fontanelle come up to its normal level."

This problem of the fontanelle is not illogical. The child has a depressed fontanelle and the parent tried to correct it by mechanical means. For the doctor the problem of dehydration is also solved by mechanical means, inserting more liquid into the blood. There is a similarity there.

Every human group develops a system to cope with its problems, especially those of illness and death, frustration and general anxiety. Our Indians have their own system and beliefs, and if these are not ours we must make an effort to comprehend them if we want to help them. It is not right to think we can do this by education alone and by "filling a vacuum." There is no vacuum. Their beliefs are very well installed and real. We must at present accept this and try and understand if we are to give immediate help, viewing the problem from within their culture and not from without.

I am trying to analyse the various types of reasoning and will put them under six headings. The cases and the illnesses I cite are given as examples to illustrate

de la madre y tragar, cuando tiene hambre, o tiene gases, o cuando se trata sólo de movimientos intestinales normales, no significan nada de importancia, pero la familia del niño piensa que son muy reveladores.

Al comenzar a trabajar en la aldea indígena, noté que cada vez que me traían a un niño deshidratado invariablemente éste tenía una herida en el cielo de la boca, frecuentemente una contusión o una laceración profunda en las delicadas membranas mucosas. Finalmente descubrí que como la *'mollera'* (fontanela) en la cabeza de un niño pequeño se deprime cuando está deshidratado, la madre consideraba que allí residía el orígen de la diarrea y de la fiebre. Llamaba entonces a una anciana de la aldea conocedora de las enfermedades infantiles, o ella misma le insertaba un dedo en la boca, presionando fuertemente hacia arriba, tratando de empujar y sacar la 'mollera' en la parte superior del cráneo. Otro método consistía en colgar al niño por los pies, esperando que por gravedad se corrigiera la depresión, o encontrar a alguien de boca grande y fuerte que succionando sacara la fontanela.

El tratamiento obvio consistía en reemplazar el líquido en el cuerpo del niño lo más pronto posible antes de causar más daños. Entonces el tratamiento se operaba así: Yo decía, "Ya trataron de levantar la mollera presionando por la boca y también por succión. Ahora vamos a probar con otra clase de presión, inyectándole suero en la vena, y ya verán, pronto la mollera vuelve a su nivel normal."

Este problema de la fontanela no es ilógico. Al niño se le deprime la mollera y la madre ha tratado de corregírsela con medios mecánicos. Para el médico el problema de la deshidratación también se resuelve por medios mecánicos, agregándole más líquido a la sangre. En ésto existe una similitud.

Todo grupo humano desarrolla un sistema para hacerle frente a sus problemas, especialmente los de las enfermedades y de la muerte, frustración y ansiedad general. Nuestros indígenas tienen sus propios sistemas y creencias, y si no son los nuestros, tenemos que hacer un esfuerzo por comprenderlos si queremos ayudarles. No es justo pensar que podemos hacerlo únicamente por medio de la educación, 'llenando un vacío'. No hay tal vacío. Sus creencias están muy bien

34

Santo Domingo Xenacoj

Cakchiquel

The name means, 'We feel the pumas'. The countryside must have been heavily wooded in pre-Columbian days to shelter these large cats, now only seen or heard in the most remote forests and mountains. This pueblo is very ancient and much older than any other in the whole vicinity and it still has extensive fertile lands today. Though it is not far from the present-day capital city it is seldom visited by outsiders, and keeps closely to its old habits and customs. The women take a surprisingly active part in community life and are esteemed and respected. They are great weavers. Their own blouses are done in a double twist cotton both in the warp and the weft which makes them stiff and substantial. The double-headed bird is on the central panel, and on their heads they wear the Totonicapán Quetzal ribbon made specially for them with their own colours and symbols. They entirely supply the pueblo of Sumpango with clothes, as this last, though nearly equally ancient, was more a place of worship and the women never did do any weaving.

Xenacoj is a gay place with a happy people. Their processions are beautiful and well organized; there is a great scattering of rose petals and the women fire big rockets. Even All Saints Day is enjoyed among the brightly painted graves, and there is dancing led by a clowning monkey-masked man.

El nombre significa 'percibimos los pumas' y la región debe haber sido densamente boscosa en tiempos precolombinos para albergar a estos grandes felinos que ahora únicamente se perciben o se ven en las selvas y montañas más remotas. Este pueblo es muy antiguo, mucho más viejo que cualquier otro en todos los alrededores y hasta la fecha cuenta con extensas tierras fértiles. A pesar de no estar lejos de la actual capital, poco lo visitan los forasteros y se mantiene apegado a sus antiguos hábitos y costumbres. Las mujeres desempeñan un papel sorprendentemente activo en la vida en general y son estimadas y respetadas. Son grandes tejedoras. Sus propios huipiles los hacen con hilo de algodón de doble acordonado, tanto para la urdimbre como para la trama, por lo cual son pesados y poco flexibles. El ave de dos cabezas va en el lienzo central, y en la cabeza llevan la cinta de quetzal de Totonicapán, hecha especialmente para ellas, con sus propios colores y símbolos. Suministran la totalidad de la ropa a Sumpango, pues este pueblo, casi tan antiguo, fue mas bien un centro religioso donde las mujeres jamás tejieron.

Xenacoj es un lugar alegre, de gente feliz. Sus procesiones son bellas y están bien organizadas, con profusión de pétalos de rosa esparcidos por las calles. Las mujeres hacen detonar las bombas. Aún el Día de Difuntos se goza entre las tumbas pintadas en vivos colores, con bailes dirigidos por un hombre mono enmascarado que hace payasadas.

STO. DOMINGO XENACOJ.
C.L. PETTERSEN.
1970.

35
San Miguel Dueñas, Comalapa and Santa Catarina Barahona
Cakchiquel

The woman from the main pueblo sits between representatives of the two younger villages. The Spaniards must have discovered the natural intelligence of the Comalapa people, and so taken them in large numbers to serve them in their first capital, then called Santiago de los Caballeros, Antigua today. Small units settled in the vicinities, and in time these became villages. The skirts are similar, but the blouses and belts have changed since they separated from Comalapa. There are now only two women in the town of Dueñas who still wear this costume. Notice the gourd containers still in use but fast being replaced by plastic. The model in the middle kept falling asleep, and I not only had to let her lean against the wall, but shore her up with pillows so she should not hurt herself each time she keeled over. The others never stopped gossiping.

La mujer del pueblo principal está sentada entre representantes de dos aldeas más recientes. Los españoles deben haber descubierto la inteligencia natural de la gente de Comalapa, por lo cual la llevaron en gran número a servirles en su primera capital, llamada Santiago de los Caballeros, hoy Antigua. Pequeños grupos se asentaron en los alrededores y con el tiempo se convirtieron en aldeas. Los cortes son similares, pero los huipiles y fajas han cambiado desde que se separaron de Comalapa. En el pueblo de Dueñas hoy quedan sólo dos mujeres que usan este traje. Nótese que todavía están en uso los recipientes de calabaza, pero van siendo reemplazados rápidamente por los de plástico. La modelo del centro se dormía todo el tiempo y no sólo tuve que dejarla recostarse contra el muro, sino apuntalarla con almohadas para que no se hiciera daño al desplomarse. Las otras no dejaron de chismear.

SAN MIGUEL DUEÑAS
COMALAPA.
SANTA CATARINA BARAHONDA.
C.L.PETTERSEN.
1971

36
San José Nacahuil
Cakchiquel

This small village of under 2,000 people has evolved its own blouse and belt. This last is heavily embroidered on both sides and is worn to show off more than one width. The ends are further decorated with bunches of wool tassels which hang over the hip. The head-piece consists of thick wool strands plaited into the hair and bunched behind. The blouse is heavily tapestried on a white base, which only shows in thin lines crossing all the coloured pattern and picking out outlines of large birds and animals quite independent of the tapestried design. Unless held flat in the hand it is not easy to trace the pattern of the white lines, as the tapestry stands so thick on the surface. This is a new village and it is still within living memory that the Indians packed up and left their mother pueblo of San Pedro Ayampuc for good, leaving only the authorities and people too old to want to make the change. The disagreement must have been very serious to have sparked off such a move and induced them even to change their way of dress.

Esta pequeña aldea de menos de 2.000 almas ha desarrollado su propio huipil y faja, la que está completamente bordada de ambos lados y se lleva a manera de lucir más que un sólo ancho. Además los extremos están adornados con racimos de borlas de lana que caen sobre la cadera. El tocado consiste en gruesos hilos de lana trenzados en el pelo, y anudados atrás. El huipil es de gruesa tapicería sobre un fondo blanco que sólo aparece en las líneas angostas que atraviesan todos los dibujos de color y perfilando las aves y los animales grandes que son independientes del diseño de tapicería. A menos de extenderlo entre las manos para verlo bien, no es fácil delinear el diseño de las líneas blancas, por resaltar tanto el grosor de la tapicería. Esta es una nueva aldea y todavía se recuerda cuando los indígenas empacaron sus cosas y abandonaron para siempre su pueblo natal, San Pedro Ayampuc, en donde quedaron únicamente las autoridades y las personas demasiado ancianas para querer efectuar el cambio. El desacuerdo entre ellos debe haber sido muy serio, para haber originado un traslado semejante e inducirlos a cambiar hasta su forma de vestir.

SAN JOSÉ NACAHUIL
C.L.PETTERSEN.
1974.

each class. This must only be taken as a preliminary study to be further enlarged and developed as our knowledge and understanding expands.

Class 1. Illnesses caused by the breakdown of the body mechanism.
Class 2. Illnesses caused by the breakdown of the emotional balance.
Class 3. Illnesses caused by the breakdown of the balance of heat and cold.
Class 4. Illnesses caused by the loss of soul.
Class 5. Illnesses caused by the influence of other outside beings, natural or supernatural.
Class 6. Illnesses caused by intestinal parasites.

As an example of Class 1, the breakdown of the body mechanism, there is the depression of the fontanelle of which I have already spoken.

In Class 2, the breakdown of the emotional balance, our example is the phenomenon of the child who is *chipe.* When a mother has a young child and becomes pregnant with another, the first child is chipe, and all his ailments and illnesses are put down to this. The child is said to be chipe even when his mother is only a few weeks pregnant. He is supposed to sense it even before she knows herself. His emotional equilibrium has broken down and he is exposed by jealousy and resentment to every ill around. This way of thinking is not foreign to any class in our civilization, but we do not carry it to the same lengths as the Indian.

Class 3: The balance of heat and cold. I must make it clear that it is not only thought to be the body temperature that breaks down into hot and cold areas, but that this applies to food and drink, and certain activities and illnesses. For example malaria and rheumatism are "cold" illnesses. A calcium gluconate intravenous injection is always much appreciated, because on entering the bloodstream, it sends a strong sensation of heat all through the body which naturally eliminates the "cold". After ironing or working with heat, a person must not wash his hands in cold water. Certain foods are very cold, such as *fiambre,* served on All Saints Day, a salad made up of a mixture of many foods. It is wise to take a strong drink such as rum just before eating fiambre. The "hot" drink will counteract the "cold" of the salad.

arraigadas y son reales. En la actualidad tenemos que aceptar esto y tratar de comprenderlo si hemos de dar ayuda inmediata, viendo el problema desde dentro de su cultura y no desde afuera.

Estoy tratando de analizar los diversos tipos de razonamiento y los colocaré bajo seis encabezamientos. Los casos y las enfermedades que cito sólo se dan como ejemplo único para ilustrar cada categoría. Esto debe tomarse únicamente como estudio preliminar que ha de ser ampliado y desarrollado conforme aumenten nuestros conocimientos y nuestra comprensión.

Categoría 1: Enfermedades causadas por la ruptura del equilibrio mecánico del cuerpo.
Categoría 2: Enfermedades causadas por la ruptura del equilibrio emocional.
Categoría 3: Enfermedades causadas por la ruptura del equilibrio calor/frío.
Categoría 4: Enfermedades causadas por la pérdida del alma.
Categoría 5: Enfermedades causadas por la influencia de otros seres, naturales o sobrenaturales.
Categoría 6: Enfermedades causadas por parásitos intestinales.

Como ejemplo de la Categoría 1, la ruptura del mecanismo del cuerpo, cito la depresión de la mollera, de la que ya he hablado.

En la Categoría 2, ruptura del equilibrio emocional, damos como ejemplo el fenómeno del niño que está chipe. Cuando la madre tiene un hijo pequeño y queda embarazada de otro, el primero está chipe y todas sus dolencias y enfermedades se atribuyen a eso. Se dice que el niño está chipe aún cuando su madre sólo tenga pocas semanas de embarazo, y se supone que él lo sabe aún antes que la madre. Su equilibrio emocional ha sufrido una ruptura y sus celos y resentimientos lo hacen presa de todo mal a su derredor. Esta manera de pensar no es extraña para nosotros en cualquier clase de civilización, pero no la llevamos a los extremos a que la llevan los indígenas.

Categoría 3, equilibrio de calor y frío. Debo dejar en claro que no se piensa que sólo las temperaturas del cuerpo se dividen en zonas calientes y frías, sino que también es aplicable a la comida y a la bebida, así como a ciertas actividades y enfermedades. Por ejemplo,

Class 4: Illness caused by the loss of soul. A good example to illustrate this is the illness known as *susto,* fright or shock which results in the loss of soul and will be fatal unless the soul can be got back into the body.

A ladino's concept of soul and body is entirely different from an Indian's. He is born with a soul that is part of him till death. His Jewish-Christian teaching has given him this security and firm belief, but an Indian can be parted from his soul at any time during his life. If he panics, sees a ghost, or is witness to some supernatural happening, his soul may separate from his body. If he falls into a river or lake the water may rob him of his soul. We would say he has suffered a shock. The only help he can receive for this condition is from a ceremony made up of religion and white magic mixed together, very solemnly carried out by a powerful brujo or wizard of his town, while surrounded by his family and friends. Every effort is made during the ceremony by everyone attending it to recall the soul back to the body.

Some years ago, while working in Patzún and Patzicía with students from the Nutrition Institute of Central America and Panamá, we uncovered what was to us a new concept of malnutrition. This illness was believed to be due to the theft of the soul by angels and the spirits of the ancestors. There is a special ceremony called *cena de ángeles,* angels' banquet, at which the child who has lost his soul will act as host. The child must sit and eat this special food in honour of the angels, surrounded by several of his companions also enjoying the sweetmeats. In this way it is hoped to please the angels and persuade them to give the soul back to the sick child and let him recover his health.

Class 5: The best example falling under this heading of illness caused by outside influence, natural or supernatural, is that called "evil eye". A child who comes too close to a drunk man or even a man suffering from severe hang-over, a menstruating or pregnant woman, may become seriously ill. This evil eye cast on the child is much feared by everyone and firmly believed in. Under this heading too must come all the illnesses and accidents brought about either as "God's punishment", or by evil magic and the sorcery of witches.

el paludismo y el reumatismo son enfermedades frías. Siempre se aprecia mucho una inyección intravenosa de gluconato de calcio, ya que, al entrar en el sistema sanguíneo produce una fuerte impresión de calor en todo el cuerpo, lo que naturalmente elimina el frío. Después de planchar o trabajar con calor, la persona no debe lavarse las manos en agua fría. Ciertos alimentos son muy fríos, tales como el fiambre servido el día de Todos los Santos, que en Guatemala es una ensalada compuesta de muchísimas cosas. Es prudente tomar ron antes, porque la bebida caliente contrarrestará el frío de la ensalada.

Categoría 4, enfermedades causadas por la pérdida del alma. Un buen ejemplo para ilustrar esto es la enfermedad conocida como *susto,* espanto o shock, que resulta por la pérdida del alma y será fatal a menos que se pueda lograr que el alma vuelva al cuerpo.

El concepto del ladino de cuerpo y alma es totalmente distinto al del indio. Nace con un alma que es parte de él hasta la muerte. Sus enseñanzas judeo-cristianas le han dado esta seguridad y creencia firme, pero al indígena se le puede separar de su alma en cualquier momento de su vida. Si le da pánico, ve un fantasma, o es testigo de algún acontecimiento sobrenatural, el alma puede separarse de su cuerpo. Si cae en un río o en un lago, el agua le puede robar su alma. A nuestro modo de pensar, diríamos que ha sufrido de shock. La única ayuda que puede recibir bajo esas condiciones es una ceremonia compuesta de una mezcla de religión y magia blanca llevada a cabo con gran solemnidad por un poderoso brujo o shamán de su pueblo, mientras lo rodean su familia y sus amigos. Todos los asistentes a la ceremonia hacen tremendos esfuerzos para que el alma vuelva al cuerpo.

Hace algunos años, mientras trabajaba en Patzún y Patzicía con estudiantes del Instituto de Nutrición de Centro América y Panamá, descubrimos lo que para nosotros fue un nuevo concepto de desnutrición. Se creía que la enfermedad era debida al robo del alma por ángeles y por espíritus de los antepasados. Existe una ceremonia especial llamada cena de ángeles, en la que el niño que ha perdido su alma actuará como anfitrión. El niño debe sentarse y comer esta comida especial en honor de los ángeles, rodeado por varios de

Class 6: Intestinal parasites. God gave the child eyes, a nose, a mouth, ears etc., and also worms! These live in a little bag inside his abdomen and on occasion they leave the bag and cause great disturbance. The sick child is brought to the doctor, not to be given vermifuge for the expulsion of the parasites, but for medicine to help put them back into the little bag where they belong.

As I have mentioned earlier in this summary, mine has not been an exhaustive study of this most intriguing subject. I present it only in the hope that others, working among the Indians, will find in it a basis for further study, and for an understanding of some of the fundamental differences between the Indian culture and our own. He will then be more able to help the Indian to adjust to our civilization.

By Dr Juan José Hurtado

sus compañeros que también disfrutan de los dulces, esperando así complacer a los ángeles y persuadirlos a que devuelvan el alma al niño enfermo y pueda recobrar la salud.

Categoría 5, el mejor ejemplo que cae bajo este tipo de enfermedad, causada por influencias de otros seres, naturales o sobrenaturales, es lo que se llama 'ojo'. Un niño que se acerca demasiado a un borracho o a un hombre sufriendo de estado post-alcohólico, 'goma', o a una mujer durante la menstruación o el embarazo, podrá enfermar seriamente.

Este ojo puesto en el niño es muy temido por todos y se cree en él firmemente. En esta categoría también entran todas las enfermedades y accidentes causados ya sea por "castigo de Dios" o por la magia mala (negra) y los hechizos de brujos y brujas.

Categoría 6, parásitos intestinales. A cada niño Dios le dio ojos, nariz, boca, orejas, etc., y también ¡lombrices! Estas viven en una bolsita dentro del abdomen y de vez en cuando salen de esa bolsa y causan grandes disturbios. Al niño enfermo se le lleva al doctor, no para que le recete un vermífugo que haga expulsar los parásitos, sino para que le dé medicina que ayude a que vuelvan a la bolsita, donde les corresponde estar.

Como ya he mencionado antes en este resumen, el mío no ha sido un estudio exhaustivo de este tema de tantas incógnitas. Sólo lo presento con la esperanza de que otros que trabajan entre los indígenas encuentren en él la base para estudios adicionales y para la comprensión de algunas diferencias fundamentales entre la cultura indígena y la nuestra, con lo cual estarán más capacitados para ayudar al indígena a adaptarse a nuestra civilización.

Por el Dr. Juan José Hurtado

XV

Three Villages
Tres Pueblos

Patzún

Patzún has more ladinos in it than it would like – nearly one quarter of the total population. In 1944 when Patzicía slaughtered all their ladinos, Patzún would gladly have followed suit and finished with the thousand odd in their village. But troops arrived, surrounded the village, and prevented the massacre. Now there are missionary nuns there trying to teach them gentler ways.

The woman in the foreground, in the market scene at Patzún (p. 180), is selling maize, measuring it out in her little basket balance, kilo by kilo, and then pouring it into the large tzut of the buyer crouched before her. In the centre of the picture is a girl under a white cloth selling atole, a gruel made from fresh and finely ground cooked maize. She has it in an earthernware *olla* in front of her, and a spare full olla stands near in a basket covered with a wet cloth to keep it cool.

Though a pavement built to modernize the market-place provides a step to sit on, not one woman will use it as they all prefer the flat ground. Live chickens and one ferocious bare-necked rooster are for sale. There is a large basket of green avocados, a basket of ripe bananas from the lowlands, and, further back two baskets of big *plantains,* but they can only be eaten cooked and are very nourishing.

The finest baskets of the whole country are made here, square and lidded. Each one fits into the next, ranging in size from five to more than sixty centimetres.

No men can be seen in this illustration since they would not be found selling among the local women, but quite apart on the outskirts of the market-place. When men sell in a market it is not the local goods but merchandise they have brought on their backs from far in carrying crates, cacastes, slung from their heads just above the forehead by a leather tumpline. It is a common event when taking the roads across the highland plateau of Guatemala from one Indian town to another, to meet lines of carriers walking in single file, bent forward by the heavy weight on their backs, their heads rigid and faces down, always travelling, always laden, going from one market to another.

Patzún

De acuerdo con su preferencia, Patzún tiene demasiados ladinos, casi la cuarta parte de su población total. En 1944 cuando Patzicía mató a todos sus ladinos, Patzún gustosamente lo hubiera imitado para deshacerse de los mil y más que hay en su pueblo, de no haber llegado las tropas, que rodearon el lugar para impedir la masacre. Actualmente hay allí monjas misioneras tratando de enseñarles maneras más comedidas.

En el cuadro del mercado de Patzún (p. 180), la mujer en primer plano está vendiendo maíz y pesándolo en su pequeña balanza de canastitos, libra por libra, para echarlo en el tzut grande del comprador agachado frente a ella. Al centro se ve una muchacha bajo su toldo de tela blanca que vende atole, bebida hecha de maíz recién cocido y bien molido. Lo tiene enfrente, en una olla de barro y otra de repuesto está colocada dentro de una canasta cubierta con una servilleta mojada para mantenerlo fresco.

Si bien el mercado ha sido pavimentado para modernizarlo, con una grada para sentarse, ni una sola mujer lo usa, ya que todas prefieren el suelo liso. Están a la venta pollos vivos y un feroz gallo de pescuezo desplumado. Hay un canasto de aguacates verdes y otro de bananos maduros de la costa y en el fondo dos canastos con plátanos grandes, parecidos al banano, que sólo se comen cocidos y son muy nutritivos.

Aquí se hacen los mejores canastos de todo el país, cuadrados y con tapadera, que encajan unos entre otros y van en tamaño desde cinco cms. hasta más de sesenta.

En este cuadro no se ve ningún hombre, ya que no se les encontraría vendiendo entre las mujeres locales, sino que muy aparte, en las afueras del mercado. Cuando los hombres venden en los mercados, no son productos locales, sino mercancías traídas desde lejos en *cacastes* que llevan a la espalda sostenidos por la cabeza, justo arriba de la frente, con una correa ancha de cuero, el mecapal. Es común encontrar por los caminos que atraviesan el altiplano de Guatemala de un pueblo indígena al otro filas de cargadores uno tras otro doblados hacia adelante por el gran peso en sus espaldas, sus cabezas rígidas y caras inclinadas, siempre viajando, siempre cargados, yendo de un mercado a otro.

37
Patzún
Cakchiquel

The pueblo is sister to Patzicía and the people similarly quick to please or anger. The blue glass beads around their necks are cut by hand. The decoration on the blouse shows it was once made bright with feathers for the feather shapes are now embroidered. The market is busy. Maize buying in the foreground takes first place. The Hungarian rooster with the aggressive yellow eye will attack anything threatening his hens. The women's utility, or basket cloths, are similar to the daily blouse of vivid red. This town makes the finest baskets in the whole country, square not round, a nest of them fitting one inside the other, each with its lid.

Este es pueblo hermano de Patzicía y su gente se parece por ser igualmente rápidos de agradar como de enojarse. Las cuentas de vidrio azul alrededor de sus cuellos son cortadas a mano; la decoración del huipil por llevar ahora plumas bordadas indica que alguna vez iba adornado con plumas.
El mercado es activo. La compra de maíz que se ve en primer plano ocupa el lugar principal. El gallo húngaro de ojo amarillo es agresivo y atacará cualquier cosa que amenace a sus gallinas. Las servilletas de servicio o para los canastos de las mujeres son similares al huipil de diario, rojo vivo. Este pueblo fabrica los mejores canastos de todo el país, cuadrados no redondos, toda una serie encajando uno dentro del otro y cada cual con su tapadera.

PATZÚN.

38
Patzicía
Cakchiquel

This young woman is wearing the ceremonial blouse hanging loose outside her skirt. Her day-to-day blouse she carries on her head to shade her. Her necklace is of jet and silver from the last century. Prince Albert's death in England and Queen Victoria's strict mourning, brought black jet even to this remote Indian town in the Guatemala highlands.
The girl may look sweet but these high plateau people have a quick agressiveness about them; they are unshaken in their belief that one day the foreign invader and his half-blood children will be forced to leave Guatemala for good and the country will once more be entirely their own.

Esta joven lleva el huipil ceremonial que cuelga suelto fuera de su corte. El huipil de diario lo lleva sobre la cabeza para que le dé sombra. Su collar es de azabache y plata del siglo pasado. La muerte del Príncipe Alberto en Inglaterra y las rígidas costumbres de duelo de la Reina Victoria trajeron el azabache hasta este remoto pueblo indígena en el altiplano guatemalteco.
La muchacha podrá tener una expresión dulce, pero esta gente del altiplano tiene una rápida agresividad; tiene la firme creencia de que algún día el invasor extranjero y sus hijos media sangre se verán obligados a abandonar Guatemala para siempre y nuevamente el país será totalmente suyo.

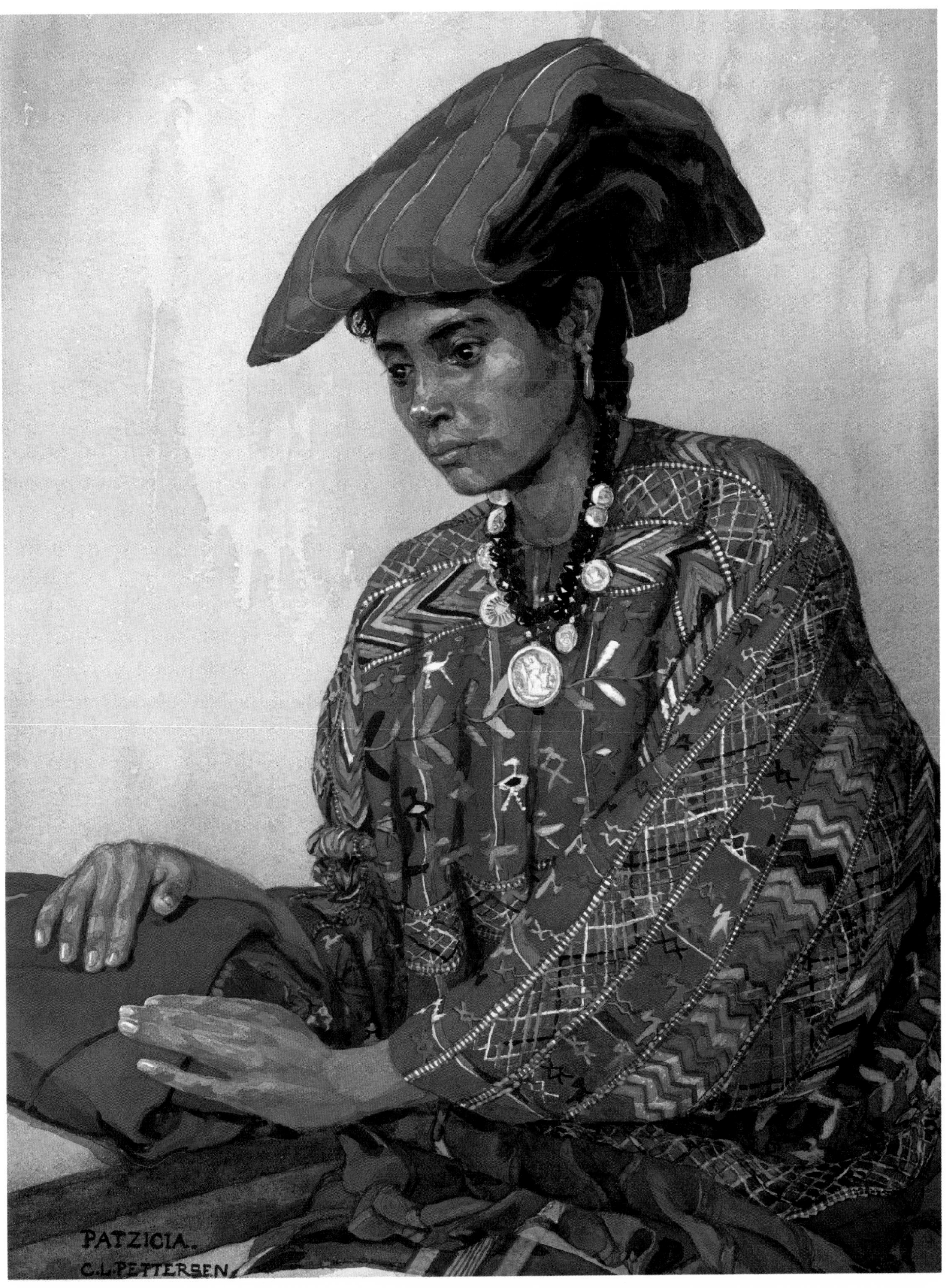
PATZICIA.
C.L.PETTERSEN.

Each man's cacaste is so cleverly packed with the one type of article he is transporting, be it pottery, furniture or blankets, that one is left to wonder how he ever built the load up so ingeniously and securely. If his merchandise is made up of small items, such as cooking pots, or fruits, a fibre net will hold it all tightly together. A long smooth staff will help him up and down hills and in the wind; his palm leaf raincoat and a small sleeping blanket will be rolled up and tied on top of the load. A gourd water jar, a cooking pot, and a mug dangling on the side of the cacaste will complete his camping-out requirements. When he arrives and rests, he will slowly bend one knee and carefully ease down the load till the cacaste rests on the ground on its four short legs. He will push his straw hat back, lift his head and with his two hands slowly lift the sweated leather tumpline from his forehead. His neck slowly unstiffens to let him turn to right or left. Where the tumpline has bound the weight of the cargo to his head for hour after hour, day after day, mile after mile, he has no hair. Thick brown skin shines unexpectedly. The man and his yoke are parted.

Rebellion in Patzicía

"Exactly thirty years ago on the 21st of October 1944, I was sitting in the Plaza de Armas park in Guatemala City with some companions, chatting away and enjoying a short break from our military training, when we heard a commotion and shouting in the barracks behind us. Almost immediately soldiers came out and started rounding up all us recruits, as well as other likely young men around the park who were not quick enough to make their escape. We were taken to the barracks, given rifles and herded into trucks, about thirty to a truck under one lieutenant.

Not till we were on our way were we told that there was an uprising in Patzicía and that the Indians were killing all the ladinos. Several in my truck were really scared and one or two actually cried saying they did not want to go and fight anybody, much less far from the city which was the only place they knew, and that they did not know how to fire a rifle. These weapons were

El cacaste de cada uno va empacado tan hábilmente con el artículo que transporta, ya sea alfarería, muebles o frazadas, que uno se pregunta cómo habrá podido colocar la carga tan ingeniosamente segura. Cuando su mercancía se compone de artículos pequeños, como ollas o frutas, una red de fibra mantiene todo junto y fijo. Con una larga vara lisa se ayudará a mantener el equilibrio cuesta arriba y cuesta abajo y cuando hay viento. Sobre la carga lleva un impermeable de hoja de palma y una pequeña frazada para la noche, enrollada y atada en la parte superior de la carga. Un recipiente de calabaza para el agua (tecomate), una olla para cocinar y un pocillo cuelgan a un lado de su cacaste completando sus requisitos para acampar. Cuando llega y descansa, lentamente dobla una rodilla y baja cuidadosamente la carga hasta que el cacaste toca el suelo con sus 4 patas cortas. Empujará hacia atrás su sombrero de paja, levantará la cabeza y con ambas manos lentamente se quitará el sudado mecapal de su frente. Poco a poco flexibiliza su nuca permitiéndole volver la cabeza hacia la derecha y la izquierda. Ya no le crece pelo donde el mecapal ha apoyado el peso de la carga en su cabeza hora tras hora, día tras día, kilómetro tras kilómetro. Brilla inesperadamente su gruesa piel morena. El hombre y su yugo se han separado.

Rebelión en Patzicía

"Hace justamente treinta años, el 21 de octubre de 1944, estaba yo sentado en la Plaza de Armas en la Ciudad de Guatemala con algunos compañeros, platicando y disfrutando en nuestro breve descanso del entrenamiento militar que nos impartían, cuando escuchamos una conmoción y gritos en el cuartel atrás de nosotros. Casi inmediatamente salieron los soldados y comenzaron a reunir a todos nosotros los reclutas, así como a otros jóvenes aptos, que andaban por el parque y no fueron suficientemente veloces para escapar. Nos llevaron al cuartel y nos dieron rifles, metiéndonos luego en camiones, unos 30 por camión, al mando de un teniente.

No fue sino que hasta en el camino que nos dijeron que había un levantamiento en Patzicía y que los

mostly very old pieces long discarded by the army and more of a danger to the man firing them than to the target.

We passed several other trucks full of "volunteers", and many others passed us going still faster, crammed full of regular troops. As the dusty miles passed we got over the first shock and excitement, but felt still more frightened at what might be ahead of us. We shouted our feelings in the plainest language, saying it was all a hell of a mess, that now we were in for a pile of trouble, and accusing one another of shaking in our boots and of being slobbering idiots.

When we arrived at the outskirts of Patzicía we were unloaded and marched into the pueblo in straggling disorder. There we were suddenly confronted with a battle in full swing, and a most horrible situation. Indians were running around like madmen slashing with their machetes at anyone who was not one of them; the Indian women, many with babies at the breast and small ones hanging on to their skirts, were shrieking and howling, calling to their men to stop the massacre and come to their senses. Some Indians had axes and had entered the houses of the ladinos hacking at the bits of furniture, doors and walls, while a few had firearms, which they seemed to know how to use.

The troops that had got ahead of us were shooting and dead Indians lay everywhere. The wounded still howled defiance while they had the breath. The women hung on to them trying to drag them away.

We advanced as more and more Indians were shot down, though I must confess that our group shot very few, leaving it to the troops. Our boys, still howling, "This is one hell of a mess," brought up the rear. We entered what remained of the ladino houses, the little shop, the bakery, the post office, the school house, the mayor's house and the pharmacy, and here we saw the worst. The ladinos had tried to hide their families by shoving them into closets, behind stacks of firewood, in dark corners, under the counters, and even up in the rafters, but the Indians had broken in and killed every man, woman and child. Decapitated bodies were everywhere. It was shocking to see the smashed babies and children. The attack had been so unexpected not

indígenas estaban matando a todos los ladinos. Algunos en mi camión estaban verdaderamente aterrados y uno o dos efectivamente lloraron, diciendo que no querían ir a pelear con nadie, mucho menos lejos de la ciudad que era el único lugar que conocían, y que no sabían cómo disparar un rifle. Estas armas en su mayor parte eran muy viejas, descartadas por el ejército y el peligro era mayor para quien las disparaba que para el blanco.

Rebasamos varios otros camiones llenos de "voluntarios" y otros muchos pasaron a una velocidad aún mayor, repletos de tropa regular. Conforme recorríamos los polvorientos kilómetros, se nos fue pasando el sobresalto inicial y la emoción, pero nos sentíamos aún más asustados al pensar en lo que nos esperaba. Expresábamos nuestros sentimientos a gritos en lenguaje rudo, diciendo que todo era una vaina, que nos iba a cargar la gran flauta, que nos esperaba un montón de líos y nos acusábamos unos a otros por temblar como hojas y no ser más que unos idiotas babosos.

Cuando llegamos a las afueras de Patzicía nos descargaron y nos llevaron marchando al pueblo en confuso desorden. Allí súbitamente nos encontramos con una batalla en pleno apogeo y una situación horrible. Los indígenas corrían como dementes, macheteando a todos los que no fueran de los suyos. Las mujeres indígenas, muchas con hijos al pecho y otros agarrados de sus cortes, chillaban y gritaban, implorando a sus hombres que dejaran la masacre y volvieran a la cordura. Algunos indígenas tenían hachas y habían entrado en las casas de los ladinos partiendo a hachazos los pocos muebles, las puertas y paredes, mientras otros llevaban pistolas que aparentemente sabían usar.

Las tropas que se nos habían adelantado estaban disparando y había indígenas muertos por todos lados. Los heridos gritaban su desafío mientras les quedaba aliento en el cuerpo. Las mujeres se les prendían tratando de llevárselos arrastrados.

Avanzamos mientras caían abatidos más y más indígenas, si bien debo confesar que nuestro grupo disparó sobre muy pocos, dejando que la tropa lo hiciera. Nuestros muchachos que seguían gritando "esto está rejodido", venían en la retaguardia. Entramos en lo que quedaba de las casas de los ladinos, la tiendecita, la panadería, el correo, la escuela, la casa del alcalde y la

one ladino had escaped. Those that had run for it had been cut down in the fields or streets.

Meanwhile the shooting continued till the troops had closed in from all sides, and with over 300 Indians lying dead, the rest surrendered. The little local jail was crammed full and the army took the rest of the prisoners to the jails of the nearest towns, Zaragoza and Chimaltenango, under heavy guard, with the prisoners still shouting that help would come to them and that the whole Indian population was rising.

By midnight the rebellion was under control and only the dirty work remained. This fell to us. It was not till dawn next morning that we had gathered all the bodies of the dead into heaps, poured gasoline over them and burnt them, before the buzzards, circling overhead with the first light of day, should drop and settle."

Told by Haroldo Garcia M.

The rebellion of Patzicía had been deliberately sparked by political ambitions and intrigues in the capital city of Guatemala. President General Ponce and his followers knew they were on the way out. He had always played up to the Indians and fed them with unrealistic promises as long as they would support him.

Arms and money had been distributed and a general uprising in a number of Indian pueblos, all in this vicinity, had been prepared. That day, 21st of October, Patzicía had been told to attack and kill all ladinos; they believed this was the beginning of freedom from "foreign" rule and that the whole country would ultimately again revert to the Maya, and be as it had been 400 years ago.

Zaragoza, a ladino town only a few miles away got wind of what was about to happen. They telegraphed the authorities in the city, and themselves came out as one man armed only with machetes to try and defend their brother ladinos in Patzicía. This first fight held off the massacre for a few hours, but the Zaragoza men could not hold the wild fury of the Indians till help arrived from Antigua and Guatemala, and a large number were cut down. The army, once on the scene,

farmacia y fue ahí que nuestros ojos tropezaron con lo peor. Los ladinos habían tratado de salvar a sus familias escondiéndolas en armarios, detrás de leña apilada, en oscuros rincones, debajo de mostradores, y aún en las vigas, pero los indígenas habían entrado a la fuerza y matado a todo hombre, mujer y niño. Cuerpos decapitados yacían en los pisos por doquier. Fue espantoso ver lactantes y niños hechos pedazos. El ataque había sido tan inesperado que no se escapó un solo ladino. Los que trataron de huir corriendo fueron liquidados en el campo o en la calle.

Entre tanto continuaba la balacera, hasta que la tropa logró cercarlos por todos lados y con más de trescientos indígenas muertos, el resto se rindió. La pequeña cárcel local estaba atestada y el ejército llevó el resto de los prisioneros a las cárceles de los pueblos más cercanos, Zaragoza y Chimaltenango, bajo fuerte custodia, mientras éstos seguían gritando que les llegaría ayuda y que toda la población indígena se estaba levantando en rebelión.

Hacia la media noche el levantamiento estaba controlado y sólo quedaba el trabajo sucio por hacer, lo que nos tocó a nosotros. No fue sino hasta la madrugada del día siguiente que terminamos de recoger los cadáveres en montones, echándoles gasolina para quemarlos, antes de que los zopilotes con la primera luz del día comenzaran a volar en círculos para asentarse encima."

Según Haroldo Garcia M.

La rebelión de Patzicía había sido instigada deliberadamente por ambiciones políticas e intrigas en la ciudad capital de Guatemala. El Presidente, General Ponce, y sus seguidores sabían que las cosas iban mal. El siempre había hecho el juego a los indígenas, haciéndoles promesas poco realistas mientras éstos le dieran su apoyo. Se habían distribuido armas y dinero preparando un levantamiento general de varios pueblos indígenas, todos de esta zona. Ese día, el 21 de octubre, Patzicía había recibido indicaciones de atacar y matar a todos los ladinos. Creyeron que éste era el comienzo para liberarse del gobierno "extranjero" y que todo el país finalmente volvería de nuevo a los mayas, y volvería a ser como había sido hacía 400 años.

sent troops to surround and control the neighbouring towns. They surrounded them completely, and so prevented Patzún and the big town of Chimaltenango, as well as smaller villages, from slaughtering their own ladinos, which they were more than ready to do.
President Ponce fell the very next day. None of these happenings were printed by the press for quite some time for fear of rousing further disturbance. The Guatemaltecos heard of it first from the foreign papers and radio.
The uprising in Patzicía is an indication of the latent hatred the Indian has for the ladino and for what he has had to suffer since the Conquest. Though today he is comparatively well off and recognized as a human with rights, the resentment is still there.

Santa María de Jesús

The village of Santa María de Jesús lies high on the side of the volcano Agua and was founded by the Spaniards, who brought people from Quezaltenango to work for them in Antigua. At that time one of their duties was to form small pools of water yet higher up the volcano by carrying water up there, and to let it freeze at night. Then they carried the ice down to Antigua to their master's house before the sun warmed up.
I wanted to paint the costumes (p. 188 and 190) and by good luck our truck driver on the plantation is godfather to a boy in Santa María de Jesús. This makes him a completely trustworthy person in their eyes with a spiritual affinity to all the family members, and as strong or stronger towards the child than even his parents'. This relationship was created to provide an alliance for mutual protection, and is so strong that there can never be marriage or disagreement between the two families. Help will always be given when needed by either side. The child is as tied to his godfather as the latter is to him, and kneel before him asking his blessing if they should meet on the road.
Through Paco, our driver, I arranged that his godson's grandparents should come to our plantation, stay in his house and spend the day in mine while I painted them. What nice people! The four days they were

A Zaragoza, un pueblo ladino, a pocos kilómetros de allí, le llegaron rumores sobre lo que estaba por suceder y se telegrafió a las autoridades en la ciudad, mientras que los pobladores salieron como un solo hombre, armados únicamente con machetes para tratar de defender a sus hermanos ladinos en Patzicía. Esta primera pelea contuvo la masacre por unas cuantas horas, pero los hombres de Zaragoza no pudieron detener la furia salvaje de los indígenas hasta que llegara ayuda de la Antigua y Guatemala y un gran número de ellos fue aniquilado. El ejército, una vez en el lugar, envió tropas para rodear y controlar los pueblos vecinos, cercándolos completamente, evitando así que Patzún y el pueblo grande Chimaltenango, así como aldeas más pequeñas, hicieran picadillo a sus ladinos, cosa a la que estaban más que dispuestos.
El Presidente Ponce cayó exactamente al día siguiente, el veintidós. Ninguno de estos acontecimientos fue publicado por la prensa durante mucho tiempo, por temor de promover nuevos disturbios. El pueblo guatemalteco se enteró por primera vez a través de la prensa y la radio extranjeras.
El levantamiento de Patzicía es un indicador del odio latente que siente el indígena por el ladino, motivado por todo lo que ha tenido que sufrir desde la conquista. Aun cuando en la actualidad está comparativamente bien y es reconocido como ser humano con los derechos correspondientes, en el indígena persiste el resentimiento.

Santa María de Jesús

La aldea de Santa María de Jesús se asienta en lo alto de las faldas del Volcán de Agua y fue fundada por los españoles que llevaron gente de Quezaltenango para que les trabajara en la Antigua. En esos tiempos uno de sus deberes era hacer pequeños depósitos de agua en lugares aún más altos del volcán, hasta donde tenían que acarrear el agua para que se congelara durante la noche, y llevar el hielo a la Antigua, a casa de sus patrones, antes de calentar el sol.
Yo quería pintar este traje (p. 188 y 190) y para mi buena suerte el camionero de la finca es padrino de un niñito de

39
Santa María de Jesús
Cakchiquel

Camilo and Felipa Pío.
The pueblito on the actual cone of the volcano Agua lies 2,000 metres above sea level and looks down on the city of Antigua lying in the rich valley below.
The people were brought from Quezaltenango by the Spaniards originally, but the first village was destroyed by a torrent of water down the side of the volcano after a sudden storm. It was rebuilt still higher and the present church only dates from 1736.
The woman has woven her own clothes and the man's shirt and tzut. They are the parents of the two weaving girls shown in page 190. She is a visionary and has seen and been spoken to by the Virgin while working out in the field. The man is burnt black by sun and exposure and has no room in his life for visions while he struggles to feed his little family on poor eroded soil during this exceptionally dry year.

Camilo y Felipa Pío.
El pueblecito realmente descansa en el cono del Volcán de Agua a 2.000 metros sobre el nivel del mar y contempla la ciudad de La Antigua abajo en su fértil valle. Originalmente la gente fue traída de Quezaltenango por los españoles, pero la primera aldea quedó destruida por un torrente de agua que bajó del volcán después de un chubasco. Fue reconstruida en un sitio aún mas alto, y la iglesia actual sólo data de 1736.
La mujer teje su propia ropa y la camisa y el tzut del hombre. Son padres de las dos muchachas tejedoras representadas en otro de los grabados (p. 190). Ella es visionaria y ha visto a la Virgen, quien le ha hablado cuando trabajaba en el campo. El está tostado por el sol y la intemperie; en su vida no tienen cabida las visiones, ocupado en su lucha por alimentar a su pequeña familia de los suelos pobres y erosionados durante este año excepcionalmente seco.

MARIA JESUS

40
Santa María de Jesús
Cakchiquel

Leona and Rosa Pío are the daughters, fourteen and sixteen years old, of the man and woman on page 188. They weave a set number of centimetres every day under their mother's supervision and help keep the family in food. It has not rained for several months. At dawn, before sitting at their hip-looms, they carried water in their earthenware jars from the one trickle left in the village fount in front of the church to the plot of land up the volcanic slope 500 metres away, where their mother is growing string beans to sell in the markets of Antigua and Guatemala City. The red basket cloth, in the process of being woven by the younger girl, calls for a simpler weaving technique than the very elaborate blouse coming to shape under the more skilled fingers of Rosa.

Leona y Rosa Pío son las hijas de 14 y 16 años, de la pareja en el grabado p. 188. Tejen cierto número fijo de pulgadas cada día, bajo la supervisión de su madre y ayudan a mantener a la familia. No ha llovido durante varios meses. Al alba, antes de sentarse con sus telares de cadera, ya han acarreado agua en sus tinajas de barro desde el chorrito de la fuente de la aldea frente a la iglesia, hasta su terruño, 500 metros cuesta arriba por la pendiente volcánica donde su madre está cultivando ejotes para vender en los mercados de Antigua y en la Ciudad de Guatemala. La servilleta roja para el canasto que está tejiendo la niña menor requiere técnicas más sencillas que el huipil, de diseño complicado, que va tomando forma en las manos más diestras de Rosa.

SANTA MARIA JESUS

41

San Antonio Nejapa

Cakchiquel

Three generations are carrying water from the spring. The blouse of the tallest woman is woven on brown 'cuyuscate' cotton, and is worth double, at least, that of her mother's. But the older woman has a much finer and older sash which, with its emblems and width, has supported her through her many pregnancies. The child, even at her age, can already balance her water jar, her narrow belt is the basic black and white of the very young or the very poor.

Tres generaciones acarrean agua del manantial. El huipil de la mujer más alta está tejido en algodón 'cuyuscate' como fondo y vale por lo menos el doble que el de su madre. Pero la mujer mayor tiene una faja más fina y antigua, que con sus emblemas y su anchura le ha dado sostén en sus muchos embarazos. La niña, ya a su edad, puede balancear la tinaja de agua. Su faja angosta es negra y blanca y corresponde a los muy jóvenes o a los pobres.

SAN ANTONIO NEJAPA
C.L. PETTERSEN.
1974

42
Tecpán
Cakchiquel

I find the daily or kitchen blouse which she wears more attractive than the heavier brown cotton she has on her head. This second blouse she will slip on over her other clothes as an extra covering when cold, letting it hang loose and perhaps not even putting her arms through the arm-holes. Her belt is very wide and stiff and wound round several times making it impossible for her to bend at the waist. It is a marvellous support during pregnancy, and a comfort for her back when she kneels to grind.
This pueblo of 11,000 people lies on the very outskirts of the ruined ancient capital of Iximché, the capital of the Cakchiquel tribe. The name means 'The ruling or head town'. Still today it is refered to as Pantinamit, the capital place. The conqueror, Pedro de Alvarado, tried to establish his first permanent settlement here in 1524.

El huipil de diario o de cocina que lleva puesto me parece más atractivo que el de algodón café más pesado que tiene sobre la cabeza. Este segundo huipil lo usará sobre sus otras prendas como abrigo adicional cuando haga frío, dejando que cuelgue suelto, quizá sin pasar siquiera sus brazos por las aberturas. La faja es muy ancha y tiesa y se enrolla varias veces, lo que le impide doblar la cintura. Es un soporte magnífico durante el embarazo y un alivio para su espalda cuando se arrodilla a moler.
Este pueblo de 11.000 almas queda inmediato a las ruinas de la antigua ciudad de Iximché, capital de la tribu cakchiquel. El nombre significa 'pueblo gobernante o principal'. Aún hoy se hace referencia a él como Pantinamit, el lugar de la capital. El conquistador Pedro de Alvarado trató de establecer su primer asentamiento permanente aquí en 1524.

TECPAN.
C.L.PETTERSEN.
1970

43
Comalapa
Cakchiquel

This woman comes from a strong fighting race which resisted the invaders vigorously 400 years ago, and is still proud of it. Even the way she lays her hand firmly on the table corner shows her strength of character. The blouse of this pueblo is closely and finely woven, the plain red bands on the shoulders are in a special technique called 'rep' and make this town's blouse distinctive.
She is an old woman and her hair is very thin, so she does not wear the heavy woven ribbon of her town. She told me her eldest daughter was dying of lung sickness and this leaves her with no wish to doll herself up.

Esta mujer es descendiente de una raza fuerte y batalladora que resistió a los invasores vigorosamente hace 400 años, de lo cual sigue sintiéndose orgullosa. Hasta la forma de poner su mano con firmeza sobre la esquina de la mesa demuestra la fuerza de su carácter.
El huipil de este pueblo es de tejido apretado y fino, y las franjas lisas en color rojo sobre los hombros son hechas empleando una técnica especial llamada 'rep', que da su característica a este huipil.
Es una anciana y su cabello está muy ralo, de manera que no usa la pesada cinta tejida de su pueblo. Me dijo que su hija mayor se estaba muriendo de tisis por lo que no le quedaban deseos de engalanarse.

COMALAPA.
PETTERSEN.

44
San Martín Jilotepeque
Cakchiquel

San Martín Jilotepeque lies on the outskirts of the ancient fort of the Pokomanes, now called Mixco Viejo and partly restored. The name Jilotepeque is derived from Xilotel (corn cob), or Jilote, Elote, and Tepetl (hill), meaning 'The hill of the young maize'. The fourteen-month-old child, Gregoria, was a fiend. I have never before wanted to spank a baby. She was spoiled to extreme by her young mother and would not let her pose for me, and she left little puddles all over my studio. She shied off dolls and toys and would only play with sticks and wood bricks, which she promptly threw at people's faces. The blouse the woman wears is ceremonial. She has her daily one on her head and on the ground there is an older blouse unusual in its soft colour. The little wooden doll is better carved than are most dolls and its arms can be moved.

San Martín Jilotepeque se encuentra en las afueras del antiguo fuerte de los pokomanes ahora llamado Mixco Viejo, y restaurado parcialmente. El nombre Jilotepeque se deriva de xilotel = mazorca de maíz, o jilote, elote, y tepetl = colina, y significa 'colina de maíz tierno'.
La niña de 14 meses, Gregoria, era un diablillo. Anteriormente, nunca había deseado pegarle a una niña. Mimada al extremo por su joven madre, no la dejaba posar para mí, y por todo mi estudio hizo reguero de charquitos. Las muñecas y juguetes la asustaban y sólo jugaba con palos y bloques de madera que tiraba a las caras de la gente. El huipil de la mujer es ceremonial. En la cabeza lleva el de diario y en el suelo se ve un huipil más viejo, poco común por sus colores tenues. La muñequita de madera está mejor tallada que la mayoría de estas muñecas y sus brazos pueden moverse.

SAN MARTIN JILOTEPEQUE
C.L.PETTERSEN
1974

45
San José Poaquil
Cakchiquel

The wide red bands on the blouse are similar to those in the mother pueblo of Comalapa. This type of weave is called rep, where either the warp or the weft is completely hidden by the filler, and very closely beaten down. The filler yarn is all wool and gives a soft richness to this blouse which can never be equalled by cotton. It is worn loose, neither sewn under the arms, nor tucked into the skirt.

Las anchas franjas rojas del huipil son similares a las del pueblo de origen, Comalapa. Este tipo de tejido se llama 'rep', y ya sea la urdimbre o la trama queda completamente oculta por el tejido muy apretado. El hilo de relleno es totalmente de lana y le da una delicada opulencia a este huipil, que jamás podrá ser igualada en riqueza por el algodón. Se lleva suelto, sin costura bajo los brazos y sin meterlo dentro del corte.

SAN JOSÉ POAQUIL
C.L. PETTERSEN
1974.

here we talked while I painted and I got to know them well and they me. The one whose turn it was to rest had the run of the house while I painted the other and he or she wandered about happily though shyly, trying to puzzle out the things they saw but did not understand. By the third day they were asking questions and seeking explanations, and vigorously nodding when they understood my answer. After four days they said that what they liked most were my three Siamese cats. These liked them too and would sit on their laps whenever they got a chance.

I asked them if they would send me their two young daughters with their hip looms. They answered that Rosa, who was sixteen, and Leona, fourteen, had never spent a night away from home, and they very much doubted they would have the courage to go so far. However when Camilo and Felipa returned to their house and told the girls about the wonders they had seen and about the Siamese cats, the two could not get here fast enough.

The first day they were shy and in a daze. The second day they began to look around them and understood something of what they saw, and the questions began. On the third day the one resting ran all over the house, helped the cook in the kitchen, marvelled at the electric stove and the taps of running water, went with the room-girl to wash the bathroom, sweep and make the beds and polish the floor. The cats got no attention at all. The fourth day was a riot of laughter, but tears at the time of parting in the evening. Leona wanted to take the electric floor polisher home!

Santa María de Jesús. Esto a los ojos de los indígenas lo hace una persona totalmente digna de confianza, un compadre, con afinidad espiritual hacia todos los miembros de la familia, tan fuerte o más aún, hacia el niño que hacia sus padres. Esta relación fue creada para proporcionar una alianza de protección mutua y es tan fuerte que nunca puede haber matrimonio ni desacuerdo entre las dos familias. El niño está tan ligado a su padrino como lo está éste de él, y al encontrarse por el camino correrá y se arrodillará ante aquél para pedirle su bendición.

Por medio de Paco, nuestro chofer, hice arreglos para que los abuelos de su ahijado llegaran a nuestra finca. ¡Qué gente tan agradable! Los cuatro días que estuvieron aquí, llegué a conocerlos bien y ellos a mí. Cuando a uno de ellos le tocaba descansar, podía vagar por la casa mientras yo pintaba al otro y anduvieron muy contentos, si bien con timidez, tratando de descifrar las cosas que veían y no comprendían. Hacia el tercer día me hacían preguntas y buscaban explicaciones, asintiendo vigorosamente con la cabeza al comprender mi respuesta. A los cuatro días me dijeron que lo que más les gustaba eran mis tres gatos siameses, los que también les tenían simpatía y se sentaban en su regazo cada vez que tenían oportunidad.

Les pregunté si me podrían enviar a sus dos hijas jóvenes con sus telares de palitos y contestaron que Rosa, de 16 años, y Leona, de 14 años, jamás habían pasado la noche fuera de su hogar y que dudaban mucho tuvieran el valor de llegar tan lejos. Sin embargo, cuando Camilo y Felipa volvieron a su casa y les contaron a las muchachas las maravillas que habían visto y de los gatos siameses, las dos se dieron gran prisa para trasladarse.

El primer día estaban tímidas y deslumbradas. El segundo día empezaron a mirar a su alrededor y comprender algo de lo que veían y entonces comenzaron las preguntas. Al tercer día la que estaba descansando corría por toda la casa, ayudaba a la cocinera en la cocina, maravillada con la estufa eléctrica y los grifos de agua corriente; iba con la muchacha de adentro a lavar el baño, barrer, hacer las camas y lustrar los pisos. El cuarto día fue un alboroto de risas, pero hubo lágrimas a la hora de partir al atardecer. ¡Leona quería llevarse la lustrodora eléctrica para los pisos a su casa!

XVI
San Martín Chile Verde

Until October 1902, San Martín Chile Verde was a large village. Now it has no more than 1000 inhabitants with a further 4000 scattered over the rough countryside. The people differ from the usual Indian, and the Mam tribe to which they belong, and this is not readily explicable. They merit special study as this should reveal how much is a left-over from pre-Conquest traits, and how much is due to the treatment they were subjected to while enslaved by the Spaniards.

Reading the history of Spain any other European is struck by the total lack of consideration that the landowners have had at all times for the peasant. Other countries may not have been democratic or fair to the small man in the towns and villages or on the land, and each in turn has been opressive and cruel, but no other country has kept up a complete disregard for the welfare of the lower classes as consistently through the centuries as have the Spanish. It is no wonder then that the Spanish Conquest of the Americas did not bring happiness, enlightenment or any advantage to the subjugated races. If they were callous and cruel to their own in Spain, it could but be expected that they would be even more so to a heathen race in a distant land.

We have no records of what these Indians of San Martín were like before the Conquest, nor of how they were subdued. We can only study them as they are now. They belong to the Mam linguistic group, which is mostly found further north in the Huehuetenango area. Today the Martinecos still have a slightly different pronunciation and have words in their dialect not used elsewhere, which may well be a left-over from old Mam. There are people who do not consider them true Mam either in looks or behaviour, and point out that they are handsome and more honest, but this may be nothing but bias. We have so far no proof one way or the other. All we can say is that some differences may have been caused by the way they were treated and how they lived after the group was permanently divided from the main stream of the Mam, or that they were stunted in their evolution by slavery and suppression, inspite of which they have kept old traits, shared formerly by all the Mam and now found only in San Martín.

Hasta octubre de 1902, San Martín Chile Verde fue una aldea grande. Ahora no tiene más de mil habitantes con otros cuatro mil regados por las ásperas tierras del municipio. La gente es distinta al indígena corriente y a la tribu mam a la que pertenece, cosa que no tiene fácil explicación. Merece un estudio especial para establecer cuánto es debido a rasgos propios precolombinos y cuánto al tratamiento a que fueron sujetos durante el tiempo que estuvieron esclavizados por los españoles.

Leyendo la historia de España, cualquier europeo de otro país se queda sorprendido por la falta total de consideración que los terratenientes tuvieron por los campesinos en cualquier momento de la historia española. Los otros países quizás no hayan sido democráticos o justos con el hombre común en el pueblo, aldea o en el campo; todos a su vez han sido opresores y crueles, pero ninguno ha mantenido un desinterés tan completo por el bienestar de las clases inferiores tan consistentemente a través de los siglos como los españoles. No es de extrañarse que la conquista española de las Américas no trajera dicha, ilustración ni ventaja alguna para las razas subyugadas.. Si eran insensibles y crueles hacia su propia gente en España, era de esperar que lo fueran más aún con una raza pagana en una tierra lejana.

No tenemos informes de cómo eran estos indígenas de San Martín antes de la conquista, ni de cómo fueron subyugados. Sólo podemos estudiarlos tal como son ahora. Pertenecen al grupo linguístico de los mames que se encuentra mayormente al norte, en la región de Huehuetenango. Aún hoy los martinecos tienen una pronunciación ligeramente diferente y su dialecto contiene palabras no usadas en otra parte, lo que bien podrían ser restos del antiguo mam. Hay personas que no los consideran verdaderos mames por su apariencia y comportamiento y señalan que son hermosos y más honrados, pero posiblemente estos sean sólo prejuicios. Hasta ahora no hay pruebas ni en un sentido ni en otro. Todo lo que podemos decir es que la causa de algunas diferencias pudo haber sido la forma en que fueron tratados y la forma de vida que llevaron después de haber sido separado el grupo permanentemente de la corriente principal de los mames. También es posible

As early as the first half of the sixteenth century, Charles V of Spain signed several documents giving ownership to various Spaniards of what are now San Martín lands and the richer slopes south where the coffee plantations stand today. As land without labourers to work it was worthless to the Spaniards, we can presume the San Martinecos had already been taken there as slave labour, or a pocket of Mam already existed in that area.

Ironically the names of these Spaniards have been kept alive by the descendants of their own slaves. To identify the ownership of each Indian, the head of the family had to take his master's surname. The Mams never have had surnames. The Indian's own name by which he was known among his people was suppressed, and officially he could only use his master's name. The Spaniards are long gone or have been absorbed into the country, but their names survive today, much Indianized by the people who have carried them through the centuries, pronouncing them with Indian tongues. We have the Spanish name Aguilar changed to Lal; Ramírez to Rumins; Vásquez to Paxquix; Gómez to Cumix; de León to Alión; Guzmán to Cuxim, and so on up to about a dozen in all. The Christian names given at baptism are limited to a choice of about thirty, and consist of the more common names used in Spain at that time; Andrés, Antonio, Juan, Martín, Nicolás, Sebastián, Diego, and Miguel. All the men of one family use the same name, father, uncles, sons and grandsons. The same with the women, all use the mother's name. These are the official names in the civil register and in the employers' books on the coffee plantations where the Martinecos work. There may be eight or more Antonio Ramírezes in one family and each will be numbered so as to distinguish him from the next, much as the ancient Romans used to do with their sons. There can be confusion even then. I know of an Andrés family, the father is Andrés, and Andrés is the name of each of his three married sons. They have the surname of Vásquez, pronounced Paxquix. When the first grandson was born within the family they called him Paxquixix, but he was registered Andrés Paxquix like his grandfather, father and all his uncles.

que su evolución quedara atrofiada por la esclavitud, conservando características antiguas, anteriormente compartidas por todos los mames que hoy se encuentran sólo en San Martín.

A principios de la primera mitad del siglo XVI, Carlos V de España firmó varios documentos otorgando en propiedad a varios españoles lo que ahora son tierras de San Martín, y las laderas más fértiles, actualmente plantaciones de café. Como la tierra sin labradores era inútil para los españoles, suponemos que los san martinecos habían sido llevados allí con anterioridad, como trabajadores forzados, o quizás existió un pequeño asentamiento mam en esa región.

Como cosa irónica, los nombres de estos españoles siguen viviendo en los descendientes de sus propios esclavos. Para identificar la propiedad de cada indígena, el jefe de familia debía adoptar nombres y apellidos de su patrono. Los mames nunca antes habían tenido apellidos. El nombre propio del indígena, por el que se le conocía entre su gente, se suprimió y oficialmente sólo podía usar el nombre de su patrón. Hace tiempo que desaparecieron los españoles, o fueron absorbidos por el país, pero sus nombres perduran hasta el día de hoy muy indigenizados por la gente que los ha llevado durante siglos, pronunciándolos en lenguas indígenas. Tenemos el apellido español Aguilar cambiado a Lal; Ramírez a Rumins; Vásquez a Paxquix; Gómez a Cumix; de León a Alión; Guzmán a Cuxim y así sucesivamente hasta llegar a una docena más o menos. Los nombres de pila que se les dan con el bautismo se limitan a unos treinta y consisten en los más comunes usados en España en aquella época: Andrés, Antonio, Juan, Martín, Nicolás, Sebastián, Diego y Miguel. Todos los hombres de una familia usan el mismo nombre, padre, tíos, hijos y nietos. Sucede lo mismo con las mujeres, todas usan el nombre de la madre. Estos son los nombres oficiales en el registro civil y en los libros de los patronos en las fincas de café donde trabajan los martinecos. Puede haber hasta ocho o más Antonio Ramírez en una familia, cada uno con su número correspondiente para distinguirlos entre sí, de manera semejante a la que usaban los antiguos romanos con sus hijos. Pero aún así se dan confusiones. Yo conozco una familia Andrés, en la que el padre se llama Andrés

It is when we discreetly enquire what they call each other that we find their individual identities and learn what names were used before the Spaniards tried to change their social habits. Within the home a man will affectionately call his wife 'Shac', meaning leaf, or 'Muush', Little One, 'Uuk', Quetzal, and she will call him Barranca, Cañon, Abyss, Rock or Hawk. In this way they have kept their secret identities and continued to exist as a tribal unit, every man and woman knowing every other by his private name within the tribe. They wear the cloak of Roman Catholicism the same way, because it is forced on them. They submit to baptism but not to marriage. The cold church in the village is dark and bare, and in it they pray loudly, and occasionally hear mass when a priest visits. They chant and burn copal incense, but one does not really know to whom they are praying or to what god they are burning incense. They conform to the ritual required of them and, as they seem not to resent it, one can but suppose that for them there is no dividing line between the Christian saints and the various Chacs hidden in the roof beams of their little huts, and the multitude of nature gods dominating their lives. For them the really serious religious worship is brought to a climax once a year on the shores of the crater lake Chicabál. Several tribes meet here each with their live offerings, grouped at their own altar stones and rough wooden crosses. Watching from a distance the men and women standing on the edge of the dark silent waters, killing the sacrificial animals and pouring the hot red blood over the blackened stones, with the murmuring seeming to come from the unknown depths of the crater lake, I wondered if I was watching a thousand year old ritual or a mirage of my black imagination.

When a baby is born in San Martín he is treated roughly and weaklings are not likely to survive. After welcoming rituals he is covered with a paste made of ground grasses and herbs, and bound up tightly with his arms against his sides by a stiff coarse belt such as women wear. This belt is fifteen centimetres wide by two metres long and the five or six overlapping turns round his little body will hold him so stiff and straight from shoulders to feet that you can balance him upright on the palm of your hand. At this point he looks

y cada uno de sus tres hijos casados lleva el mismo nombre, con el apellido Vásquez, pronunciándose Paxquix. Cuando nació el primer nieto en la familia le llamaron Paxquixix, pero fue inscrito Andrés Paxquix como su abuelo, su padre y todos sus tíos.

Sólo al preguntar discretamente cómo se llaman unos a otros descubrimos su individualidad y averiguamos los nombres usados antes de que los españoles trataran de cambiar sus costumbres sociales. Dentro del hogar el hombre cariñosamente llamará a su esposa 'Shac' que significa hoja, o 'Muush', pequeñita, 'Uuk', quetzal; y ella lo llamará Barranca, Cañón, Abismo, Roca o Gavilán. De esta manera han conservado su entidad secreta y mantenido la existencia de su unidad tribal, conociendo todos los nombres particulares de cada hombre y cada mujer dentro de la tribu. De la misma manera se encubren con el manto del catolicismo romano, que les ha sido impuesto. Se someten al bautismo, pero no al matrimonio. La fría iglesia del pueblo es oscura y desnuda, y en ella rezan en voz alta, de vez en cuando oyen misa, cuando llega de visita un cura. Cantan y queman copal, pero en realidad no se sabe a quién le rezan o a qué dios le queman incienso. Se sujetan al ritual que se les exige y como aparentemente no lo resienten, es de suponer que para ellos no existe línea divisoria entre los santos cristianos y los diversos Chacs que se esconden sobre las vigas de sus ranchitos, y la multitud de dioses de la naturaleza que dominan sus vidas. Para ellos el verdadero culto religioso serio llega al clímax una vez al año en las orillas del lago del cráter volcánico Chicabál.

Varias tribus se reúnen aquí cada año. Llevando sus ofrendas vivas se agrupan alrededor de sus propios altares de piedra y ante las cruces de madera. Los observaba a distancia, hombres y mujeres de pie a la orilla del lago, matando los animales del sacrificio y esparciendo la roja sangre caliente sobre las piedras ennegrecidas; el susurro parecía salir desde profundidades desconocidas en el lago-cráter. Consideré por un momento estar presenciando un ritual milenario o si sería un espejismo de mi oscura imaginación.

Cuando nace un niño en San Martín es tratado rudamente y es poco probable que sobrevivan los débiles. Después del ritual de bienvenida se le cubre de una

remarkably like a little Lapp, Eskimo or Red Indian baby. The grown men are said to credit their straight long backs to this infant binding. The girls undergo the same beauty treatment but definitely do not grow to be slim or graceful. At a young age the children are taken to the brujo and submitted to ceremonies of acceptance into the tribe and initiation into the traditions from which they must not deviate. At five the children have their own little chores in house and field, and by the time they are ten a full day's work is expected of them. The girls work with the mother and learn how to weave while very young. By the time they are in their teens they are experienced weavers and will make all their own clothes as well as their husband's shirt and tzut. Only the woman's own skirt is footloomed, and the man's wool cape is now bought elsewhere since the village lost all its sheep and its grazing grounds in 1902. Purple and blues predominate in his brocaded sleeves and the woman's blouse and belt. The man has a large folded tzut on his head hanging down his back to below the knees. The black wool cape, long coat or capixay, is fringed behind and hangs to the ankles, making him look still taller than he is. In front he will usually fold it up and tuck it into his red belt to get it out of the way while working. The sleeves are unseamed, thrown back over the shoulder, crossed on the back and held at the waist with the belt. He therefore has five thicknesses of wool on his back. The brocaded sleeves of his cotton shirt are not covered by the capixay and are his pride and joy. With his height, black cape and red tzut trailing down his back he cuts a very elegant figure.

When a boy reaches his twelfth year his father, without consulting him or considering his preference, chooses a future bride for him from among the eight-year-old girls of the village. He approaches the girl's father and if he seems agreeable to the union there will be several ceremonial visits. The boy's family will call on the girl's three times before being accepted. Over the next several months there will be more visits, presents will be taken and exchanged and the sum to be paid will be settled. The intervals between visits, the exchange of presents, the dress and behaviour during the visits and the drink and food on offer, are dictated by tradition.

pasta hecha de zacate y hierbas molidas, vendándolo todo, con sus brazos contra los costados, con una faja tiesa y burda como la que usan las mujeres. Esta faja mide quince cms. de ancho por dos metros de largo y las cinco o seis vueltas traslapadas alrededor de su cuerpecito lo mantendrán rígido y recto desde los hombros hasta los pies, de manera que se le puede balancear erguido en la palma de la mano. A ese punto tiene una semejanza notable con los niños lapones, esquimales o pielrojas. Se dice que los adultos atribuyen sus largas espaldas rectas a este vendaje en la infancia. Las niñas reciben el mismo tratamiento de belleza, pero definitivamente no llegan a ser esbeltas ni graciosas. A una edad temprana se llevan los niños con el brujo y son sometidos a ceremonias de aceptación e iniciación dentro de la tribu y a tradiciones de las cuales no deben apartarse.

A la edad de cinco años los niños ya tienen sus pequeñas tareas que hacer en la casa y en el campo y al llegar a los diez, se espera que realicen el trabajo de una jornada completa. Las niñas trabajan con la madre y aprenden a tejer siendo aún muy jóvenes, de manera que cuando llegan a la pubertad son tejedoras expertas y harán todas su propia ropa, así como la camisa y el tzut del marido; sólo su propio corte es hecho en telar de pie, y la capa de lana que él usa ahora se compra en otra parte, desde que la aldea perdió todas sus ovejas y sus tierras de pastoreo allá por 1902. El morado y los tonos azules predominan en las mangas brocadas del marido y en el huipil y la faja de la mujer. El hombre lleva un gran tzut doblado sobre la cabeza que le cuelga por la espalda hasta debajo de las rodillas. La capa de lana negra, abrigo largo o capixay lleva flecos atrás y llega hasta los tobillos, lo cual hace que se vea aún más alto de lo que es. Generalmente lo recoge al frente, metiéndolo entre su faja roja, para que no le estorbe mientras trabaja. Las mangas no van cerradas, se echan hacia atrás por encima de los hombros, se cruzan en la espalda y se sostienen en la cintura con la faja. Por consiguiente lleva cinco grosores de lana sobre su espalda. Las mangas brocadas de su camisa de algodón no las cubre con el capixay y son su orgullo. Con su altura, la capa negra y el tzute rojo que le cuelga por la espalda, su figura descolla muy elegante.

Normally there is little or no visiting or social life among the Indians of any tribe, so the protracted marriage arrangements are very noticeable in the village and are given great importance.

When all is settled according to custom, and the time comes for the little bride to be transferred to her new home, she is dressed in new clothes and ribbons and escorted thither by her whole family. She is placed next her future husband and automatically becomes the property of her father-in-law. To seal the pact there will be very heavy drinking for a week or two in this house by the men of both families, and some of the women. The Tinecos as a whole are not heavy drinkers, but on certain occasions such as a new daughter-in-law's arrival tradition demands heavy drinking. At such times the Tineco drinks brutishly and is a disgusting sight. This extreme indulgence at a given time dates from before the Conquest. The early Mediterranean races practised similar periodic orgies to honour their gods and relieve racial tensions. There seems to be a need for this during certain stages of social development.

The boy and girl thus roughly thrown together will live like brother and sister until they mature. Sexual awakening does not come early. There can be no romance or mystery in love-making when a whole family lives in a one room hut and has no inhibitions. The idea behind the girl going to her new home at so young an age is that the two youngsters shall grow up together and become accustomed to one another's ways. The girl will be more readily submissive to her mother-in-law, who herself will be suffering the loss of her own daughters to other households.

There is no further marriage or church ceremony, but when the mating takes place the boy will scratch the girl's face savagely and bite her cheeks. The whole village then knows they are man and wife.

The San Martín tribe is not prolific. There is only a limited number of children born and most die in infancy. The women are only fertile in their teens and early twenties, so all Tinecos are born of young parents, which again makes them different from other tribes. They are on the whole robust and longer-lived than usual, if they survive infancy and early youth. Grey

Cuando el niño llega a la edad de 12 años su padre escoge a su futura esposa entre las niñas de 8 años de la aldea, sin consultar ni tomar en consideración sus preferencias. Busca al padre de la niña y si éste parece estar de acuerdo con la unión, habrá varias visitas ceremoniales. La familia del niño visitará a la de la niña tres veces antes de ser aceptada. Durante los meses siguientes habrá más visitas, se llevarán e intercambiarán regalos y se convendrá en la suma a pagar. La tradición dicta los intérvalos entre visitas, el intercambio de regalos, el vestido y el comportamiento durante las visitas, la bebida y la comida ofrecida. Normalmente hay pocas o ninguna visita ni vida social entre los indígenas de cualquier tribu, de manera que los largos preparativos matrimoniales son muy notorios en la aldea y se les brinda mucha importancia.

Cuando todo está arreglado según la costumbre y llega el momento en San Martín de trasladar a la pequeña novia a su nuevo hogar, se le viste con ropa y cintas nuevas y toda la familia la acompaña. Se le coloca al lado de su futuro marido y automáticamente se convierte en propiedad de su suegro. Para sellar el pacto habrá en esa casa gran consumo de licor durante una o dos semanas, de parte de los hombres de ambas familias y de algunas mujeres. Los tinecos en general no son borrachos, pero cuando la ocasión lo requiere, tal como la llegada de una nueva nuera, la tradición lo exige y entonces el tineco bebe en forma bestial, muy repugnante a la vista. Estos excesos extremos en ciertas fechas se remontan a la preconquista. Las razas mediterráneas antiguas practicaban orgías periódicas similares en honor de sus dioses y para aliviar las tensiones raciales. Durante ciertas etapas del desarrollo social, esto aparentemente es una necesidad.

El niño y la niña reunidos así bruscamente vivirán como hermana y hermano hasta que maduren. El despertar sexual es tardío. Hacer el amor pierde el romance o el misterio cuando toda una familia vive en una choza de una sola pieza, sin inhibiciones. La idea de que la niña vaya a su nuevo hogar a tan temprana edad es para que los dos chicos crezcan juntos y se habitúen el uno a las costumbres del otro. Ella le será más fácilmente sumisa a su suegra, quien a su vez sufrirá la pérdida de sus propias hijas a otros hogares.

hair, so rare among others, is a common enough sight in San Martín, though as the women spend their lives in the smoke of open fires in houses without smoke vents, cooking or clapping out tortillas, their grey hair turns yellow, and we have the unexpected sight of little wizened, old, brown women with golden heads of hair.

The men are beardless, as are all the Maya, except for a few scattered hairs which they do not appreciate. When a Martineco and his wife are in a playful and good mood, she will sometimes pluck these hairs out for him. She will kneel down and sit back on her feet while the man will lie face up with his head on her lap, and then the painful plucking takes place amid jokes and laughter, with the whole performance ending in a romp of love making, face biting and scratching.

Two men from San Martín conversing.
Dos martinecos conversando.

No hay matrimonio ni ceremonia eclesiástica adicional, pero cuando finalmente se realiza el apareamiento, el muchacho araña salvajemente la cara de ella y le muerde las mejillas. Entonces toda la aldea sabrá que son marido y mujer.

La tribu de San Martín no es prolífica. El número de hijos que nace es limitado y la mayoría muere durante su infancia. Las mujeres sólo son fecundas desde los trece hasta pasados los veinte años, así que todos los tinecos nacen de padres jóvenes, cosa que los distingue también de las otras tribus. En promedio son robustos y viven hasta una edad mayor que la usual, siempre que sobrevivan la infancia y primera juventud. El pelo gris, tan raro entre otros indígenas, se ve comúnmente en San Martín, si bien, las mujeres por pasar su vida entre el humo del fuego abierto en casas sin chimenea, cocinando o torteando, su pelo gris se pone amarillo con el humo de la leña y se nos presenta el inesperado cuadro de viejecitas marchitas de piel morena con cabelleras doradas.

Los hombres son lampiños, como todos los mayas, salvo unos pocos pelos que ellos no aprecian. Cuando un martineco y su mujer están de buen humor y juguetones, ella ocasionalmente le arrancará esos pelos. Se pondrá de rodillas sentada sobre sus pies, mientras que el hombre se acostará boca arriba, con la cabeza sobre su regazo. Así se realizará la dolorosa depilación, entre bromas y risa, terminando todo en retozos de amor, mordidas y arañazos en la cara.

Antes de 1902 cuando perdieron sus colmenas en la erupción del Volcán de Santa María, los hombres usaban sombreros muy duros hechos con lana de sus ovejas, afelpada y endurecida con cera de abeja. Al pelearse usaban estos sombreros como arma golpeándose con el canto de las alas, duras como tablas, durante la primera fase de la pelea. Durante la segunda, tiraban los sombreros y luchaban cuerpo a cuerpo, usando los dientes en cara, cuello y cualquier parte no protegida por el grueso capixay de lana. Hoy en día, como ya no hay sombreros, los hombres portan una gruesa vara y con esta se atacan hasta llegar a la fase de las mordidas. Así pues, tenemos a los tinecos usando sus dientes en el amor y en la guerra y aparentemente obtienen satisfacción en ambos casos.

Before 1902 and the loss of their bee hives in the eruption of the volcano Santa María, the men had very hard hats made from their sheep's wool, felted and hardened with bees' wax. When they fought they used the hats as weapons and slashed at each other with the brims, which were as hard as boards, during the first stage of the fight. During the second stage they threw down the hats, wrestled body to body and used their teeth on face and neck or any part not protected by the thick wool capixay. Nowadays as there are no hats, the men carry a thick stick and attack each other with that till the biting stage of the fight is reached. So we have the Tinecos using their teeth in love and war, and seemingly getting satisfaction from both.

On the other hand they are most considerate and formal, not to say fastidious, when they meet each other on the road. At the encounter the person considered to have the lower social standing, whether man or woman, will hold his hand out palm up, and the superior will bring his own palm down on to it and lightly touch it. They will then stand side by side facing opposite directions so as not to breathe into each other's face as they talk. To be really well mannered they will converse in a high falsetto and the conversation may go as follows:

"How do you do? You are here?"
"Yes. I am here."
"It is good you are here."
"Yes, it is good I am here. And you? You are here too?"
"Yes, I am here also."
"It is good you are here also."
"Yes, it is good that I am here."
"And where are you going?"
"I am going to the village."
"Oh, you are going to the village."
"Yes, I am going to the village."
"Good, go to the village."

Every question and answer is repeated several times.

"Well then, look after yourself."
"Well then, look after yourself also."

Then they part on their various ways having made friendly contact, and been much enriched by the simple meeting of two simple, similar individuals wishing each other well, but otherwise inarticulate.

Por el otro lado son sumamente formales y considerados, por no decir meticulosos cuando se encuentran por el camino. La persona que se considera de menor posición social en el encuentro sea hombre o mujer, pondrá sus manos palma arriba, y quien sea superior pondrá las suyas palma abajo sobre aquellas, tocándolas ligeramente. Luego se pondrán uno al lado del otro, viendo en direcciones opuestas, para no respirarse en la cara mientras hablan. Para ser realmente bien educados hablarán en alto falsete y la conversación puede ser la siguiente:

"¿Cómo está?, ¿Está aquí?"
"Sí, aquí estoy."
"Qué bueno que esté aquí."
"Sí, es bueno que esté aquí. ¿Y usted? ¿También está usted aquí?"
"Sí, yo también estoy aquí."
"Qué bueno que usted también esté aquí."
"Sí, es bueno que yo esté aquí."
"¿Y a dónde va?"
"Voy al pueblo."
"Ah, usted va al pueblo."
"Si, voy al pueblo."
"Bueno, va al pueblo."

Todas las preguntas y respuestas se repiten varias veces.

"Bueno, entonces se cuida."
"Bueno, entonces se cuida usted también."

Luego se separan para seguir su camino, después de haber hecho un contacto amistoso, sintiéndose enriquecidos por el sencillo encuentro de dos personas sencillas, similares, que mutuamente se desean el bien, pero que por lo demás son inarticulados.

Si el encuentro es entre dos mujeres, una que va y la otra que viene del manantial, primero se realiza el anterior proceso del saludo con las palmas y luego ya libres, una al lado de la otra, pueden entregarse, en tonos de voz altos y exagerados, a la siguiente conversación:

"¿Viene a buscar agua?"
"Sí, he venido a buscar agua."
"¡Qué bueno que haya venido a buscar agua!"
"¿Y usted, vino a buscar agua?"
"Sí, vine también a buscar agua."
"Bueno, eso es algo muy bueno."

If the meeting is between two women, one going to the spring and the other returning, the same process of palm greeting will be gone through first, and then they are free, standing alongside each other, to indulge in the following conversation in high, dramatic and exaggerated tones of voice:
"You are coming to fetch water?"
"Yes, I have come to fetch water."
"It is a good thing you have come to fetch water."
"Yes, it is a good thing I have come to fetch water."
"And you, you came to fetch water."
"Yes, I have come to fetch water also."
"Well, that is a very good thing."
This is repeated about ten times, and then both are quite satisfied at the personal contact and the companionship of being engaged in the same activity, about which by now neither can entertain a doubt, and they will part saying:
"Well then, go on."
"Well then, you go on also."
If the encounter is between two people of very different social standing, such as between an elder and a young man or an older woman and a young girl, the younger, when their palms meet, will raise the two hands to the forehead while bowing slightly in an act of respect and humility.

Information from José Barrientos

San Martín Sacatepéquez, or Chile Verde as it used to be called, lies on poor, very rocky soil to the west of Quezaltenango and north west of the Santa María volcano. The people are truly rural and live scattered over extensive areas reaching north to other volcanoes, now extinct, and south to the more fertile piedmont where the coffee plantations lie. They have always been dedicated agriculturists and milperos, maize growers, perhaps more so than others. Their one industry is basket making and they provide all the thousands of baskets sold yearly to the plantations at the beginning of the coffee picking season. They are hard-working people, clean and honest, and strong in adversity, but they feel themselves apart from other tribes, except when they worship at the altars on Lake Chicabál and

Esto se repite unas diez veces y luego ambas quedan muy satisfechas por el contacto personal y el compañerismo de ambas por estar dedicadas a la misma actividad, sobre la cual a ninguna de las dos le puede quedar la menor duda y se separarán diciendo:
"Bueno, entonces siga."
"Bueno, entonces siga usted también."
Si el encuentro es entre dos personas de posición social muy distinta, tal como entre un hombre mayor y un joven, o entre una mujer de edad y una muchacha, la persona más joven, al hacer contacto las palmas, alzará las manos hasta la frente mientras se inclina levemente como acto de respeto y humildad.

Datos de José Barrientos

San Martín Sacatepéquez, o Chile Verde, como se le llamaba anteriormente, está situado sobre un suelo muy pobre y rocoso al oeste de Quezaltenango y al noroeste del Volcán de Santa María. La gente es verdaderamente rural y vive esparcida por extensas zonas que al norte llegan hasta otros volcanes, ahora extintos y al sur hasta la boca costa que es más fértil, donde se encuentran las fincas de café. Siempre han sido dedicados milperos y agricultores, quizás más que el promedio. Su principal industria es tejer canastos y ellos proporcionan los miles de canastos que venden anualmente a las fincas al principio de la temporada de corte de café. Son gente muy trabajadora, limpia y honrada, fuertes en la adversidad pero se sienten separados de las otras tribus, salvo cuando van al culto ante los altares del Lago Chicabál y allí se reúnen con gente de otros pueblos. El nexo entre el hombre y la tierra es casi exagerado. Los siglos de esclavitud y de migración forzada nunca rompieron su tradición o su espíritu mientras una vez al año se les permitiera sembrar su pobre tierra y cultivar su milpa. Ningún indígena es hombre completo si no es dueño de tierra y puede sembrar maíz. Sin ella se siente sexualmente incompleto. Toda la raza maya es así, pero en algunos lugares se agudiza más que en otros, como en el caso de San Martín. No hay daño mayor que pueda hacerse a un indígena que quitarle su tierra, pues para él es casi como una castración. Frecuentemente, mientras más pobre es la tierra y más dura la vida

there meet people from other villages. The tie between man and soil is almost exaggerated. The centuries of slavery and enforced migration never broke their tradition or spirit, so long as they were allowed time off once a year to plant their poor bit of earth and raise their maize crop. No Indian is a complete man unless he owns land and can plant maize. He feels himself sexually incomplete if he is landless. This is so throughout the Maya race, but is felt more acutely in some places than others. No greater harm can be done an Indian than to take his land away from him; for him this almost amounts to castration. Often the poorer

13. Todos Santos

que lleva para cultivarla, más apegado se siente a ella. En octubre de 1902 San Martín sufrió la peor catástrofe de su historia. El Volcán de Santa María, colindante con sus linderos orientales, hizo erupción violenta y cubrió su tierra tan pobre y tan amada con más de un metro de arena estéril de piedra pómez. Por mi relato anterior es evidente que yo no dispongo de las facultades para la conversación de un martineco, y no puedo como ellos, dar una descripción articulada de los sucesos y sufrimientos durante esta erupción y de sus consecuencias, insertaré aquí el relato abreviado que me hiciera mi padre, A. H. Gehrke, de lo que sucedió, de lo que vio, y de cómo encontró la aldea desierta de San Martín Chile Verde.

"El 24 de octubre de 1902, viviendo en la ciudad de Guatemala con mi familia, una mañana nos despertó un ruido de explosiones lejanas, unas tras otras que llegaban de la dirección de Quezaltenango, o sea del oeste, a más o menos unos 120 kilómetros a vuelo de pájaro. A mí me pareció como pesado fuego de artillería, pero pronto nos dimos cuenta que debía ser una erupción volcánica.

Quezaltenango, al norte del Volcán de Santa María, había sufrido un severo terremoto en abril, seguido de fuertes y frecuentes temblores durante todo el año. El Dr. Karl Sapper de Tübingen, Alemania, volcanólogo, acababa de llegar a Guatemala para estudiar el fenómeno. En dos días organizamos un pequeño grupo y salimos con la intención de acercarnos lo más posible al volcán. Pudimos llegar a Retalhuleu por tren y desde allí tuvimos que caminar.

Estábamos en tierra baja al sur de Santa María, del lado donde el volcán había abierto un tremendo cráter, a la tercera parte de su altura de la cima para abajo. El ruido era tremendo al estar a sólo 30 kilómetros de distancia y la erupción seguía en pleno. El cielo estaba oscurecido por una capa de arena, consecuentemente la luz era antinatural y espectral. El volcán expulsaba bocanadas enormes de arena pómez y rocas hacia el cielo en una gran columna cerrada, alrededor de la cual ascendía a mayor altura aún una cortina de vapor supercaliente, que se enfriaba en la atmósfera superior y bajaba como una densa masa de agua.

Estábamos ansiosos por llegar a Quezaltenango al otro

the land and the harder the life he has to lead working it, the more devoted he is to it.

In October 1902 San Martín suffered the worst catastrophe of its history. The volcano Santa María, so near them on their east boundary, erupted violently and covered their poor cherished land with over a metre of sterile pumice-stone sand. Since, as is obvious from my previous account of his powers of conversation, I cannot give a Martineco's articulate description of this disaster and what was suffered both during it and afterwards, I shall insert an abbreviated account by my father, A. H. Gehrke, of what happened, what he saw, and how he found the deserted village of San Martín Chile Verde.

"On October 24th 1902, I was living in Guatemala City with my family when we were awakened in the early morning by a noise of distant explosions in quick series coming from the direction of Quezaltenango, or due west, roughly 120 kilometres as the crow flies. It sounded to me like heavy artillery fire, but we soon realized that it must be a volcanic eruption.

Quezaltenango, on the north side of the volcano Santa María, had suffered a severe earthquake in April, followed by frequent heavy quakes through the year. Dr Karl Sapper of Tübingen, Germany, the volcanologist, had just arrived in Guatemala to study the phenomenon and was staying in my house. In two days we organized a small party of men and set out to try and get as near as possible to the volcano. We were able to go to Retalhuleu by train, and from there we had to walk. We were on the lowland south of Santa María, directly facing the side of the mountain which had blown a huge crater a third of the way down from the summit. The noise was deafening as we were only thirty kilometres away from this crater and it was still in full eruption. The sky was dark with a ceiling of sand, and the light was unnatural and eerie. The volcano gushed enormous quantities of pumice sand and rock high into the sky in a great solid column, and round this there rose a curtain of superheated steam which rose higher still, cooled in the upper atmosphere, and came down as a solid sheet of water.

We were all anxious to try and reach Quezaltenango on the other side of the erupting volcano, and I wanted

lado del volcán en erupción y a mi me interesaba llegar hasta un grupo de fincas de café justo a este lado del volcán; pues mi compañía había invertido fuertemente en la cosecha de café en maduración. El Dr. Sapper había llegado para estudiar el volcán. Algunos de nuestros compañeros tenían parientes y amigos o intereses comerciales en la región. El vapor condensado había aumentado el caudal de los ríos ya cubiertos por la piedra pómez flotante y habían arrasado con todos los puentes. Hicimos varios intentos infructuosos para subir y acercarnos pero encontramos que nuestra única posibilidad era volver hacia el este y tratar de dar la vuelta a la montaña por ese lado. Caminamos todo el día, surcando por la arena y entrada la noche cruzamos el río Samalá por un puente que colgaba roto en girones. No podíamos ver el agua que corría bajo la arena pómez, pero sentíamos sus vibraciones no obstante los temblores volcánicos que nunca cesaban.

Durante los últimos días habíamos caminado sobre arena pómez por muchos kilómetros, estábamos desesperadamente sedientos además de agotados pero nuestros sentimientos personales parecían carecer de importancia, comparados con el espectáculo realmente aterrador del inmenso cráter frente a nosotros que arrojaba vapor y relámpagos y sólo Dios sabe qué más, en una columna gigantesca que ascendía vertical al cielo. No podíamos estar a más de seis u ocho kilómetros del borde del cráter que había abierto sobre dos terceras partes del costado del volcán. La noche oscura borraba todo menos esta exhibición del demonio que teníamos enfrente y la sensación de la tierra palpitante bajo nuestros adoloridos pies. La erupción parecía más intensa cada vez. Los relámpagos centellaban persistentes ascendiendo y descendiendo por la columna. Nos recostamos a descansar, pero muy pronto de nuevo estábamos de pie; forzosamente nos dimos cuenta que una segunda erupción entraba en su apogeo. La única forma de describirla es pedir que se imaginen un cañonazo magnificado miles de miles de veces, que sube en forma vertical. Un continuo relampagueo explosivo ascendiendo en forma de columna de treinta kilómetros de altura. El horrendo ruido ahogaba nuestras voces y durante casi una hora permanecimos allí paralizados de horror.

to reach the group of coffee plantations right on this side of the volcano, as my firm had heavy financial investments in the ripening coffee crop. Dr Sapper was there to study the volcano. Some of our companions had relatives and friends or other business interests in the zone. The condensing steam had swollen the rivers, which were already covered in floating pumice, and all the bridges had been carried away. We made several unsuccessful attempts to climb nearer, and found that our only chance was to go eastwards once more and try to round the mountain on that side. We walked all day ploughing through the sand, and late at night we crossed the river Samalá on a bridge hanging in broken strips. We could not see the water far under the floating sand, but we could feel its vibrations over and above that of the incessant volcanic quaking. We had been walking on pumice for many kilometres these last few days, and were now distressedly thirsty as well as exhausted. But our personal feelings seemed as nothing compared with the really terrifying spectacle of that huge crater in front of us spouting steam and lightning, and God knows what else, into a gigantic column rising straight into the air. We can only have been seven or eight kilometres from the rim of the crater. The darkness of the night blocked out everything but the devil's display before us, and the sensation of the heaving earth under our sore feet. The eruption seemed to grow worse and worse. Lightning flashed persistently up and down the column. We lay down to rest, but quickly got to our feet again when it was forced upon us that there was a secondary eruption in full swing. The only way I can describe it is to ask you to imagine a big gun flash going straight up and magnified thousands and thousands of times. A continual flash of explosion rising in a column thirty kilometres high. The hideous noise drowned our voices and we must have just stood and gasped in horror for nearly an hour.

One of our companions suddenly vomited. We all felt peculiar. We had had enough of it. Dr Sapper decided that we were running considerable risk by staying there as by now big stones had begun to fall. He waved us on, and suddenly we were overcome with panic and ran for our lives up the road, trying to get

Uno de nuestros compañeros repentinamente vomitó. Todos nos sentíamos extraños. Ya nos bastaba. El Dr. Sapper decidió que corríamos demasiados riesgos quedándonos allí, pues entre tanto comenzaban a caer grandes piedras. Nos indicó con la mano que debíamos seguir adelante. Repentinamente sobrecogidos por el pánico, echamos a correr cuesta arriba, temiendo por nuestras vidas y tratando de alcanzar y rodear la cresta de la montaña, para alejarnos del lado de la erupción. Debemos haber corrido tropezándonos por varios kilómetros antes de llegar a la aldea de Santa María en el camino a Quezaltenango. No se veía un alma y no había una casa intacta. Caímos agotados de fatiga y temor protegidos por un muro en la aldea desierta.

Teníamos tanta sed que no podíamos hablar y después de un breve descanso, los pocos indígenas que habían venido con nosotros se levantaron para buscar agua en todos los sitios donde suele encontrarse. Buscaron pozos y manantiales, registraron en tinajas y recipientes sin encontrar una sola gota. La arena de pómez lo cubría todo absorbiendo el líquido. Nuestra aflicción era tal que decidimos continuar no obstante nuestro estado, en vez de permanecer en un lugar sin agua. De allí en adelante el camino estaba cortado por profundas zanjas transversales, una tras otra, que en la oscuridad hacían aún más arduo nuestro avance. Cuando alcanzamos la cresta del volcán y estábamos sobre el nivel del cráter, llegamos a la región inmediata pero fuera del núcleo de la erupción, donde la gran columna de vapor se condensaba muy arriba y caía en densas masas de lluvia. Al llegar nosotros ya no llovía, pero había erosionado y cortado las laderas inmisericordemente, dejándolas estrilladas y llenas de aristas sobre las cuales teníamos que trepar. Para nuestra inmensa alegría en el fondo de una de estas ranuras los indígenas se pusieron a cavar, retirando la arena acumulada hasta lograr filtrar unas cuantas tazas de agua. El agua nos permitió luchar otro poco, pero no todos estábamos en condiciones para continuar. El grupo se dividió. El Dr. Sapper y aquellos que todavía podían caminar continuaron, pero yo me quedé con los que ya no podían, estaba demasiado fatigado para dar un paso más. Descansamos hasta el amanecer, cuando fué más fácil buscar el camino y seguir subiendo. En la aldea

over and around the shoulder of the mountain away from its erupting side. We must have run and stumbled several kilometres before we reached the village of Santa María on the road to Quezaltenango. Not a soul in sight and not a house stood intact. We dropped exhausted with fatigue and fear under the shelter of a wall in the deserted village.

We were so thirsty we could not speak, and after a short rest the few Indians who had come with us got up and began to look for water in every likely place. They looked for wells and for springs, or a little left in some jar, but not a drop did they find. The pumice sand covered everything and had sopped it all up. Our distress was such that we decided to struggle on as we were rather than lie in a waterless place.

The road from then on was cut across, again and again, by deep gullies which made our progress in the dark still more laborious. Now that we were coming over the shoulder of the volcano, and were above the level of the crater, we had reached the region on the immediate edge of the heart of the eruption, where the great column of steam had condensed high overhead and had dropped in solid masses of rain. There was none falling now, but the erosion had cut mercilessly into the slopes, leaving them as a series of ridges, over every one of which we had to climb. To our great joy, at the bottom of one of these dips the Indians set to and dug through the accumulated sand, and they were able to filter out a few cupfuls of water.

The water enabled us to struggle on a little further, but we were not all in a condition to continue. The party split. Dr Sapper and those that could still walk continued, but I stayed with those that could not, for I was too tired to move another metre. We rested till dawn, when we were better able to pick our path and continue the ascent. At the deserted village of Almolonga we were met by horses which our friends had sent back for us, so we rode the last few kilometres to Quezaltenango.

We stayed there two days to recover and mend our boots. Then we rode on to come round the other, or west side, of the mountain, on the road to Costa Cuca. After what we had been through on foot this was comparatively easy and uneventful, till we reached

New born infant from San Martín wrapped in a belt.
Recién nacido de San Martín envuelto en faja.

desierta de Almolonga encontramos caballos que nuestros amigos habían enviado, de manera que los últimos pocos kilómetros a Quezaltenango los hicimos a caballo.

Allí nos quedamos dos días para recuperarnos y remendar nuestras botas. Luego a caballo salimos por el otro lado, al occidente de la montaña, camino a la Costa Cuca.

Después de lo que habíamos pasado a pie esto fue relativamente fácil y sin acontecimientos notables, hasta llegar a San Martín Chile Verde, donde la arena nuevamente estaba demasiada profunda lo cual era incómodo

San Martín Chile Verde, where the sand was again too deep for comfort or speed. We camped in the Indian village or what was left of it, and we bought a sheep and killed and cooked it in a sugar boiling vat. The only remaining living inhabitants were those who had stayed to rescue the flocks, but now they had them they did not know what to do with them, as there was no grass or any green thing to feed them on.

The landscape was white with pumice sand. The roofs of the houses had caved in. The trees were stripped of branches. There was the stench of death everywhere. There was no water. The few San Martín Indians in their long black woollen garments and black hats, stood like ghosts above their huddled sheep.

Everything they owned seemed to be entirely destroyed and their lives had come to a standstill. The tribe was almost totally eliminated. Almost all from the village had escaped to the lowlands further south, below the buried coffee plantations and beyond the fall of the heaviest sand. Few ever returned. A terrible epidemic of malaria broke out in the hot lowlands the year after the eruption, and the Indians died by the tens of thousands.

A few found their way back looking for their village and their soil. They tried to reestablish the landmarks and boundaries and rebuild their houses. The flocks of sheep and bee hives were gone. They could not be replaced as there was nothing for the animals or insects to eat in that white desert of pumice. When maize planting time drew near in January, the men dug holes down to the soil, and filled them with green leaves from the sáuco trees which were beginning to sprout from their torn branches. As these leaves rotted down they planted a few grains of maize in the holes, and again added green leaves as mulch. When the rains started in May the maize sprouted strongly, and by November they had their first crop out of individual holes in the white sand."

The Martinecos have multiplied slowly. The village is once more alive though reduced. The new generations continued to plant in the sand and mulch with saúco leaves from the life-saving tree now planted in long lines round each holding.

e impedía avanzar rápidamente. Hicimos campamento en el pueblo indígena, mejor dicho en lo que quedaba de éste, compramos una oveja que destazamos y cocinamos en un perol para hacer azúcar. Los únicos habitantes vivos que había, eran aquellos que se quedaron para rescatar los rebaños, pero una vez salvados no sabían qué hacer con ellos, pues no había pasto ni nada verde con qué alimentarlos.

El paisaje estaba blanco de arena pómez. Los techos de las casas se habían desplomado. Los árboles estaban despojados de sus ramas. La hediondez de la muerte se sentía por doquier. No había agua. Los pocos indígenas de San Martín con sus largas vestimentas de lana negra y sus sombreros negros parecían fantasmas erguidos sobre sus ovejas amontonadas.

Todas sus posesiones aparentemente estaban totalmente destruidas y sus vidas se habían detenido. La tribu había sido casi totalmente aniquilada. Casi todos los del pueblo habían escapado a las tierras bajas, al sur de las fincas de café soterradas, más allá de la intensa lluvia de arena. Fueron pocos los que volvieron. Al año siguiente brotó una terrible epidemia de paludismo en las cálidas tierras bajas y los indígenas murieron por millares.

Unos cuantos regresaron, buscando su aldea y sus tierras, trataron de reestablecer los mojones y linderos y reconstuir sus casas. Los rebaños de ovejas y las colmenas se habían acabado sin poder ser reemplazados, pues no había nada de comer para los animales o los insectos en ese desierto blanco de pómez. Al aproximarse la época de sembrar al maíz en enero, los hombres excavaron hoyos en el suelo llenándolos con hojas verdes de árbol de saúco, cuyas ramas desgarradas comenzaban a retoñar. Al podrirse estas hojas, sembraron algunos granos de maíz en los hoyos y nuevamente agregaron hojas verdes como abono. Al comenzar las lluvias en mayo el maíz brotó con fuerza y para noviembre cosecharon su primer maíz de cada hoyo en la arena blanca."

Los martinecos se han multiplicado paulatinamente. El pueblo si bien es reducido, vive una vez más. Las nuevas generaciones siguen sembrando en la arena, abonándola con hojas de saúco, ese árbol de salvamento que ahora se cultiva en largas hileras rodeando cada parcela.

46
San Martín Chili Verde
Mam

Their mountainous land is very broken and cultivation is possible only in pockets among the rocks. There is not enough soil to feed them, but they also own land in the hotter climate among the coffee plantations which they work well. The man's capixay, the cape, is of home-spun brown wool. The unsewn sleeves are crossed over the back and held down by the belt behind. He is left with fringes on the shoulders. His large tzut is loosely tied round his forehead and falls to below his knees. His shirt and her blouse are so heavily brocaded that their white base is hardly visible. He holds his sheathed machete in his hands. These people join with their neighbouring villages in secret worship on the edge of the deep crater lake on mount Chicabál. No outsider knows what goes on there.

Sus tierras montañosas son muy quebradas y la agricultura sólo se practica en las concavidades entre las rocas. No hay suficiente tierra para cultivar, pero poseen terrenos en clima más cálido, entre las fincas de café, las que trabajan muy bien. El capixay o capa del hombre es de lana café hilada en casa. Las mangas sin coser se cruzan por la espalda y van sujetas atrás por una faja, dejando un reborde sobre los hombros. El tzut es grande, se amarra flojo sobre la frente y cae hacia atrás debajo de las rodillas. La camisa y el huipil que usa ella llevan un brocado tan tupido que casi no se nota el fondo blanco. El tiene el machete envainado en sus manos. Esta gente se reúne con la de las aldeas vecinas en ceremonias secretas a orillas de un profundo lago volcánico en el Monte Chicabál. Nadie sabe lo que allí pasa.

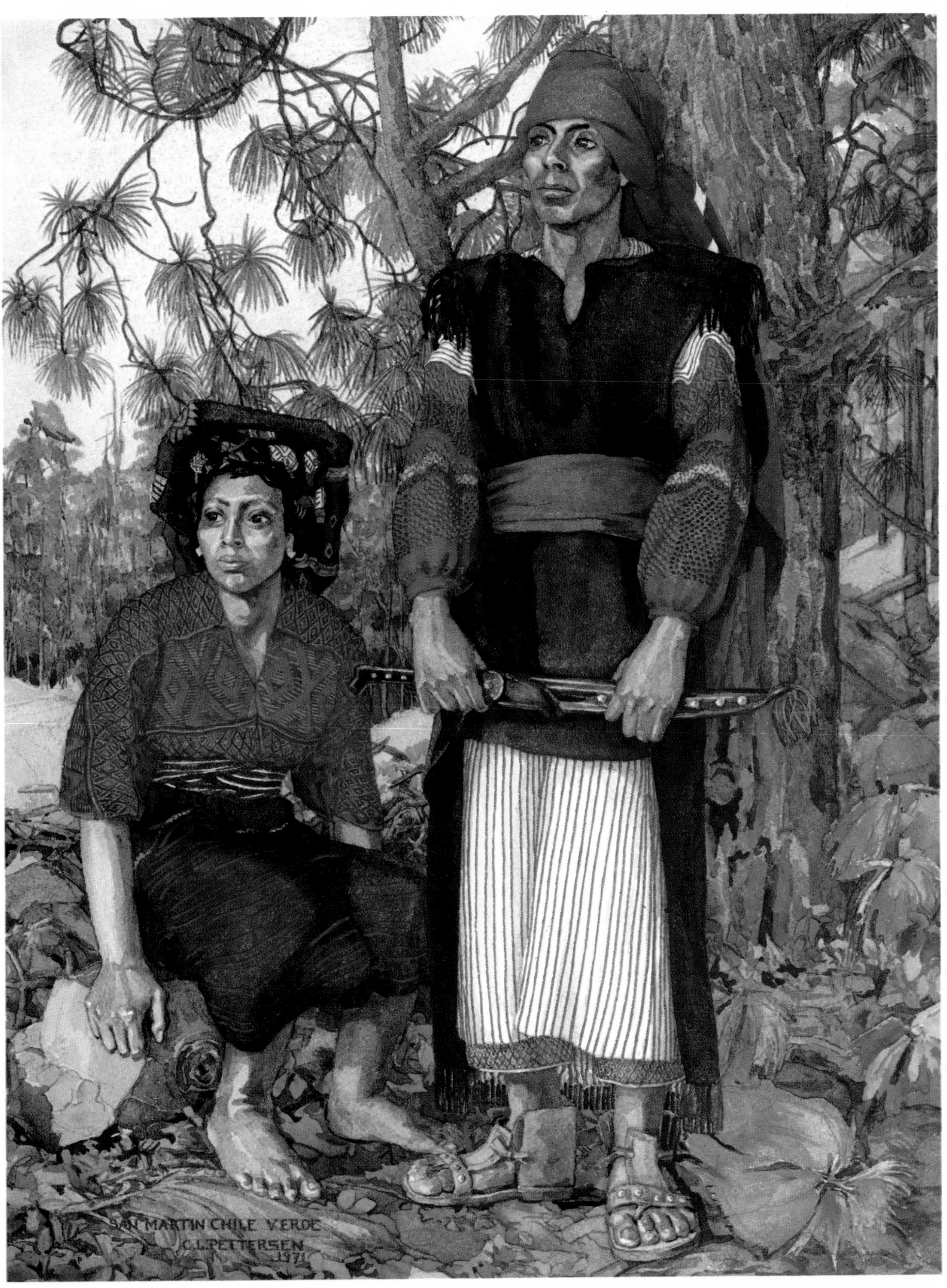
SAN MARTIN CHILE VERDE
C.L.PETTERSEN
1971

47
San Pedro Necta and Santiago Chimaltenango
Mam

These women are not in their own market but have travelled in a group to a distant pueblo. They come from the most mountainous country, where even the river has to disappear underground to reach the further side of the highest peak. The red headband is untidily wound round and knotted in front. The hair hangs loose and uncontrolled. Their sashes are knotted behind with hanging ends like a tail. This is very unusual. The blouse has set-in sleeves and is skimpy in material. The women weave their own indigo skirts which elsewhere is considered man's work. The faces show the old Mayan features. Their villages lie in a closed warm valley surrounded by some of the steepest mountain slopes in all Guatemala – so naturally they are a shy and suspicious people.

Estas mujeres no están en su propio mercado, han viajado en grupo a un pueblo distante. Vienen de la región más montañosa donde aún el río es obligado a desaparecer bajo tierra para alcanzar el otro lado de la cima más alta. La cinta roja de la cabeza es enrollada desordenadamente y anudada al frente. El pelo les cuelga suelto y sin control. Su faja es anudada atrás y sus extremos cuelgan como cola, cosa poco común. El huipil tiene mangas cosidas y lleva poca tela. Las mujeres tejen sus propios cortes color añil, lo que en otros lugares se considera tarea del hombre. Las caras muestran los antiguos rasgos maya. Sus aldeas se asientan en un cálido valle cerrado, rodeado por algunas de las montañas más empinadas de toda Guatemala, lo que naturalmente hace a su gente tímida y desconfiada.

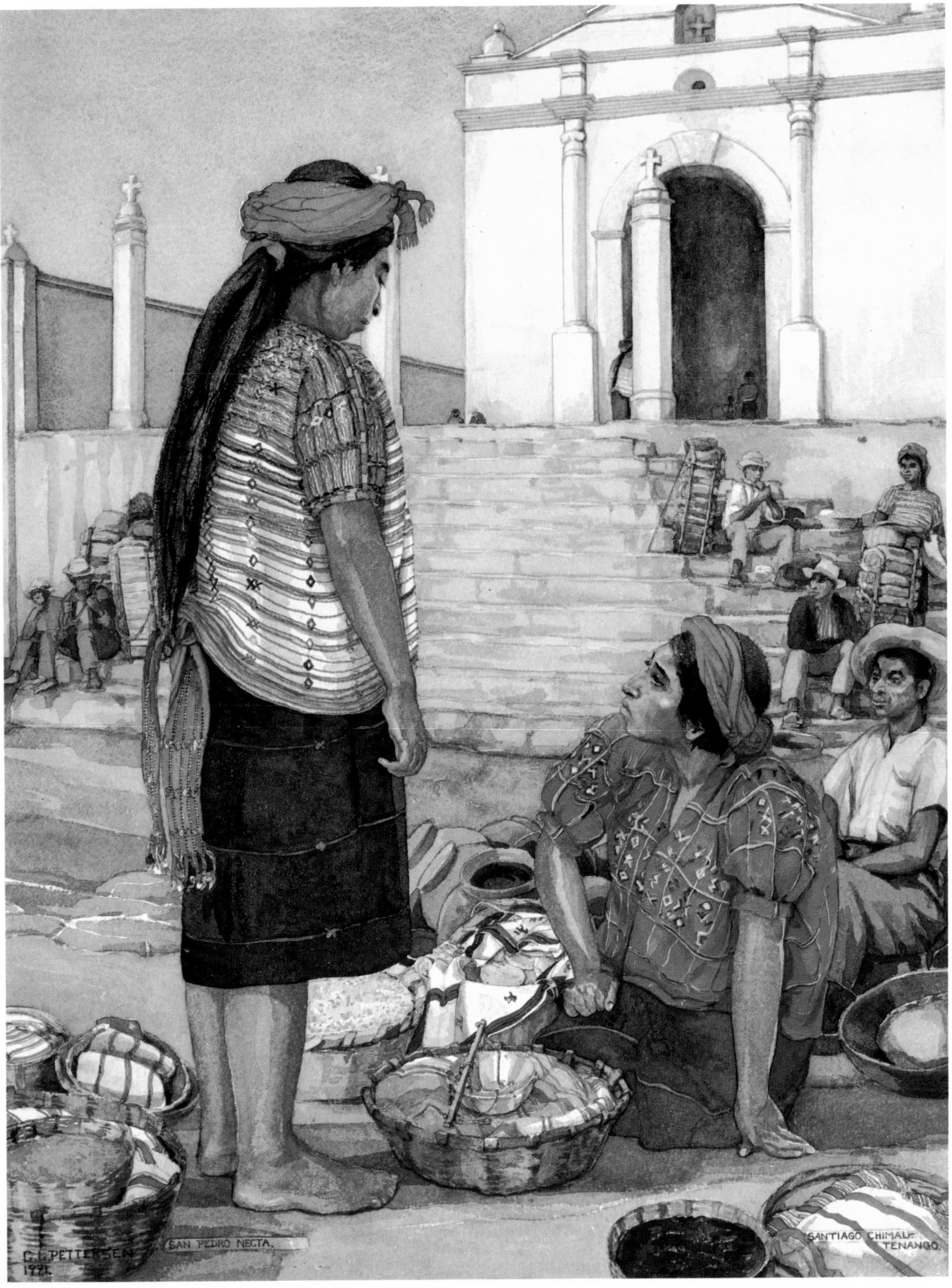

C. I. PETTERSEN
1921
SAN PEDRO NECTA.
SANTIAGO CHIMAL-
TENANGO.

San Martín Chile Verde

48
San Pedro Sacatepéquez (San Marcos)
Mam

In 1543 the King of Spain gave the headmen of this pueblo special privileges in recognition of the help given during the Conquest. Again in 1876 the pueblo was honoured, this time by the President of Guatemala, J. Rufino Barrios, who raised the people from the supposedly lower status of Indian to that of 'ladino'. However all this has not made much difference to them as they still weave and wear their fine silk costume, and live as they have always lived. The skirt is pure silk and so thin that the woman wears a second under it. Her blouse of silk on cotton is of a close and intricate weave and even her basket cloth is tapestried in silk. Her whole family was converted to Protestantism by American missionaries when they cured her father from drink. They learnt to read (not write), and her mother was given steel spectacles and quotes whole passages from the Bible.

En 1543 el Rey de España otorgó a los principales de este pueblo privilegios especiales en reconocimiento a la ayuda que de ellos recibiera durante la conquista. En 1876 fue honrada nuevamente la gente del pueblo, esta vez por Justo Rufino Barrios, Presidente de Guatemala, quien la elevó de su estado de indígenas considerado inferior, al estado de ladinos. Sin embargo, esto no hizo mayor diferencia, ya que las mujeres siguen tejiendo y vistiendo su bello traje de seda y viven como han vivido siempre.

El corte es de seda pura y tan delgado que se usa otro debajo. Su huipil de seda sobre algodón es de tejido compacto y complicado y hasta la servilleta del canasto es de tapicería de seda. Toda la familia de la muchacha fue convertida al protestantismo por misioneros americanos, al curar a su padre del alcoholismo. Aprendieron a leer (no a escribir) y a su madre le proporcionaron gafas de aro de metal y puede citar pasajes completos de la biblia.

SAN PEDRO SAC. S.M.
C.L.PETTERSEN.
1973.

49
San Ildefonso Ixtahuacán
Mam

San Ildefonso and San Rafael were both outlying villages of Colotenango until 1890 when they became pueblos in their own right. The skirts are very similar, almost identical, and only the blouses have changed. They unite as always in the secret rites of Colotenango, and in the very elaborate and unique Holy Week processions and violent activities enacted by volunteers. How the man acting Judas does not get his neck broken from what he undergoes is difficult to understand. I suspect it does happen and the truth is hushed up.

Hasta 1890, cuando se convirtieron en pueblos por derecho propio ambas, San Ildefonso y San Rafael eran aldeas aledañas a Colotenango. Los cortes son muy similares, casi idénticos, y solo los huipiles han cambiado. Como lo han hecho siempre, estos pueblos toman parte en los ritos secretos de Colotenango, y en la procesión más complicada y singular de Semana Santa con sus violentas actividades representadas por voluntarios. Es difícil comprender cómo no se quiebra la nuca el hombre que hace el papel de Judas con todo lo que se le maltrata. Sospecho que sí se da el caso y se oculta la verdad.

SAN
ILDEFONSO
G.L.PETTERSEN
1971

50
San Rafael Petzal
Mam

Petzal means 'The Heavy Tortoise', but no one remembers or wants to tell how the pueblo got its name.
The three pueblos, Colotenango, San Ildefonso and San Rafael use the same skirt with very slight differences, and they were once from the same community. It is a wound skirt with horizontal lines mostly in red and yellow, but the unusual feature is the embroidered vertical panels in either silk or cotton made up from tiny bright birds and flowers. The more embroidery added after the weaving, the more valuable the skirt, and the best of all is the wedding skirt. The woman shown here, in spite of the richness of her clothes and heavy silver necklace made from huge 'pieces of eight', is a bitter, unhappy soul. Widowed, her son and his wife are trying to throw her out of her own house. The neighbours and the pueblo's own authorities would help her, but she is obviously bad-tempered and unpopular, and probably deserves what she gets. On the whole the young people are considerate and respectful, and a daughter-in-law will be more dutiful than a daughter.

Petzal significa 'la tortuga pesada' pero nadie recuerda ni desea relatar cómo obtuvo el pueblo su nombre.
Los tres pueblos, Colotenango, San Ildefonso y San Rafael, usan el mismo huipil con muy pequeñas diferencias, y en un tiempo pertenecieron a la misma comunidad. El corte va envuelto y tiene líneas horizontales sobretodo en rojo y amarillo, pero su especial característica es el lienzo vertical bordado ya sea en seda o en algodón, compuesto de pequeñísimas flores y pájaros. Mientras más bordado se agrega después de tejido, tanto más valioso es el corte, y el mejor de todos es el corte para las bodas. La mujer que se ve aquí, a pesar de la riqueza de su ropa y su pesado collar de plata hecho con grandes monedas de ocho reales, es un alma amargada y desdichada. Siendo viuda, su hijo y nuera están tratando de sacarla de su propia casa. Los vecinos y las autoridades del pueblo mismo la ayudarían, pero obviamente ella tiene mal genio y no es popular, y probablemente se lo merece. En términos generales los jóvenes son considerados y respetuosos y una nuera será más obediente que una hija.

SAN RAFAEL PETZAL
C.L. PETTERSEN.
1970.

San Martín Chile Verde

51

San Juan Atitán

Mam

The name of the man's black coat, 'capixay', is derived from the Spanish capa or cape. The sleeves are very narrow and not meant to be used but thrown back over the shoulders. The long collar and cuffs are also only for show, they were woven by his bride-to-be. If a girl cannot weave as well as this when she is being courted she will be rejected by her young man. His sandals, made of deerskin doubled on the protective heel, are exact duplicates of those on the old stone carvings. The morral bag is made of cotton string and knotted by the man. The little girl holds a wooden doll roughly carved by her father's machete. She is dressed like her mother with her ankle-length tunic doubled up and tucked in behind. The territory where they live is steep and broken with its highest peak at 3,500 metres. Much of it is sinking and collapsing and so endangering this village of 4,400 inhabitants, all of whom may have to move and resettle elsewhere.

El nombre del saco negro del hombre, 'capixay', se deriva de la palabra española capa. Las mangas son muy estrechas y se supone que no se usan, sino se echan sobre los hombros hacia atrás. El largo cuello y los puños también son sólo para lucir, y fueron tejidos por su novia formal. Si cuando le hace la corte una jóven no sabe tejer así de bien, el muchacho la rechaza. Las sandalias que él lleva con la piel de venado doblada como talón protector son duplicado exacto de las que se ven en las antiguas tallas en piedra. El morral es de pita de algodón anudada y lo hace el hombre. La niña tiene una muñeca de madera que su padre ha tallado toscamente con el machete. Va vestida como su madre con la túnica que le llega hasta los tobillos y recogida atrás. La región donde viven es pendiente y accidentada y su cima más alta alcanza los 3.500 metros. Gran parte del territorio que ocupan se está hundiendo y desmoronando, poniendo en peligro esta aldea de 4.400 habitantes, quienes quizás tengan que desalojar y asentarse en otro sitio.

SAN JUAN ATITAN
C.L.PETTERSEN
1971

52
San Juan Atitán
Mam

Because of the rough mountainous terrain this woman wears the same heavy sandals as her husband. Her tunic blouse is a left-over of the original single garment worn by the ancient Maya, as are several of the Mam Indian clothes of Huehuetenango. She wears a dark skirt and does not need to let the tunic hang to the ankles, so she doubles it up and tucks it in behind forming a kind of bustle. The tzut on her head is the same as the man's, both heavy and tapestried. The boy is dressed in bits left over from Daddy's old shirt, but the wool kilt round his legs is used only for boys before they learn to be clean. He is being offered a tortilla, his basic food. Children are well loved and cared for and family feeling is very strong.

Debido al escabroso terreno montañoso, esta mujer usa las mismas pesadas sandalias que su hombre. Su huipil-túnica, al igual que varios trajes de los indígenas mam de Huehuetenango, es vestigio del vestido original único usado por los mayas antiguos. Ella lleva un corte oscuro, no necesita que su túnica le cuelgue hasta los tobillos, por lo que la dobla y la recoge atrás, formando una especie de polisón. El tzut de la cabeza es igual al del hombre, ambos de pesado damasco. El niño está vestido de retazos de una camisa vieja del padre, pero el ponchito de lana alrededor de las piernas sólo lo usan los niños antes de aprender a ser limpios. Le están ofreciendo una tortilla, su alimento básico. Los niños son muy queridos y bien cuidados, el sentimiento familiar es cálido.

SAN JUAN ATITAN.
C.L.PETTERSEN.
1970.

53
Todos Santos Cuchumatán
Mam

The man's clothes are probably the most spectacular in the country. The very fancy cotton trousers have slit black wool second trousers over part of them and down the back. There is a third hanging flap in the centre back which is brought forward between the legs to form the breech-cloth, and buttoned in front with either four or six big buttons. The fancy sash, collar and the tzut under the hat might make him appear a dandy, were it not for the determined expression on his face and his hard-worked hands. The carrying bag he has knitted himself. The lower border of his wool coat has the sacred sign of the corn woven into it. Both man and woman wear hats with shallow crowns. The silly collar she wears over her blouse ruins the appearance of the fine weaving of the rest. Both wear sandals of heavy leather high up the back of the heel to give protection in this rough terrain. They are a taller tribe than most, sturdy and hard-working mountain people living in the foothills of the Cuchumatanes. Each jagged peak round their lovely town has an altar to a different god on its summit.

La ropa del hombre es probablemente la más espectacular del país. Los caprichosos pantalones de algodón llevan encima otros rajados, de lana negra, que cubren parte de los primeros y la parte de atrás. Llevan un lienzo que pasa por entre las piernas de atrás hacia adelante para formar un taparrabo abotonado al frente con cuatro o seis botones grandes. La faja de fantasía, el cuello y el tzut debajo del sombrero le dan apariencia de ser un dandy, si no fuera por la expresión decidida de su cara y por sus manos endurecidas por el trabajo. El morral lo teje él mismo. El borde inferior de su saco de lana lleva en el tejido el signo sagrado del maíz. Tanto el hombre como la mujer usan sombreros de copa plana. El cuello sin gracia que ella usa sobre el huipil arruina la apariencia del resto del bello tejido. Ambos usan sandalias de cuero pesado de talonera alta que les da protección en este terreno escabroso. Pertenecen a una tribu más esbelta que la mayoría, son fornidos trabajadores montañeses que viven en las faldas de los Cuchumatanes. Cada cima escarpada al rededor de su bello pueblo tiene un altar en la cumbre en honor de un dios diferente.

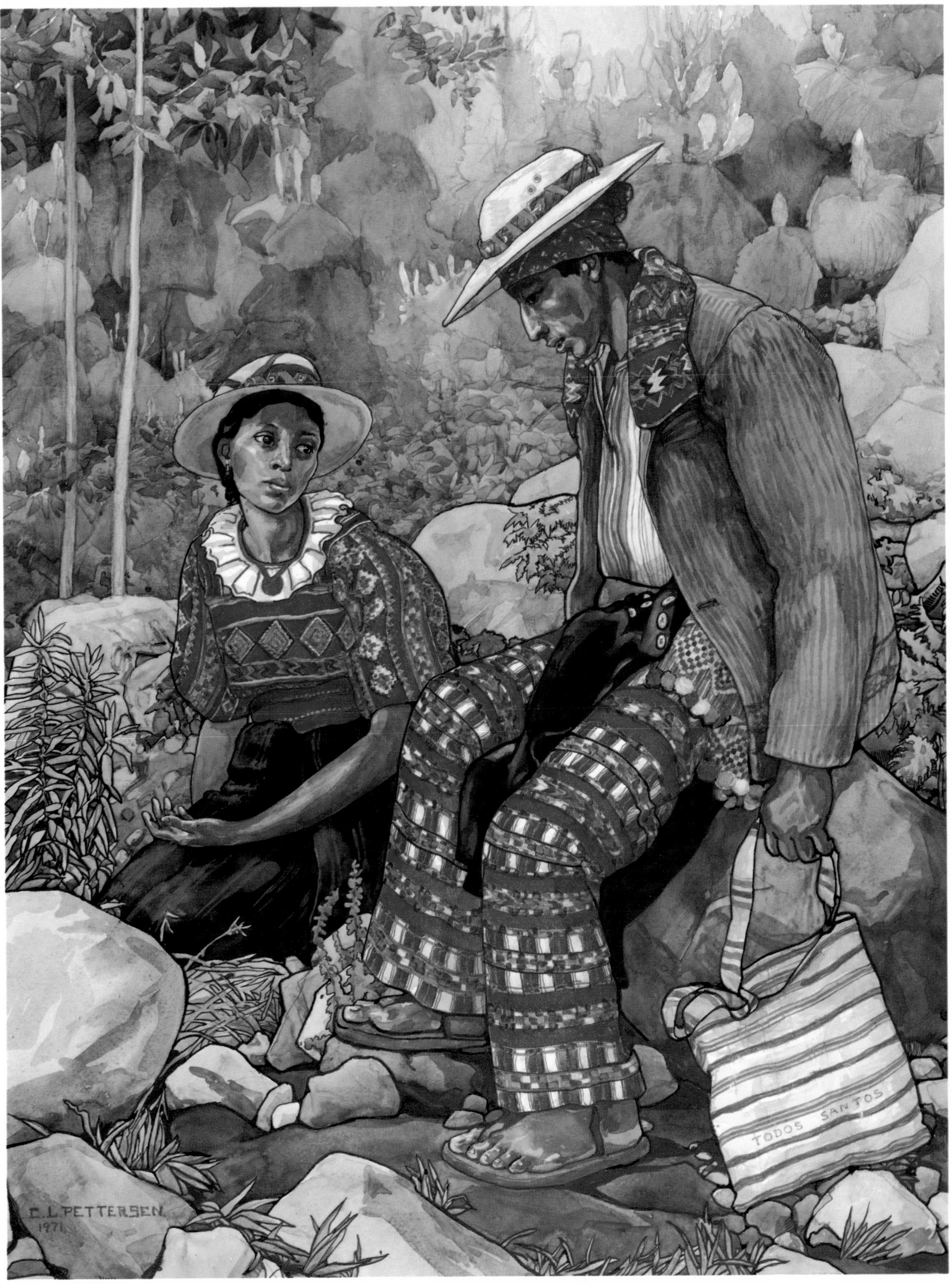
TODOS SANTOS
C.L.PETTERSEN
1971

54
San Sebastián Huehuetenango
Mam

The pueblo of Yaj Joj lay in a deep fertile valley between the Santa Bárbara Mountains and the mighty Cuchumatanes. At the end of the last century the river Selegua, in flood, destroyed the pueblo, and the survivors moved to higher ground up a small valley on the flank of the mountain, and changed the name to San Sebastián. The majority of the people scattered at the change and now live on their own patches of good soil up many individual valleys and 'mesetas'. Besides working their food crops they fell timber, and mine lead, and lime, which is always in demand for the maize boiling.
The man wears a soft white wool jacket and wool scarf round his hips. His cotton trousers are pulled up high into his crotch. The old woman wears wool daily, but with a cotton skirt. She and the girls use wool for night wear. The red wool hair band is twenty-five metres long and is wound round the head with a turn in front to form a peak. They have no special basket covers.

El pueblo Yaj Joj se encontraba en un profundo valle fértil entre las montañas de Santa Bárbara y los imponentes Cuchumatanes. A fines del siglo pasado, el Río Selegua en una crecida destruyó este pueblo y los sobrevivientes se trasladaron a tierras más altas en un pequeño valle al costado de la montaña, cambiando su nombre por el de San Sebastián. La mayoría de la gente se dispersó con el cambio y ahora vive en parcelas propias de buenos suelos, en altos valles y mesetas. Aparte de cultivar sus cosechas alimenticias, talan árboles y explotan plomo y cal, esta última siempre en demanda para el cocimiento del maíz.
El hombre lleva un saco de lana blanca suave y rodillera de lana alrededor de las caderas. Sus pantalones de algodón los lleva arremangados entre las piernas. La mujer anciana usa ropa de lana a diario, pero sobre un corte de algodón. Ella y las niñas usan ropa de lana para dormir. La cinta de lana roja tiene 25 metros de largo y se enrolla en la cabeza dándole vuelta al frente para formar un pico. No tienen servilletas especiales para los canastos.

SEBASTIAN
HUEHUETENANGO
C.L. PETTERSEN
1971

San Martín Chile Verde

55
San Mateo Ixtatán
Chuj

The Chuj tribe, living to the far north-west over the great hump of the Cuchumatanes, spreads from slopes at 2,600 metres altitude down to 300 metres on the Mexican border. The dominating peak, called Bobi, overlooks a wide scene of savage beauty of jagged mountains composed of limestone, lead and copper mixed with volcanic rock tumbling chaotically. Among this confusion four clear salt-water springs gush to the surface. The Chuj settled here and have worked the salt since time immemorial. It has made human life possible in this remote area, and they have thrived in a restricted way, covering it with small scattered villages.
The woman's blouse is of four thicknesses of cotton, and the embroidery sewn with a bone needle.

La tribu chuj habita el lejano noroeste, del otro lado de la gran serranía de los Cuchumatanes, y se extiende desde pendientes de 2.600 metros de altura hasta unos 300 metros hacia la frontera con México. La cima dominante, llamada Bobi, contempla un amplio paisaje de belleza salvaje, montañas escarpadas compuestas de piedra caliza, plomo y cobre mezclados con roca volcánica que se precipitan caóticamente. Entre esta confusión brotan a la superficie cuatro claros manantiales de agua salada. Los chuj se asentaron aquí y desde tiempo inmemorial trabajan la sal, lo que les ha hecho posible la vida en esta remota región en donde han prosperado en forma restringida, cubriéndola con pequeñas aldeas dispersas.
El huipil de la mujer es de cuatro capas de algodón y el bordado se hace con una aguja de hueso.

SAN MATEO IXTATAN
C.D. PETTERSEN.
1972.

XVII

Cobán and Senahú
Cobán y Senahú

Victoriana at Home

My name is Victoriana and I am a student at the National Institute of Indians in Antigua, and found, as I arrived home to Cobán on vacation that my mother was about to have her eighth child. My father ran out of our little house to call the midwife, and then disappeared again with the younger children, boys of fourteen and eight, and a girl, Luisa of four. I stayed to help as I am eighteen years old. There should have been more of us at home but three had died, including the last baby, so we were really looking forward to this new one.
The midwife, Ilonel in our tongue, arrived. The first thing she did was to pray at our altar and ask God's help in delivering this baby. She burnt *pom* and lit candles, and then sent me to kill a turkey hen and make a good soup of it with vegetables. My father had already left four bottles of boj, our local rum.
The Ilonel lit a fire near my mother's feet. As soon as the baby was born she made the sign of the cross over it with one of the candles from the altar, then she wrapped it up well and handed it to my mother, who kissed and blessed it. Together the two women prayed: "God of the sky and all nature, you have sent us this child. You made him and you sent him, and now do not abandon him. Protect him from illness and dangers. Make him a strong man and able to work well with his hoe and machete, for that is his destiny. We recommend him also to the *nahual* of this place, and the nagual of the earth, for this is where he will pass his life working."
My mother kept to her bed for several days during which time all our family and friends came to see her. Those that could brought little presents for her or the baby, although many could not bring much. They are very poor on this plantation, so they only brought some *atole* in a jar, or an egg. We gave everyone a little drink of boj and thanked them for their good wishes. Father had to buy more boj, but he did not mind as he was pleased with his new son. Mother did not eat much of my nourishing turkey soup, but kept going on boj and tortillas which seemed to put strength into her.

Victoriana en Casa

Mi nombre es Victoriana y soy estudiante del Instituto Indígena Nacional en Antigua. Cuando regresé a mi casa en Cobán para las vacaciones, me encontré con que mi madre estaba por dar a luz a su octavo hijo. Mi padre salió corriendo de nuestra casita para llamar a la comadrona y luego volvió a desaparecer con los niños más pequeños, varones de catorce y ocho y una niña, Luisa, de cuatro años. Yo me quedé para ayudar, pues tengo dieciocho años. Debiéramos ser más en casa, pero murieron tres, incluyendo el último niño, por lo que a éste nuevo lo esperábamos con ilusión.
La comadrona, ilonel, en nuestra lengua, llegó. Lo primero que hizo fue rezar ante nuestro altar y pedir la ayuda de Dios para traer este niño al mundo. Quemó pom y encendió candelas y luego me mandó a matar una chompipa para hacer un buen caldo con verduras. Mi papá ya había dejado cuatro botellas de boj.
La ilonel encendió un fuego cerca de los pies de mi madre. Tan pronto nació el niño, hizo la señal de la cruz sobre él con una de las candelas encendidas del altar y luego, bien envuelto, se lo entregó a mi madre quien lo besó y bendijo y juntas las dos mujeres rezaron: "Dios del cielo y de toda la naturaleza, me has enviado este niño. Tú lo hiciste y enviaste, no lo abandones ahora. Protégelo de las enfermedades y del peligro. Hazlo un hombre fuerte y capaz de trabajar bien con su azadón y machete, porque ése es su destino. También se lo encomendamos al nahual de este lugar y al nahual de la tierra, porque aquí es donde pasará su vida trabajando."
Mi madre guardó cama varios días, durante los cuales toda nuestra familia y nuestros amigos llegaron a verla, y los que podían traían regalitos a ella o al niño, pero muchos no podían llevar gran cosa. Son muy pobres en esta finca, así que sólo podían traer un poco de atole en un batidor o un huevo. A todos les dimos un trago de boj y les dimos las gracias por sus buenos deseos. Mi padre tuvo que comprar más boj, pero no le importó, ya que estaba complacido con su nuevo hijo. Mamá no comió mucho de mi caldo de chompipa, se mantuvo con boj y tortillas, que parecían infundirle fuerzas.

One of the visitors must have given the baby the evil eye, perhaps from envy, because one day he would not nurse and cried a lot. My father called the Ilonel again and she knew just what to do to counteract the evil eye. She took the baby and undressed him. Then she passed him naked over our grindstone nine times, while she covered him, front and back, with the sign of the cross rubbed on with garlic. Under the bed she put a basin filled with *jiquilite,* blue dye, a chile and an egg. This cure is called *acuas* and works very well when you cannot get a doctor. The baby sucked vigorously after it and we were all happy again.

My brother Juan works alongside my father in the field. Sometimes they take Pedro with them as he already knows how to sharpen machetes. He takes their lunch out every day and brings back a bundle of sticks for the fire, as much as he can carry at eight years old, and he is not very big. Luisa stays at home with us. She sits by my mother when she is weaving the fine white blouse of our town, and though Luisa is only four you can see she watches. It will not be many years before she too will weave on her own little loom. I like weaving and when I am at home I weave many hours a day, and afterwards I sell the blouse in town for good money. My father does not take any of it; I can keep it all.

His very much younger sister lived with us for a number of years when her parents died. She was a great help to my mother when we were all small. This is how she left us. One day a young man called José, who lived at the other end of the village, arrived at our door with a load of firewood. He was angrily sent away by my parents. Twice more he came with several days in between, and on the third try they accepted the load, invited him to sit in the guest chair in the kitchen, and gave him some coffee. Three weeks later his parents called a *camolb'e,* an old woman, to act as intermediary. She arranged a visit to our house, and at the appointed day and hour José and his parents arrived with her, carrying presents of boj, chocolate, bread, and cigarettes. This was repeated three times over several months, always with the camolb'e. José and María exchanged rosaries and the day of the wedding was settled for two months later.

Alguno de todos los visitantes le debe haber hecho "mal ojo" al niño, quizás por envidia, porque un día no quiso mamar y lloró mucho. Mi padre volvió a llamar a la ilonel quien sabía exactamente lo que se debe hacer para contrarrestar el mal de ojo. Tomó al niño y lo desvistió, lo pasó desnudo por encima del metate nueve veces, mientras lo cubría por el frente y por detrás con la señal de la cruz frotándolo con ajo. Bajo la cama puso una palangana llena de jiquilite, un colorante azul, un chile y un huevo. Esta curación se llama *acuas* y funciona muy bien si no se puede conseguir un médico. Después el niño volvió a mamar vigorosamente y todos estábamos nuevamente muy contentos.

Mi hermano Juan trabaja en el campo con mi padre y a veces se llevan a Pedro, porque ya sabe afilar machetes. Les lleva el almuerzo diariamente y al regreso trae un atado de palitos para el fuego – que es lo que puede cargar con sus ocho años sin ser muy grande. Luisa se queda en casa con nosotros y se sienta al lado de mi madre cuando ésta teje el fino huipil blanco de nuestro pueblo y aunque Luisa sólo tiene cuatro años, se puede ver como observa y no pasarán muchos años antes que también ella teja en su propio telarcito. A mí me gusta tejer y cuando estoy en casa tejo muchas horas al día y después vendo el huipil en el pueblo a buen precio. Mi padre nada me quita y me deja todo lo que gano.

Después de muertos mis abuelos, la hermana mucho menor de mi padre vivió muchos años con nosotros y fue de gran ayuda para mi madre cuando todos estábamos pequeños. Un día nos dejó y fue así: Una vez llegó a la puerta con una carga de leña un joven llamado José, quien vivía al otro extremo de la aldea. Mis padres con enojo le dijeron que se fuera. Vino dos veces más con intervalos de varios días y al tercer día le aceptaron la carga y lo invitaron a ocupar la silla de los huéspedes en la cocina, sirviéndole café. Tres semanas después sus padres enviaron a la *camolb'e,* una anciana, para que actuara como intermediaria. Hizo los arreglos de una visita a nuestra casa y el día y hora indicados José y sus padres llegaron con ella, llevando regalos de boj, chocolate, pan y cigarrillos. Esto se repitió tres veces durante varios meses. José y María intercambiaron

First they had to be married by the civil authorities in town, but this meant nothing to them and is only done to comply with the law. Then on a certain bright morning we got up extra early and dressed in our best. The bride wore a fine new blouse so thin that it might have been made of cobwebs, which my mother had woven for her, a full new jaspé skirt, a new veil over her head, and a silver chain which José had given her round her neck. We marched in double file to José's home. The llonel led the way, and was followed by many of our relatives. Then came the bride, and then I, with a big basket on my head full of María's clothes and possessions, followed by four more young girls with baskets, full of boj, bread and *chun,* and one with the pots, and pans María would need. Then my father and mother with the children behind them.

José's family and relatives and friends waited for us. We had a happy time crowded into the house no bigger than our own, but the children and many of the young people stayed outside. José and María were sat down close to each other in a special place, and served boj and food in only one cup and off one plate, and they ate from one tortilla. This meant that they were now the same person, not two, and that they, being one, would always help each other.

It was not till late at night that we returned home leaving María behind in her new home. She now belongs to her husband's family and not to us any more, and she will have to obey José's mother and work with her and for her.

This will not happen to me, as I am at school in Antigua learning all I can at the Instituto Indigenista. I go home every vacation and it is wonderful to be back with my family, but it is sad too, as I do not yet know how I will be able to help them.

My village has many customs all its own. Maize planting is so important for us that we are careful to follow all the old customs to ensure that we get the best we can on our poor land. The first thing we must do is take offerings to the hills and fields prepared for planting. We take boj to drink, pom to burn, candles, skyrockets to attract the good gods with their noise, and musicians to play the harp and beat the drum. That day we kill a pig and a turkey and a hen, if we have them, and take

rosarios y el día de la boda se fijó para dos meses más tarde.

Las autoridades civiles del pueblo debían casarlos pero ésto nada significaba para ellos y se hace sólo por cumplir con la ley. Luego, cierta mañana luminosa nos levantamos especialmente temprano y nos vestimos con ropa de gala, la novia en un bello y fino huipil tejido para ella por mi madre, tan delgado que hubiera podido ser elaborado con telas de araña, llevaba una amplia falda nueva, de corte jaspeado, un velo nuevo en la cabeza y una cadena de plata en el cuello, regalo de José y nos fuimos a su casa en doble fila. La camolb'e iba adelante, seguida por muchos de nuestros parientes, luego venía la novia y después yo, con un gran canasto en la cabeza lleno de la ropa y las cosas de María, seguida por cuatro jovencitas más con canastos llenos de boj, pan y *chun* y uno cargado con ollas, sartenes y platos que necesitaría María. Después venían mis padres, seguidos por los niños.

La familia y los parientes de José nos esperaban. Estuvimos muy contentos apiñados en la casa que no era más grande que la nuestra pero los niños y muchos de los jóvenes se quedaron afuera. A José y María se les sentó uno junto al otro en un lugar especial y se les sirvió boj en una sola taza y comida en un solo plato y comieron con una sola tortilla. Esto significa que desde ese momento son una sola persona y no dos, y que, siendo una se ayudarán siempre el uno al otro.

No fue sino hasta por la noche ya tarde que regresamos a casa, dejando a María en su nuevo hogar. Ahora ella pertenece a la familia de su marido y ya no a la nuestra y tendrá que obedecer a la madre de José, trabajando con ella y para ella.

Esto no me sucederá a mí, ya que estoy en la escuela en la Antigua, aprendiendo todo lo que puedo en el Instituto Indigenista. Todas las vacaciones voy a casa y es maravilloso estar de vuelta con mi familia, pero triste porque todavía no sé como podré ayudarles.

Mi aldea tiene muchas costumbres muy propias. La siembra del maíz es tan importante para nosotros que tenemos cuidado de seguir todas las antiguas costumbres que propician el mejor rendimiento posible de nuestras pobres tierras. Lo primero que se debe hacer

the fat of these animals and rub it into the maize seed for the next day's planting, so that it will be fresh and rich. We sit up all night praying over the seed, again with the harp and the drum and with boj. At dawn everyone must eat very well and feel full as this way the maize will grow big full cobs. We eat the slaughtered animals along with the boj and chocolate. If a visitor calls it is a good omen and he must be fed too. That day we start planting the maize.

We have great respect for elderly people especially those who have, during their lives, served the community in the confraternities in any capacity. Also we believe that if anyone has lived many years, he will have gained much knowledge and experience, and therefore deserves respect from us younger ones. It would be thought an impertinence if a young person were immediately to sit on a chair just vacated by an older person.

Our family is very poor, like most of our neighbours in the plantations round Cobán in the Alta Verapaz. My father works as a peon, labourer, on a coffee plantation and hardly earns anything at all. He has his own land to grow corn and time off to work it, but it is poor land and a lot of work goes into it with very little result.

As the Alta Verapaz was so remote until the recent road from the city was built and opened, we do not as yet have many schools or doctors, and wages are very low. A boy on a plantation has to stark working when he is still very young in order to earn at least some of his keep. He never goes to school and may not see a doctor in all his life. It is the small landowners who are the hardest employers. They themselves grew up under the same hard conditions and take it as natural that an Indian boy, who after all is nothing but a c'alebal, should consider himself lucky to be given work at a few cents a day, and if he falls ill and cannot work he had better get out and let another take his place.

The road is already bringing changes, and I am one of the many teachers now training in Antigua and Guatemala who will go back to the Alta Verapaz to help the children of my people.

Victoriana Sam Mantanic, Instituto Indigena

es llevar ofrendas a las montañas y a los campos preparados para la siembra. Se lleva boj para beber, pom para quemar, candelas y cohetes para atraer con su estruendo a los benévolos dioses y músicos para tocar el arpa y el tun. Ese día matamos un cerdo, un chunto y una gallina si los tenemos, se quita la grasa de estos animales y se frota en la semilla del maíz que ha de sembrarse al siguiente día, así estará fresca y vital. Velamos toda la noche rezando sobre la semilla, acompañados siempre del arpa y el tun y bebiendo boj. Al alba todos deben comer muy bien y sentirse llenos, porque así el maíz dará mazorcas grandes y gruesas. Se comen los animales sacrificados, acompañando la carne con boj y chocolate. Si llega visita es buen agüero y también hay que darle de comer, por lo que se le da gracias a Dios. Ese día comienza la siembra del maíz.

Se le tiene gran respeto a las personas de edad, especialmente a aquellas que durante sus vidas han servido a la comunidad en las cofradías o desempeñado cualquier cargo, y también creemos que si alguien ha vivido muchos años, ha adquirido mucho conocimiento y experiencia y por consiguiente merece el respeto de los más jóvenes. Sería condiderada como impertinencia si una persona joven ocupara una silla inmediatamente después de haberla dejado una persona de edad.

Nuestra familia es muy pobre, al igual que la mayoría de nuestros vecinos en las fincas alrededor de Cobán, Alta Verapaz. Mi padre trabaja como peón en una finca de café y realmente gana muy poco. Tiene su propia tierra para cultivar maíz y tiempo libre para trabajarla, pero es mala y requiere mucho trabajo para lo poco que le saca.

Alta Verapaz se mantuvo remota hasta recientemente que se construyó la carretera desde la capital, por lo que todavía no tenemos muchas escuelas ni muchos médicos y los salarios son muy bajos. Un muchacho en una finca debe comenzar a trabajar desde muy joven para ganar por lo menos parte de su comida, nunca va a la escuela y quizás no vea un médico en toda su vida. Los pequeños terratenientes son los patronos más duros. Ellos mismos crecieron bajo estas severas condiciones y toman como cosa natural que un muchacho indígena, quien al fin y al cabo no es más que

Antonio, the "Telegrafista"

A handsome young Kekchí Indian from Senahú worked hard and long until he achieved his greatest ambition and became the *telegrafista* in his town.

As all the coffee planters, mostly Germans, sooner or later came into his little office to send a telegram, Antonio got to know them and their families, and he fell violently in love with a very pretty pink and white girl, daughter of the most important planter. This proved his undoing.

Poor Antonio sat at his desk all day and every day receiving and sending telegrams, tip tapping away on his little machine while suffering agonies of unrequited love. The lack of a chance to see the object of his adoration, or to have any communication or contact with her, drove him nearly crazy with frustration and longing. Week followed week and he rarely had even a distant glimpse of her.

Finally his chance came on November 21, when everyone in the town and vicinity of Senahú, the planters, the authorities, the neighbours, store keepers and general public, gathered to celebrate the birthday of the President and Benefactor of the Country, Señor General don Jorge Ubico. Each man hoped to gain merit by helping to make this *fiesta* even better than last year's. Each hoped to gain favour by letting it be known that he and his whole family were present and taking part in the general celebration. Each sent a telegram to the Señor Presidente congratulating him on adding another year to his esteemed life, and at the same time assuring him of the sender's humble devotion.

The lovelorn telegrafista, Antonio, tip tapped away all day sending innumerable flowery messages, but in the evening he attended the democratic ball and danced with his pink and white dream girl.

The acknowledgements from the president began to arrive the next day. He thanked each man individually for his congratulations and good wishes. Antonio, with his head in the clouds, had a brillant idea: to each presidential telegram he added the phrase, "I hope the festivities will be continued."

After four days of dancing and drinking the celebrants sent the president another telegram telling him that

un *c'alebal,* se considere afortunado cuando le dan trabajo por unos cuantos centavos al día y si se enferma sin poder trabajar, más vale que se vaya y deje que otro ocupe su lugar.

La carretera comienza a llevar cambios, yo soy una de los muchos maestros que actualmente nos capacitamos en la Antigua y en Guatemala que volveremos a la Alta Verapaz para ayudar a los hijos de mi pueblo.

Por Victoriana Sam Mantanic, Instituto Indígena

Antonio, el "Telegrafista"

Un guapo joven kekchí de Senahú, después de prolongados esfuerzos y mucho trabajo, alcanzó la más alta ambición, llegar a ser el telegrafista de su pueblo.

Como tarde o temprano todos los caficultores, en su mayoría alemanes, llegaban a su pequeña oficina para enviar un telegrama, Antonio llegó a conocerlos y también a sus familias y se enamoró locamente de una muchacha muy bonita rosada y blanca, hija del finquero más importante. Esta fue su ruina.

El pobre Antonio pasaba todo el día en su escritorio recibiendo y enviando telegramas, haciendo tic-tac en su maquinita mientras sufría las agonías de un amor no correspondido.

La falta de oportunidad para ver al objeto de su adoración, o de tener alguna comunicación o contacto con ella, casi lo volvía loco de frustración y anhelo.

Las semanas seguían una tras otra y rara vez lograba verla siquiera de lejos.

Finalmente tuvo su oportunidad el diez de noviembre, día en que todos los del pueblo y de los alrededores de Senahú, finqueros, autoridades, vecinos, tenderos y público en general, se reunían para celebrar el cumpleaños del Presidente y Benefactor del País, el General Jorge Ubico. Cada individuo trataba de hacer méritos ayudando para que esa fiesta fuera aún mejor que la del año anterior. Cada hombre esperaba ganar favores haciendo saber que él y toda su familia estaban presentes y tomaban parte en la celebración general. Cada uno enviaba un telegrama al señor Presidente felicitándolo por agregar un año más a su valiosa existencia, asegurándole su más humilde devoción.

his wishes had been complied with, and that the festivities had been prolonged to four full days and nights. But Antonio did not send these messages; instead he wrote fictitious answers indicating that the celebrations must be continued. Every evening he danced at least once with the object of his dreams.

The day came when no one could stand on his feet any longer, either because of too much dancing or too much drink, or both. The men got together and sent a messenger on a mule to Panzós, the head town of the Departamento, to tell the political governor that they were no longer in a condition to comply with the presidential wishes to keep dancing.

Antonio was cross-questioned and the truth came out. He was thrown into jail, while everyone else went home to sleep and rest and recover their lost energies.

By Jorge Echeverría

El enamorado telegrafista Antonio pasó el día entero enviando los innumerables y floridos mensajes en tic-tac, pero por la noche asistió al democrático baile y bailó con la blanca y rosada muchacha de sus sueños.

Comenzaron a llegar los agradecimientos del Presidente al día siguiente, dando a cada persona las gracias por sus felicitaciones y buenos deseos. Antonio, con la cabeza en las nubes, tuvo una idea brillante y a cada mensaje presidencial agregó la frase: "Espero que continúen las festividades."

A los cuatro días de bailar y beber los celebrantes enviaron otro telegrama al Presidente diciéndole que habían cumplido sus deseos prolongando las festividades durante cuatro días con sus noches. Pero Antonio no envió estos mensajes, sino que redactó respuestas ficticias indicando que la celebración debía continuar. Todas las noches bailaba por lo menos una vez con el objeto de su adoración.

Llegó el día en que ya nadie podía tenerse en pie, ya fuera por exceso en el baile o en la bebida, o por ambos. Los hombres se reunieron y enviaron a Panzós (la cabecera departamental) un mensajero a lomo de mula para avisar al Jefe Político que ya no estaban en condiciones de cumplir con los deseos presidenciales de seguir bailando.

A Antonio se le hizo minucioso indagatorio y salió la verdad; él fue a parar a la cárcel, mientras todos los demás se fueron a sus casas a dormir y descansar para recuperar las energías perdidas.

Por Jorge Echeverría

56
Cobán
Kekchí

Carmen Caal Tott stands here representing her tribe and her pueblo. Her first name is Christian and the others are typically Cobán. Verapaz was the name given to this very big area to the north, cut off from the rest of Guatemala by mountains and vast semi-barren lands. The people fiercely resisted the Spanish invasion and were ultimately subdued by a Dominican priest, Fray Bartolomé de Las Casas. King Philip II changed the name from Tezulutlán, the Land of War, to Verapaz, the True Peace. Cobán, the principal town, was established in 1536 and by 1544 the Dominican priesthood had built their monastery, and Santo Domingo has since been the patron saint.
The Emperor Charles V conferred the title of Royal City to Cobán and gave it a coat of arms featuring a dove and a rainbow.

Aquí, Carmen Caal Tott representa a su tribu y a su pueblo. Su nombre de pila es cristiano y sus apellidos típicamente cobaneros. Verapaz fue el nombre que se le diera a esta vasta región, situada hacia el norte, separada del resto de Guatemala por montañas y extensas tierras semi áridas. La gente resistió ferozmente la invasión española y finalmente se subordinó a un cura Dominico, Fray Bartolomé de las Casas. El Rey Felipe II cambió el nombre de Tezulutlán, tierra de guerra, a Verapaz. Cobán, la ciudad principal, fue establecida en 1536 y ya en 1544 los Dominicos habían construido su monasterio; desde entonces Santo Domingo es el santo patrón.
El Emperador Carlos V le confirió el título de Ciudad Imperial a Cobán y le otorgó su escudo en el que figuran una paloma y un arcoiris.

COBAN
C.L.PETTERSEN
1970.

57
San Pedro Soloma
Chuj Kanjobal

The pueblo lies in a valley which originally must have been a lake. The surrounding steep mountains slide down into the valley and town with every earthquake or cloudburst. Deep digging has revealed buried forests and ancient huts. The town was destroyed by earthquakes both in 1773 and in 1902, and in 1884 half the town was consumed by fire. A year later smallpox decimated the population, yet they were forced to pay the yearly federal tax in full. The name, in the language of Kanjobal, means 'without security'. Within recent years the Maryknoll missionary priests have settled here and brought great comfort to these stricken people.

The woman's long tunic is perhaps, after the Lacandón tunic, the closest to that of the ancient Maya. She wears an identical one on her head, falling down her back and sheltering the baby from the evil eye, while shading the long-necked water jar. There is a sale of tunics in the market and many hang neatly folded on long sticks forming a wall of pattern. With all so similar it cannot be difficult to choose which to buy.

El pueblo está situado en un valle que originalmente debe haber sido un lago. Con cada temblor o chubasco las montañas que lo rodean se deslizan hacia el valle y el pueblo. Excavaciones profundas han revelado vestigios de bosques y chozas soterradas. Fue destruido por terremotos en 1773 y en 1902. En 1884 la mitad del pueblo fue pasto de las llamas. Un año después, la viruela diezmó la población, sin embargo los forzaron a pagar en su totalidad los impuestos al fisco. En el idioma de kanjobal, el nombre significa 'sin seguridad'.

En los últimos años los padres Maryknoll se han radicado allí, brindando mucho consuelo a esta sufrida gente.

La larga túnica de la mujer quizás sea, después de la túnica de los lacandones, la más semejante a la de los mayas antiguos. Lleva otra idéntica sobre la cabeza, cayéndole por la espalda y protegiendo al niño contra 'el ojo', a la vez que brinda sombra a la tinaja de agua de largo cuello. Hay venta de túnicas en el mercado y muchas cuelgan bien dobladas de largos palos, formando un muro de diseño. Siendo todas tan similares no debe ser difícil la selección al comprarlas.

SOLOMA

XVIII

Alta Verapaz

After the Conquest we first hear of the Alta Verapaz as a hostile land difficult to subdue. Three times the Spaniards had marched their army there and three times they had been repulsed. In Spain the Dominican Bartolomé de Las Casas had written a book explaining his theory that conquest of heathens should be by religion and kindness and not by arms, so he was presented with the problem of the Alta Verapaz and asked to prove his theory. He came to Guatemala with a handful of friars of his own order and within a comparatively short time he had pacified these angry and aggressive people. It is probable that the Kekchí and Pocomchí had come to realize that they would sooner or later have to lay down their arms seeing that they were the last pocket of resistance in Guatemala. What is amazing is how the Spanish soldiers and priests travelled from one end of the country to the other quite regardless of their own safety or comfort.

The Alta Verapaz, as the friar called these remote territories, Vera Paz meaning 'the true peace', lies far north over very rugged terrain, so remote and difficult that the foreigners who ultimately settled there, mostly Germans, in the last century, approached it from Guatemala City by first going north east away from it to Livingston on the shores of the Caribbean, and then due west by boat the whole length of Lake Izabal and up the Polochic River to Panzós. From there they continued west by mule for several days.

The Spaniards in their day did none of this but just rode due north over mountains, down gorges, and across rivers till they got there. One cannot but admire their hardiness and pay tribute to them and to Friar Bartolomé and his priests for their courage.

The people they found were no more savages than they had been anywhere else in Guatemala. They lived in pueblos and were well organized civically. They wore clothes, we know, but to what extent we are not certain, though the women already wove in white and brown cotton, grown by the men in the fields further north where the mountains slope down to the warmer climate of the Petén.

They had been labelled by the attacking Spaniards as fighters and aggressive people, but they quickly submitted to the gentler ways of the priest. They were

Después de la conquista, lo primero que se oye hablar de Alta Verapaz es que se trata de una tierra hostil, difícil de subyugar. Tres veces marcharon allá los españoles con su ejército y tres veces fueron repelidos. En España el dominico, Fray Bartolomé de las Casas, había escrito un libro exponiendo su teoría de que la conquista de paganos debiera realizarse por la religión y la bondad y no por las armas, por esto le presentaron el problema de Alta Verapaz pidiéndole comprobar su teoría. Ya en Guatemala, con unos pocos frailes de su propia orden y en un plazo comparativamente corto, pacificó a este pueblo bravo y agresivo. Es probable que los kekchís y pocomchís se hayan dado cuenta que tarde o temprano deberían deponer sus armas, en vista de ser el último reducto de resistencia en el país.

Es sorprendente cómo los soldados y sacerdotes españoles viajaban de un extremo al otro del país, sin importarles su propia seguridad o su comodidad.

Tezulutlán, como llamaban los frailes a estos territorios lejanos, que significa tierra de guerra, se encuentra muy al norte, por terrenos muy montañosos, de acceso tan remoto y difícil que los extranjeros quienes durante el último siglo finalmente se asentaron allí, en su mayoría alemanes, llegaban desde la Ciudad de Guatemala, alejándose hacia el noroeste por Lívingston en las playas del Caribe, y desde allí tomaban rumbo oeste en barco atravesando el Lago de Izabal, para subir por el Río Polochic hasta Panzós, siguiendo desde allí a lomo de mula durante varios días.

Los españoles en su época no hicieron nada de esto, simplemente cabalgaban hacia el norte trepando montañas, bajando barrancos, vadeando ríos hasta llegar a la meta. No se puede menos que admirar su arrojo y rendirles tributo a ellos, a Fray Bartolomé y a sus frailes por su valor.

La gente de la región no era más salvaje que cualquier otra en Guatemala. Vivía en pueblos cívicamente bien organizados. Sabemos que llevaba ropa, pero no sabemos cuánta, si bien las mujeres ya tejían el algodón blanco y café. Los hombres cultivaban los campos situados al norte, donde las montañas descienden hacia El Petén y el clima es más cálido.

Los españoles al atacarlos los tildaban de luchadores agresivos, sin embargo pronto se sometieron ante la

baptized into the Roman Catholic Church and willingly adopted this new God of the Sky alongside their old god, Dios Mundo, of the earth. To this day they bury their dead in their cemeteries and put a cross in the little chapel, and over the grave to mark the place they plant a flowering bush. In one town they drive a stake into the head of the mound, and on it, but not touching the earth, they nail a cross. When I asked a man why they did this he replied, 'When the soul of our dead comes to Dios Mundo and he is asked, "Have you been faithful to me?" The soul will answer "Yes", and if Dios Mundo were to look around and see the end of a cross sticking into his earth-world, what punishment do you think he would deal out to our dead? The same with Jesus Christ in the sky, he would ask the soul "You are Mine?" and the soul answers "Yes, I am Your servant," and then He may turn and see his Cross driven into the ground and be furious and send the man to Hell for having been unfaithful. His eyes only go down to the surface of the earth, and Dios Mundo's eyes see up to the surface and he will not see the Cross. Thus they ease the way for the dead and keep on the righ side of both gods'.

The very important Kekchí cacique (leader) of the pueblo of San Juan Chamelco was one of the first to be won over to Christianity. He was baptized Juan with his own name, Matalbatz, following as a surname. The Dominican priests gave their full attention to converting first the head men and leaders, singling them out and giving them important positions within the church so that their authority should rather be augmented than decreased by the new religion, knowing full well that once they were won over, the general public would follow, as had happened in most countries that had been converted from heathenism. In this way the confraternities of the church were formed by the aristocracy, and they still are the head men by hereditary right. Juan Maltabatz's portrait was painted, by a priest we assume, and hung in the baptistery of the church that was built almost at once. If this portrait had survived we should know for sure how the Indians of the Alta Verapaz dressed when Friar Bartolomé first arrived, but unfortunately it is lost and may have burnt when that part of the church

actitud pacífica del fraile Las Casas. Fueron bautizados en la fe católica romana y gustosamente adoptaron este nuevo Dios del Cielo, a la par de su antiguo dios el Dios Mundo, de la tierra. Hasta el día de hoy, en sus cementerios entierran a sus muertos y colocan en la capilla la cruz pero para marcar la tumba le siembran encima un arbusto de flores. En cierto pueblo hunden una estaca en la cabecera del montículo y en ésta clavan la cruz que no debe tocar la tierra. Le pregunté a un hombre el porqué. "Cuando el alma de nuestros muertos llega con el Dios Mundo y él le pregunta '¿Me has sido fiel?', el alma contestará: 'Sí', y luego si el Dios Mundo mirando alrededor viera la punta de una cruz ensartada en su mundo tierra, ¿qué castigo terrible piensa Ud. que le impondría a nuestros muertos? Es lo mismo con Jesucristo en el cielo, preguntaría al alma '¿Eres mía?' y el alma contestaría 'Sí, soy tu siervo', y entonces podría mirar hacia la tierra y ver su cruz. Sus ojos sólo miran a la superficie de la tierra desde arriba y los ojos de Dios Mundo solo miran hasta la superficie abajo por lo que no verá la cruz". De esta manera allanan el camino para los muertos y mantienen el favor de ambos dioses.

El muy prominente cacique kekchí del pueblo de San Juan Chamelco fue uno de los primeros en ser convertido al cristianismo. Juan fue su nombre de bautizo, seguido por el suyo propio, Matalbatz, como apellido. Los Dominicos pusieron todo su empeño en convertir primero a los hombres importantes y a los líderes, distinguiéndoles y dándoles posiciones prominentes dentro de la iglesia para que la nueva religión acrecentara y no disminuyera su autoridad. Sabían muy bien que una vez catequizados ellos, toda la gente les seguiría, como había sucedido en la mayoría de los países convertidos del paganismo. De esta manera se formaron las cofradías de la iglesia entre la aristocracia, a la que pertenecen los principales de hoy por derecho hereditario. El bautizo de Juan Matalbatz fue pintado probablemente por un fraile y adornaba el bautisterio de la iglesia construída por ese entonces. Esta pintura hubiera permitido conocer con certeza la forma de vestir de los indígenas de Alta Verapaz a la llegada de Fray Bartolomé, pero lamentablemente desapareció, probablemente quemada cuando esa parte de la iglesia

was destroyed by fire. I have looked for it incessantly and never found it. The Indians insist they know just where he lived in the pueblo and have pointed the place out to me, so it seems that Juan Matalbatz, their last free leader, is still very much alive in their memories. After all it is only four hundred years ago!

I did find a picture of a much later date of Juan Diego the Mexican boy to whom the Virgin of Guadalupe appeared outside Mexico City. He is pictured with the Virgin and a group of young seminarists and a bishop adoring the Virgin. The bishop is dressed in Dominican robes and we know he is Fray Juan de Zumárrago, Bishop of Mexico, who also saw the vision, but then he should be dressed as a Franciscan.

We therefore assume that the picture was painted in the Alta Verapaz where the Dominican Friars ruled over the Kekchís and the Pocomchí. Our interest is not in the bishop as he is an historical figure already and well studied, but in the Indian boy Juan Diego who is pictured wearing the long white tunic of the ancient Kekchís and has his hair cut in side-burns exactly as all the San Juan Chamelco women wear theirs today, and as the men wore them in times gone by. Juan's sandals are tied with the special leather knot still used in Chamelco. He is obviously a boy from this town, and tunics were still worn when this picture was painted.

Some people say that the black and white robes of the Dominican friars influenced the evolution of Indian dress. It is true that white is much used and the very dark indigo skirt passes for black. It is said that the wool coats used by men in other parts of the country are based on the Franciscan and other monastic orders. The very name capixay is cape Indianized. As wool was introduced by the Spaniards when they imported sheep into Guatemala, we know that wool clothes did not exist before the Conquest, and it would be reasonable to think that Spanish influence shaped the garments. Yet the cape or capixay is not in any way like the Spanish except that it serves as an overcoat against the cold. In Alotenango they use a red and white cotton capixay, so why should not all the capixays have been woven in cotton before there was wool? Women very seldom wear wool, and for warmth they

fue destruida por el fuego. Se ha buscado con mucho empeño, y no se ha podido encontrar. Los indígenas insisten en que saben exactamente donde vivió Juan Matalbatz en el pueblo y han indicado el lugar, de manera que su último cacique independiente parece estar aún muy vivo en su memoria. Al fin y al cabo, ¡sólo han pasado cuatrocientos años!

Se encontró en cambio una pintura de la aparición de la Virgen de Guadalupe, de fecha muy posterior, de poco valor artístico, pero de interés histórico para nosotros. Representa al indio Juan Diego, el muchacho mexicano a quien se le apareció la Virgen en las afueras de la Ciudad de México, con un grupo de jóvenes seminaristas y un obispo adorando a la Virgen. El obispo lleva hábitos dominicos y sabemos que es el Fray Juan de Zumárrago de México, quien también tuvo la visión, pero era franciscano. Por consiguiente, suponemos que el cuadro fue pintado en Alta Verapaz donde los frailes dominicos tenían la diócesis para los kekchís y pocomchís. Lo que interesa no es el obispo, ya que es una figura histórica bien estudiada, sino el muchacho Juan Diego, pintado con la larga túnica blanca usada por los antiguos kekchís y su pelo cortado en patillas exactamente como las que usan todavía todas las mujeres de San Juan Chamelco, y que probablemente usaban los hombres anteriormente. Sus sandalias van atadas con el nudo particular, de cuero, que todavía usan en Chamelco. Obviamente es un muchacho de este pueblo y cuando se pintó este cuadro las túnicas aún estaban en uso.

Algunas personas dicen que los hábitos blanco y negro de los frailes dominicos influyeron en la evolución del traje indígena. Efectivamente se usa mucho el blanco y el corte en añil oscuro puede pasar por negro. Se dice que los abrigos que usan los hombres en otras partes del país son imitación de los hábitos franciscanos y de otras órdenes religiosas. La misma palabra capixay corresponde a la palabra 'capa' indigenizada. La lana fue introducida a Guatemala por los españoles, al importar ovejas, de manera que sabemos que no existía ropa de lana antes de la conquista y es razonable suponer que la influencia española fue la que determinó la hechura de las prendas de vestir. Sin embargo, la capa o capixay en nada es similar a la española,

put on two blouses instead of one. They do not put their arms through the second blouse nor tuck it under the skirt, but let it hang loose. The men too do not usually use the sleeves; they throw them back and even tie them down at the waist. There are some pueblos that use the sleeve, but even then it is open down the seam up to the closed cuff. It is only in some short wool pull-over coats that we find wool sleeves which are used, even these are open under the arm. The usual capixay has a hole for the head and slabs of wool down the front and back. It is open at the sides unless crossed over, front to back, and it is fastened with a plain red or fancy woven belt. Buttons never used to be used, but they have recently come into fashion for men. Why then must we try and prove that the Spaniards had such influence on local costumes? An Englishman first suggested this and we have followed it like sheep ever since. Even the attractive men's costume of Chichicastenango has been attributed to the Spanish bull-fighters' dress, but this is only because it makes the man look attractive, and Spaniards cannot resist bull-fighters! What Spaniard would use trousers like these, cut into four behind and sagging awkwardly as if they had more in them than they should have. The Chichicastenango man may look as fetching as a bull-fighter in front, but he looks gaunt and unattractive from behind. A few small items have been influenced by the nuns' embroidery patterns. In San Antonio Aguas Caliente the brocading of the blouse is taken from a French sampler, and in San Cristóbal Totonicapán from a fancy round collar probably from Spain. But fundamentally the clothes are as conservative as the Indians who weave or embroider them. In Mexico Indian clothes did take on Spanish characteristics more readily, but perhaps the Aztec character accounts for this. The Maya is always more conservative, and some say less clever, though I have my doubts about the truth of this. The Mexican may be smarter, hunger sharpens the wits it is said, but the Guatemalan Indian is wiser.

To return to San Juan Chamelco in the Alta Verapaz; the women's dress is austere and elegant. A short plain white shadow-gauze blouse, less thin than that of Cobán as the climate in San Juan is colder; the skirt

aparte de servir como abrigo contra el frío. En Alotenango usan un capixay de algodón blanco y rojo a rayas. En Itzapa era de hilo blanco, entonces, ¿porqué antes de haber lana no pudieron haber sido tejidos todos los capixayes en algodón? Las mujeres muy rara vez visten de lana y para abrigarse usan dos huipiles en vez de uno, sin pasar los brazos por el de encima, ni ceñirlo con el corte, sino que lo dejan colgar suelto. El hombre generalmente tampoco usa las mangas del capixay, más bien las echan hacia atrás e incluso las atan debajo de la cintura. Sin embargo, en algunos pueblos usan las mangas, pero abiertas por la costura hasta el puño, que va cerrado. Sólo algunos sacos cortos cerrados se usan con mangas de lana, pero también de mangas abiertas abajo del brazo. El capixay corriente es de dos lienzos de lana con un agujero para la cabeza, es abierto por los lados y va cruzado de adelante para atrás. Se ciñe en la cintura con una faja lisa roja o tejida con diseños complicados. Anteriormente nunca se usaron botones, pero recientemente se han puesto de moda para los hombres. ¿Por qué entonces insistimos en la influencia que sobre los trajes locales tuvieron los españoles? Un inglés fue el primero en hacer esta declaración y nosotros la hemos seguido como ovejas desde entonces. Incluso el atractivo traje de los hombres de Chichicastenango ha sido atribuido al traje de luces de los toreros, pero eso es sólo porque es tan lucidor para los hombres y los españoles ¡no pueden resistir a los toreros! ¿Qué español usaría pantalones como estos? Cortados atrás en cuatro partes y colgando de una manera tan peculiar como si contuvieran más de lo que les cabe. De frente el hombre de Chichicastenango posiblemente lucía tan atractivo como un torero, pero por detrás se ve muy esmirriado y deslucido. En los dibujos del bordado de algunos artículos se nota la influencia de las monjas, tales como en San Antonio Aguas Calientes y en San Cristóbal Totonicapán, el primero en el brocado del huipil con diseños de un dechado francés y el segundo en el caprichoso cuello redondo, probablemente español. Sin embargo, fundamentalmente la ropa es tan conservadora como los indígenas que la tejen y bordan. En México la vestimenta indígena adoptó características españolas con mayor facilidad, pero quizás esto se deba al carácter

Man from Todos Santos working in his maize field.
Hombre de Todos Santos trabajando en su milpa.

is dark indigo with pleats at the back and straight in front, there is a yellow belt, yellow hair braid, a small napkin on the head, and a cascade of corals hanging from the neck, representing the venerated coral snake, Aj-tupui messenger of Tzuul-tacá, the earth god. Strung among the coral are a few square black beads with white spots that in some way suggest the serpent more than anything else she wears. All the colours in the clothes are the snake's own. The one other strange custom is to cut the hair into side-burns or whiskers. They do this with a piece of sharp obsidian as did their ancestors. The rest of their hair hangs down their backs unbraided.

azteca. Los mayas fueron siempre más conservadores y según algunos, menos listos, aunque yo dudo que esto sea cierto. El mexicano podrá ser más vivo, se dice que el hambre agudiza el ingenio, pero el indígena guatemalteco es más sabio.

Para volver a San Juan Chamelco en Alta Verapaz y al vestido de sus mujeres, éste es austero y elegante. Un huipil corto blanco en tejido de gasa sombreada, no tan delgado como el de Cobán, pues el clima de San Juan es más frío. El corte es color añil oscuro con paletones atrás y liso al frente, faja amarilla en la cintura, cinta amarilla en el pelo, una pequeña servilleta en la cabeza y una cascada de corales le cuelgan del cuello, representando a la venerada serpiente coral, Aj-tupui mensajero del Dios de la Tierra Tzuul-tacá. Entre los colores se encuentran algunas cuentas negras con puntos blanco que de algún modo sugieren más la serpiente que cualquier otra prenda de las que lleva puestas. Todos los colores que usa son propios de la serpiente coral. Otra de sus costumbres peculiares es la de cortarse el pelo en patillas. Lo hacen con un pedazo de obsidiana afilada, como lo hicieron sus antepasados. El resto de su cabellera le cuelga a la espalda.

En Cobán, el pueblo más grande, las mujeres usan un tupui rojo de diez metros de largo, que representa la serpiente y con el cual se atan la cabellera. Primero se ata la trenza con el cordón de lana en la parte trasera de la cabeza, luego se baja una punta hasta el extremo de la trenza y se enrolla hacia arriba tan compacto que no deja ver el pelo. Cuando ambos extremos se unen nuevamente atrás de la cabeza, se hace un moño grande y las puntas con borlas cuelgan en forma desigual casi hasta la orilla de la enagua. Los lazos del moño también deben ser de largo desigual. La indígena moderna no muestra entusiasmo por llevar el tupui, dice que le molesta su peso y que no es bueno, porque el calor de la lana produce la caída del pelo. Originalmente los hombres también usaban cabellera larga y llevaban este mismo tupui. El huipil es de gasa sombreada de la más fina y delgada. La mejor se teje en la región de Chamá, una pequeña aldea y en el caserío de San-nim-tacá. Al cruzarse con hombres por el camino, la mujer modesta, para que su corto huipil no se ciña sobre sus senos, lo tira hacia adelante con la mano

In Cobán, the largest town, the women use a red, ten metre long, *tupui,* representing the snake, to tie their hair. The wool cord first ties the plait at the back of the head, it is then taken down to the end of the plait and wound up it so closely that no hair shows at all. When both loose ends are up at the back of the head a large bow is tied, and the tasselled ends hang at slightly different lengths nearly to the edge of the skirt. The loops of the bow must also be uneven. The more modern woman no longer likes to wear this tupui as she says the weight bothers her, and the heat of the wool makes the hair fall out. Originally men also wore their hair long and used the same tupui. The blouse is of the finest and sheerest white shadow-gauze, the best is woven in the Chamá region and in the hamlet of Sa-nim-tacá. A modest woman, not wanting to let the thin short blouse lie against her breasts, will, as she passes men on the road, grasp it with her left hand and pull it forward, and at the same time she will cross her right forearm in front of her. In contrast to the blouse that weighs nothing the skirt she wears weighs all of two and a half kilos. It is gathered at the waist with a draw-string, and hangs nearly to her ankles in blue and white Ikat, or jaspé. When it is raining, a common occurence in Cobán, she lifts it behind, tucks it into her waist cord, and so forms a big bustle. She can then walk through puddles and mud without getting it dirty. Her arms will be free to swing as she trots. On her head she will carry a shallow basket with a baby in it. A raincoat of palm leaf strips forms a roof over the basket and baby. Her glory is her silver chains. The more she has the more secure she is, and the more elegant and important. If she wishes to buy a cow, or becomes ill and needs more money, she sells a chain. When she is not using her chains she may wear a blouse with coloured embroidery round the neck and arm holes. The original pattern of this embroidery is small and dainty, and has little jugs and gourds. But when President Ubico held his first fair in Guatemala City and brought Indians from several places to show their costumes and handicrafts, a weaver called Tina Cacao, known in Cobán for her fine embroidery, took some Cobán blouses with a garland of roses embroidered round the neck. This

izquierda, poniendo al mismo tiempo el antebrazo derecho debajo.

En contraste con el huipil que es muy liviano, el corte que usa pesa dos kilos y medio. Va plegado a la cintura por un cordón y cuelga casi hasta los tobillos en ikat o jaspeado azul y blanco. Cuando llueve, cosa común en Cobán, lo recoge por atrás y lo mete entre el cordón de la cintura, formando un gran polisón y así puede pasar por charcos y lodo sin ensuciarlo. Sus brazos quedan libres para balancearse al compás del trotecito con que camina. Sobre la cabeza lleva uno canasto plano con un bebé lactante y sobre el canasto y el niño un impermeable de tiras de hoja de palma que sirve de techo. Su orgullo son sus cadenas de plata. Mientras más posee, más firme se siente, más elegante e importante. Cuando quiere comprar una vaca, se enferma o tiene necesidad de dinero, vende una de sus cadenas. Cuando no las usa se pone un huipil con bordado a colores alrededor del cuello y de la manga. El diseño original de este bordado era pequeño y delicado, de tinajitas y tecomates, pero en los tiempos del Presidente Ubico, para la primera feria que organizó en la Ciudad de Guatemala, trajo indígenas de diversos lugares para mostrar sus trajes y artesanías. Una muchacha llamada Tina Cacao, conocida en Cobán por sus finos bordados, vino a la capital con varios huipiles de Cobán bordados con una guirnalda de rosas alrededor del cuello. Por ello mereció un diploma otorgado por los jueces de la feria, que sigue colgado en la casa de sus hijos y el nuevo bordado se hizo popular entre sus hermanas cobaneras; los pedidos aumentaron asegurándole su futuro.

Fue así como se introdujo la moda que desplazó lo que por siglos había sido costumbre. En este caso el cambio se puede llamar evolución y es aceptable cuando es fino o mejor de lo que desplaza, pero resulta intolerable lo que está sucediendo en algunos lugares como Comalapa, donde algunos bienhechores han impulsado a los indígenas a poner una pequeña tienda con las peores mercancías turísticas imaginables. El huipil de Comalapa es tan especial que las mujeres podrían ganar todo lo que necesitan con sólo tejerlo correctamente. Muy rara vez podemos llegar a saber qué es lo que ha ocasionado cambios en el traje o en las joyas, pero tenemos otro caso en Cobán que se puede comprobar.

won her a diploma, which still hangs in her children's house, and, as the new embroidery caught on among her sister Cobaneras, orders piled in and her future was assured. In such a way fashion can displace what has been the custom for centuries. In this instance we may call the change evolution and it is acceptable, being as fine or better than what is displaced. What is not bearable is that which is happening in some places, such as Comalapa, where do-gooders have encouraged the Indians to put up a little shop of the worst tourist junk imaginable. The blouse in Comalapa is so special and beautiful that the women could earn all they need by just weaving it correctly. It is only occasionally that we can learn what has caused a change in costume or jewellery. There is another case which also has a Cobán background.

Around 1930 a German called Augusto Diesseldorf imported a large variety of charms into Cobán; little silver fishes, pigeons, shoes, cups, men, horses, donkeys and pigs. He sold out immediately to the Indians and the charms were soon copied by the silversmiths. Every Cobanera now has at least one chain dangling to the waist. They do not wear the usual earrings as they would tangle with the chains.

The silver comes from any country's melted down coins, but these are running out, and the government should import good quality silver to keep this handicraft alive. Rings are also very popular in Cobán and a woman may wear up to eighteen at a time some even on her thumbs. Even before the Conquest, before silver ever arrived, they used rings made of jadeite or other pretty stones, as well as earrings. We know this because there are words for both in the Kekchí language, and because they can be seen on the carved stone stelae.

Cahabón is a different type of town, there is no jewellery, except sometimes a thin coral string round the neck. The women wear no tops and as there is no belt, the skimpy wrap-around, short skirt of brown cotton is only held up by the top end being tucked in at the waist. The Santiago Atitlán women wear their red skirts in the same way. They are for ever coming loose and having to be pulled and wrapped around again. The priests will not allow the women into the

Alrededor de 1930 un alemán llamado Augusto Diesseldorf importó a Cobán una gran variedad de dijes de plata: pescaditos, palomas, zapatos, tacitas, hombres, caballos, burros y cerdos. Los vendió inmediatamente a los indígenas y pronto los copiaron los plateros, toda Cobanera tiene por lo menos una cadena con dijes que le cuelga hasta la cintura. No usan los aretes corrientes porque se enredan en las cadenas. Conseguían la plata derritiendo monedas de plata de cualquier país, pero éstas se van terminando, y el gobierno debiera importar plata de buena ley para que se pueda mantener viva esta artesanía. Los anillos también son muy populares en Cobán y una mujer puede usar hasta 18 de una vez, incluso en el pulgar. Antes de la conquista usaban anillos y aretes de jadeíta o de otras bellas piedras, puesto que aún no había plata. Esto se sabe porque en el idioma kekchí hay palabras para ambas cosas y también porque los podemos ver tallados en las estelas de piedra tallada.

Cahabón es un pueblo de tipo distinto, donde no hay joyas, excepto a veces un fino hilo de coral alrededor del cuello. Las mujeres van descubiertas de la cintura para arriba y usan una corta falda envuelta de escasa tela en algodón cuyuscate sostenido únicamente por la parte superior que se mete en la cintura, pues no usan faja de manera semejante a la que las mujeres de Santiago Atitlán usan sus cortes rojos. Continuamente se la aflojan, debiendo ajustarlas y envolverlas de nuevo. Los sacerdotes no permiten que las mujeres entren en la iglesia sin huipil, de manera que en la puerta se ponen una prenda de vestir lisa blanca, que se quitan a la salida. Se ha escrito un poema acerca de ellas que dice: "El sol desviste a su india" y es notorio que sufren cuando están cubiertas. El clima es caliente y el pueblo se ha conocido siempre por su algodón, sus chiles colorados y su cacao, todos cultivos de tierra cálida. Pocos son los otros pueblos en Guatemala donde las mujeres no se cubren los senos; dos de ellos en tierras de la costa del Pacífico, donde también se cultiva el cacao, antiguamente usado como moneda. Estos son San Sebastián Retalhuleu y San Antonio Suchitepéquez. Es probable que en Palín esa fuera la costumbre, abandonada hace mucho y sustituída por el uso de un huipil corto de poca tela con diseños geométricos. A las mujeres de

church without a blouse so they slip on a plain white garment at the church door, and take it off again as they come out. There is a poem written about them which says, "The sun undresses his Indian girl," and one can see they suffer when they are covered. The climate is hot and the village has always been known for its cotton, red peppers and cacao beans; all of them hot country crops.

Only a few other pueblos in Guatemala go without tops; two of them on the Pacific lowlands also grow cacao beans, which were once used as money. These villages are San Sebastián Retalhuleu, and San Antonio Suchitepéquez. Palín was probably another, but it stopped that long ago and evolved its own short skimpy blouse with geometrical patterns. In San Sebastian and

Ixchel and two chacs
Ixchel y dos chacs

San Sebastián y de San Antonio no se les permite ingresar a las poblaciones de Retalhuleu o Mazatenango sin huipil cuando van al mercado. Compran una blusa ya hecha de tela de fábrica, meten la cabeza por el cuello, pero sin usar las mangas, la arremangan plegada debajo de la barbilla y por la espalda les cuelga suelta. Con un pesado canasto sobre la cabeza no disminuyen su trote al acercarse a la garita de policía, pero con una mano bajan la blusa y meten un brazo por la boca-manga, luego detienen el canasto con ese brazo mientras meten el otro. Se ve muy divertido cuando una docena de mujeres en fila india a trote rápido ejecutan esta maniobra una tras otra. A su regreso ocurre lo mismo pero a la inversa, se nota el alivio en sus rostros y se oye su cotorreo feliz una vez se sienten liberadas de esa horrible tela sobre sus exuberantes senos. En San Sebastián, una pobre aldea lodosa con muy poco atractivo, las mujeres apedrearon a mi madre en 1909 por haber sido la primera mujer que pasó montando en mula a horcajadas. Las mujeres con los senos descubiertos se escandalizaron por el comportamiento indecente de esta viajera que cabalgaba por su pueblo, si bien llevaba pantalones amplios y una falda abierta al frente, que le cubría las piernas de ambos lados. Para malos caminos y viajes largos la silla de montar femenina es insegura e incómoda, tanto para el jinete como para la bestia.

El chile colorado cultivado en Cahabón se llama *cak-ic* y se usa preparado de manera especial en sus tortillas y en la excelente sopa de chunto que es su especialidad. Una libra de chile colorado se tuesta y luego sobre las brasas de leña se mezcla a mano con una libra de sal. Esto forma una bola grande cuando brota el aceite del chile y se combina con la sal. Para comerlo, se quiebra un pedazo muy pequeño y se pone en la tortilla antes de enrollarla. Delicioso, pero muy picante e irritante para quienes no están acostumbrados.

En Cahabón para desmotar el algodón, primero hacen lo que parece un bastidor muy grande para bordar, doblando un grueso bejuco en círculo, al cual se ata una piel de vaca bien estirada, con el pelo para abajo. Parece la tapa superior de un tambor. Este bastidor se cuelga con tres cuerdas de la viga del techo hasta quedar a unos dos pies del suelo. La mujer se hinca en el suelo

San Antonio the women going to market are not allowed to enter the towns of Retalhuleu or Mazatenango without a blouse. They buy a shop material blouse ready made and put their heads through the neck but do not use the arms. The blouse is tucked up under their chins in front and hangs loose on their backs. With a heavy basket on their heads they do not pause as they jog towards the police box; with one hand they pull the blouse down, they slip one arm in an arm-hole, then hold the basket steady with that arm while they slip in the other. It looks very comic when a dozen or so jogging women in Indian file go through this maneuver one after another. On their return the process is repeated in reverse and one can see the relief on their faces once they are free of the horrible material on their full breasts.

In San Sebastián, a muddy, poor village with little to commend it, the women threw stones at my mother in 1909 when she was the first woman to ride a mule astride. The topless women were shocked at the indecent behaviour of this traveller riding through their village, even though she had baggy breeches and an open skirt hanging over her legs on either side. On rough roads and long trips the sidesaddle is unsafe and uncomfortable both for the rider and the beast.

The red pepper grown in Cahabón is called cak-ic and it is prepared in a special way for their tortillas and for their speciality, the excellent turkey (chun) soup. Half a kilo of red pepper is toasted and then worked by hand into half a kilo of salt over the red embers of a wood fire. This forms a large ball as the oil oozes out of the pepper and combines with the salt. To eat it you break off a tiny piece and put it into your tortilla. Delicious, but very hot and irritating if you have not been brought up on it.

To gin their cotton in Cahabón they first make what looks like a very big embroidery frame by forcing a thick tree creeper into a circle and then stretching and tying a cow hide, hair down, into that circle. It looks like the top of a big drum. They hang this frame by three ropes from the roof to within half a meter of the floor. The woman kneels on the ground in front of this drum and beats the cotton on it with two sticks. A small boy pushes the cotton back to the centre of

frente a este tambor y con dos palos aporrea el algodón puesto encima. Un muchachito empuja el algodón que va aflojando hacia el centro del bastidor. La elasticidad de la piel y los golpes sueltan la semilla y ésta se desprende. A distancia se puede oír este batir de tambor y cuando el lugar es una calle de aldea con una casa junto a la otra, el ritmo y el ruido realmente hacen vibrar el aire. Cualquier forastero que se acerca en la época del desmote se preguntará qué diantres pasa. Cuando ha sido separada toda la reacia semilla, el algodón es hilado con el huso que descansa y gira dentro de una calabaza que la mujer lleva a la cintura en un pliegue de la falda. Una vez retorcido el hilo va al telar de palitos y la mujer vuelve a arrodillarse para tejer, sosteniéndolo con una correa de cuero alrededor de sus caderas.

La bebida ritual es el chocolate, hecho del cacao que se cultiva al norte del pueblo. En ocasiones ceremoniales una mujer casada lo prepara y llena una calabaza grande para la cofradía y es muy apreciado. Pone el cacao molido en una gran calabaza sobre el fuego batiéndolo fuertemente conforme se calienta, hasta que sube una nata blanca. Luego lo lleva al lugar del ritual, envuelto en una servilleta grande y una niñita la sigue llevando servilletitas y jícaras para beber. A los cofrades les sirven el rico chocolate muchachas jóvenes. Cada una toma una servilleta y una jícara en cada mano y se dirige a los hombres, diciendo: "Tenga la bondad de tomar algo de agua caliente". Como este chocolate es lo mejor que pueden ofrecer, no se considera de buenos modales hacer alarde de su calidad, por lo que se le llama agua caliente. Cuando la muchacha entrega la jícara vuelve la espalda al cofrade mientras éste lo bebe lentamente, por tratarse de una bebida ritual. Al terminar, tose ligeramente y ella se vuelve para recibir la jícara y darle la servilleta con la que se limpia la boca. El no le dirige una sola palabra, ni siquiera mira a la muchacha soltera, pues eso no sería un comportamiento decente de su parte.

Las jícaras también se emplean para ofrendas en los altares y se ven en los bordados de los huipiles en otros pueblos de la Verapaz, aunque dobles, como reflejados en un espejo, así que no se reconocen fácilmente. La gente tiene especial interés en las estrellas, principal-

the frame as it works its way out. The springiness of the hide and the beating loosen the seed from the cotton so that it can be removed. The noise of this drum can be heard some way away, and when the place is a village street with one house near another the rhythm and noise really do resound. Any stranger arriving at cotton ginning time would wonder what on earth was going on. When all the stubborn seed has been removed, the cotton is spun with one end of the spindle revolving in a gourd the women carry in a pouch at the waist, held there by the skirt. Once the thread is twisted it goes to the hip-loom and the women kneel again to weave with the leather yoke of the loom round their thighs.

The ritual drink is chocolate made of the cocoa bean grown north of the village. A married woman prepares a big calabash full of it for the confraternity on ceremonial occasions and it is much prized. She puts the ground chocolate beans into a big calabash with water over the fire and beats it hard till it has a white scum. She then carries it to the place of ritual wrapped in a big cloth, and a small girl follows behind carrying little napkins and several little drinking gourds. The rich chocolate is served to the men by young girls. Each girl takes a napkin and a full drinking gourd in either hand and goes to each man and says: "Be so good as to take some hot water." As this chocolate is the very best they can offer it is not good manners to be ostentatious about it, so they call it hot water.

As the girl hands the gourd she turns her back on the man while he drinks it, and as it is a ritual drink he takes it slowly. When he finishes he gives a little cough and the girl turns, takes the cup from him and hands him the napkin with which he cleans his mouth. He does not address a single word to the unmarried girl nor does he even look at her; this would not be decent behaviour on his part.

The small gourds are also used in offerings at the altars and they therefore appear in the embroidery of other Verapaz towns. But they are doubled as if seen in a mirror, and so they are not easy to spot.

The people have a special interest in the stars, specially Venus, *Kakchaim,* which they call the "Tamalera". It rises one hour before sunrise, just as the women have palmente en Venus, *Kakchaim,* que llaman la "nixtamalera". Sale una hora antes del amanecer, a la hora que ellas se levantan a moler el nixtamal para las tortillas del desayuno de sus maridos. El día de San Juan Bautista, el 24 de junio, celebran una ceremonia muy secreta, de la cual no se habla y sobre la que nada sabemos. Se llama la fiesta de las tres culebras y los siete perros. Deben saber que en esa fecha el sol se encuentra en el punto más septentrional, el solsticio de verano, y es lo que celebran, cosa que me parece extraño.

Yo hubiera pensado que le darían mayor importancia a las dos fechas cuando el sol pasa exactamente sobre Guatemala, o sea un mes antes y un mes después de esa ceremonia, cuando pasa hacia el norte y vuelve nuevamente hacia el sur. Estamos en la latidud 14° N, y por consiguiente no tenemos estaciones de invierno y verano, sino un período de 6 meses muy lluviosos y otro muy seco de igual duración.

Información parcialmente proporcionada por el Dr. Herbert Quirin.

La gente que ocupa el territorio de habla pocomchí en Alta Verapaz no es tan numerosa como los kekchís.

Alta Verapaz

to do to prepare the "tamalitos" for their husbands' breakfast. On the day of Saint John The Baptist, the equinox, June 24, they have a very secret ceremony which they will not talk about and about which we know nothing. It is called the "fiesta of the three snakes and the seven dogs". They must know that on that date the sun is furthest north at its summer solstice and are celebrating that, which to me seems strange. I should have thought they would give greater importance to the two dates when the sun passes directly overhead in Guatemala, one month before and one month after that date, on its way north and again on its way south. We are on latitude 14° north, and therefore have no winter or summer seasons, but instead a very rainy six months and then a dry six months.

Information partly provided by
Dr Herbert Quirín

The people who occupy the Pocomchí-speaking territory in the Alta Verapaz are not as numerous as the Kekchís. They also venerate the coral snake, messenger of the sun god, and they make more of a show of it. The reds flare out on the headdress, blouse and skirt, as well as on the jewellery, the most spectacular being the married Tamahú woman with a great roll of red cloth and hair twisted on top of her head. Her skirt and that of the Tactic woman is full and gathered and swings as she walks, but not provocatively like gypsy skirts. There is no sensuality in the race. The skirt used to be dyed with cochineal and never faded, then for many years Manchester, in England, manufactured a red thread for them, which they call crea, and this lasted equally well, but now the price is too high for them and they are beginning to use the indigo skirt with Ikat, jaspé, from Salcajá.

The Tactic skirt is nearer to the colour of wine, but the blouse that is worn and the one carried on the head are both rich in brocaded colour. Tactic has developed a thriving weaving industry and invents new and beautiful designs with colour variations now much in demand, as are all the blouses of the Alta Verapaz. They are short and light in weight and more easily adapted to our way of dress.

Yum Kax

También veneran a la serpiente coral, mensajera del Dios Mundo, y lo hacen en forma más evidente. Los tonos rojos destellan de la cabeza, del huipil y de la falda, así como de las joyas, siendo las más espectaculares las mujeres casadas de Tamahú, con un gran tocado de tela roja y pelo enrollado sobre la cabeza. Su falda y la de Tactic es amplia y plegada y ondula al caminar, pero no en forma provocativa como la de los

Germans settled in the Alta Verapaz in the last century and introduced the coffee bush into Guatemala. As they came without women they mated with the Indian girls. New generations have grown up of white and even blonde Indians who have not lost their background, and who still dress like their mothers and fathers. Many sons are educated into the professions and many girls are well married; they make a very attractive and intelligent group of people. Not long ago two brothers, graduating from the university in Guatemala City, invited their parents to the graduation dance. It is customary for the young graduates to partner their mothers for the first dance. The very good-looking and correctly dressed Cobán woman left her blond German husband and danced first with one son and then the other to everyone's delight.

gitanos. No hay sensualismo en la raza. Antiguamente la falda se teñía con cochinilla que nunca desteñía, luego, durante muchos años Manchester, Inglaterra, fabricó hilo rojo que ellas llamaban *crea,* también muy durable, pero actualmente su precio es muy elevado y han comenzado a usar el corte de Salcajá azul añil con ikat o jaspeado.

La falda de Tactic se aproxima más al color vino tinto, pero el huipil que usan y el que llevan sobre la cabeza son ambos de ricos colores brocados. Tactic ha desarrollado una industria próspera de tejidos e inventa bellos y nuevos diseños con variaciones de colores que ahora tienen gran demanda, como todos los huipiles de Alta Verapaz. Son cortos, de peso liviano y se adaptan más fácilmente a nuestra manera de vestir.

Los alemanes se asentaron en la Alta Verapaz en el siglo pasado e introdujeron el arbusto del café a esa región. Como vinieron sin sus mujeres se unieron con las muchachas indígenas. Han crecido nuevas generaciones de indígenas blancos y hasta rubios que no han perdido su tradición y todavía se visten como sus antepasados. Muchos de los hijos estudian para profesionales y las muchachas se casan bien formando un grupo de gente muy atractiva e inteligente.

No hace mucho, dos hermanos que se graduaban de la universidad de Guatemala, invitaron a sus padres al baile del recibimiento. Se acostumbra que los jóvenes inviten a bailar a sus madres para la primera pieza. La muy guapa y bien vestida mujer de Cobán dejó a su rubio marido alemán para bailar primero con uno de los hijos y después con el otro, lo cual deleitó a toda la concurrencia.

58
Cahabón, Cobán, San Juan Chamelco
Kekchí

These three women speak the same language and represent the most primitive to the most sophisticated of the Alta Verapaz. The first wears only a skimpy skirt wound round and tucked in with no belt. A part on the side is pulled out to form a small pouch, in which she puts a calabash to hold her money or bits and pieces, or the end of her spindle if she is spinning. The blouse on her head is only for show. The second woman's skirt weighs two and a half kilos and her blouse of transparent woven lace is the finest shadow-weave of all the Maya. Her glory is the heavy silver chains round her neck, and the great red wool tupui head ornament wound round her hair and hanging to her ankles. This represents the coral snake which is the 'nahual' of these three pueblos, their local good omen. The third woman also wears the fine blouse, and the coral snake is represented in her coral necklace with the occasional black and white spotted square beads. Her hair is cut into sideburns with an obsidian blade. The only other people to cut their hair this way are the almost extinct Lacandones.

Estas tres mujeres hablan el mismo idioma y representan desde lo más primitivo hasta lo más sofisticado de Alta Verapaz. La primera solo lleva un refajo de poca tela sin faja, envuelto en la cintura, una punta doblada hacia adentro, con la otra por fuera forma una especie de bolsillo en la que coloca un guacal para guardar su dinero, o pequeñas pertenencias, o para sujetar la punta del huso cuando está hilando. El huipil sobre la cabeza lo lleva solamente para lucirlo. El corte de la otra mujer pesa 2-1/2 kilos y su huipil con técnica de gasa transparente es de lo más fino que se teje entre todos los mayas. Su gloria son las pesadas cadenas de plata que lleva al cuello y el gran adorno para la cabeza, el tupui de lana roja, enrollado alrededor de su pelo que le cuelga hasta los tobillos. Este representa la serpiente coral, que es 'nahual' de estos tres pueblos, su símbolo de buen agüero. La tercera también lleva puesto un huipil fino y la serpiente está representada en su collar de coral, con algunas cuentas cuadradas moteadas de blanco sobre negro. Se corta el pelo en patillas con una hoja de obsidiana. Unicamente los lacandones, ya casi extintos, llevan este corte de pelo.

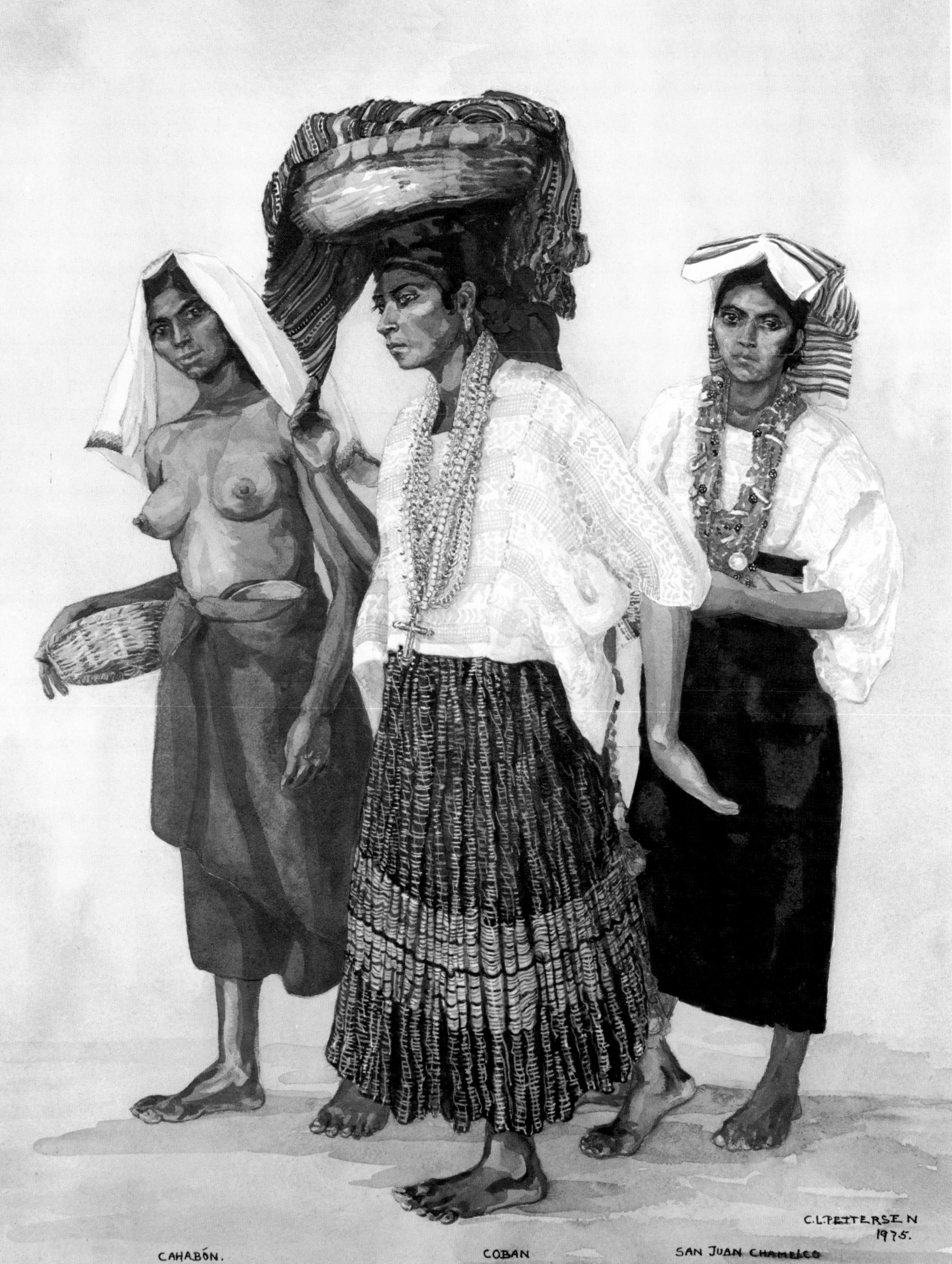
CAHABÓN.
COBAN
SAN JUAN CHAMELCO
C.L.PETTERSEN
1975.

59
San Cristóbal, Tactic, Tamahú
Pocomchí

The coral snake dominates the lives and dress of these three Pocomchí pueblos, and it is symbolized in the heavy red tupui of the San Cristóbal woman, the red coiled head-dress, 'bag-bal', of Tamahú, and the coral necklace of Tactic. The red skirts with thin black lines and much of the design on the blouse are also based on the vivid colouring of this deadly snake. The very gathered red skirts are rolled and creased when not in use to give them accordion pleats. The dark indigo skirt of San Cristóbal is pleated behind into one large and two smaller panels. The zig-zag on the front of two blouses is said to represent the path taken by the priests of old as they mounted the steep steps to the tall temples. The steps are so short and steep that you cannot climb up in a straight line.

La serpiente coral domina la vida y la vestimenta de estos pueblos pocomchí, y está simbolizada en el pesado tupui rojo de las mujeres de San Cristóbal, el tocado rojo enrollado, 'bag-bal', de Tamahú, y el collar de coral de Tactic. Los cortes rojos de finas franjas negras así como gran parte del diseño en el huipil también están basados en el brillante color de esta serpiente mortal. Los cortes rojos muy plegados se enrollan en dobleces cuando no están en uso, para marcarles los pliegues en acordeón. El corte añil oscuro de San Cristóbal va doblado atrás en un pliegue grande y dos más pequeños. El zig-zag en el frente de los huipiles se dice que representa el sendero tomado por los sacerdotes de antaño cuando subían por las empinadas graderías de los altos templos. Estas gradas son tan cortas y empinadas que no se pueden subir en línea recta.

SAN CRISTOBAL
TAMAHU.
TACTIC.
C.L. PETTERSEN.
1975.

60
Tamahú
Pocomchí

The red skirt is of woven cotton called 'crea' and specially sent from Manchester, England, to a limited number of Indian pueblos. The Ixils also use it but not full and gathered as do the women of Tamahú. The red coiled head-dress, into which the hair is bound, is used only by married women, and represents their 'nahual', the coral snake. The soft woven blouse hangs loose. No belt is worn, and the women walk fast or trot with a swing of the hips, as is done the world over when a full skirt is worn.

El corte rojo es tejido de un algodón llamado 'crea', enviado especialmente de Manchester, Inglaterra, a un número limitado de pueblos indígenas. Los ixiles también lo usan, pero no en la forma amplia y plegada como las mujeres de Tamahú. El tocado rojo enroscado, en el que se entreteje el pelo, sólo es usado por las mujeres casadas, y representa su 'nahual', la serpiente coral. El suave huipil cuelga suelto. No se usa faja y las mujeres caminan rápidamente o a trote meciendo las caderas, como ocurre en todo el mundo al usar falda ancha.

TAMAJÚ
E. L. PETTERSEN.
1970.

Conclusion
Conclusión

The Maya Quiché textiles reached their peak of beauty and fine workmanship more or less during the first quarter of this century. Thirty-five years ago there were few roads a truck could take and the Willys jeep had not been invented. Since then roads and bridges have been built and there is even a ferry across Lake Izabal, so one can travel by jeep to Tikal in the northern Petén jungle. One can drive from Guatemala City to the Alta Verapaz in two and a half hours, instead of travelling there in the same number of weeks.

We cannot avoid change or stop the clock. The textiles have developed through 400 years and now our civilization is penetrating every town and village in the country. A great deal will be lost and a great people will be absorbed and lose their identity. This cannot be avoided. The last thirty years have brought much to the Maya Quiché in the way of human rights and understanding. It was only sixty years ago, during the presidency of Manuel Estrada Cabrera, that, when they needed one or two hundred extra hands to pick the coffee crop, the plantation owners would send a letter by mule to the political governor of an Indian town asking him to send the two hundred *mozos,* at such and such a price. I well remember the answering telegram: "Price accepted. Send ropes!" The Indians were caught, roped like wild animals, and walked down the endless kilometres to the plantations.

We have since emerged from the Middle Ages. The Indian is beginning to receive medical aid and education, and child clinics are penetrating further into Indian regions. Perhaps the picturesqueness and beauty are disappearing as well as the Indians' self-contained way of living. The textiles are degenerating and may soon disappear, but paralysing ignorance and profound poverty and misery are going too. The change is worth it. It is left to us to try and conserve samples of the best textiles and handicrafts, and to remember and record how the Indian lives, what he is like, and what he looks like before our civilization overcomes him.

It may be that by the end of this century, if the Maya Quiché is absorbed into the ruling class, the Indian will contribute his abilities, devotion to the community, steadfastness and intelligence to raise Guatemala to greater heights in Central America.

Los textiles de los maya-quiché alcanzaron la cima de su belleza y excelente acabado durante el primer cuarto de este siglo. Hace treinta y cino años eran pocos los caminos y no se había inventado el Jeep Willys. A partir de entonces se han construido caminos y puentes, incluso hay un barco transbordador que atraviesa el Lago de Izabal, lo que permite llegar por jeep a Tikal. Actualmente se llega en automóvil desde la Ciudad de Guatemala hasta Alta Verapaz en dos horas y media en vez de viajar igual número de semanas a lomo de mula.

No podemos evitar los cambios ni detener el reloj. A través de cuatrocientos años se fueron desarrollando los textiles y ahora nuestra civilización va penetrando en cada pueblo y aldea. Mucho se perderá y una gran parte de esa gente será absorbida y perderá su identidad. Los últimos treinta años han aportado mucho al maya-quiché con respecto a derechos humanos y al aprecio que merecen. Apenas hace sesenta años, durante la presidencia de Manuel Estrada Cabrera, cuando los finqueros necesitaban cien o doscientos braceros adicionales para levantar la cosecha de café, enviaban una carta, por mensajero a lomo de mula, pidiendo al jefe político que enviara doscientos mozos a tal y tal precio. Bien recuerdo el telegrama de respuesta: "Precio aceptado. ¡Envíe cuerdas!" Los indígenas eran atrapados, enlazados como animales salvajes y llevados a pie por innumerables kilómetros para trabajar en las fincas.

A partir de entonces vamos saliendo de la Edad Media. El indígena comienza a recibir asistencia médica y educación. Quizás desaparezca también lo pintoresco y la belleza así como la forma cerrada de vivir de los indígenas. Los textiles se están degenerando y posiblemente pronto no se verán más, pero así mismo va desapareciendo la ignorancia paralizadora y la profunda pobreza y miseria. El cambio lo amerita. Nos queda a nosotros la tarea de tratar de conservar muestras de los mejores textiles y de las mejores artesanías, y de recordar y registrar la forma de vida del indígena, su manera de ser y su apariencia, antes que nuestra civilización lo haya abolido como tal.

Es posible que para fines de este siglo el indígena contribuya con sus capacidades, devoción a la comunidad, su constancia y su inteligencia a elevar a Guatemala a una altura mayor de superación en Centroamérica.

The Watercolour Medium
El Medio de la Acuarela

Watercolour in its various forms constitutes one of the finest and most permanent records of art that has come down to us. It reaches back into the third century of Chinese art and was also used by the Japanese and East Indians.

Small groups in England, the United States and France kept the use of watercolours alive until the present reawakening. The twentieth century has seen this most spontaneous of all mediums regain its eminence and vital beauty. Important watercolour societies have grown up and become of national and international significance.

Oil painting, heavy and more cumbersome, owes much of its life and vitality to this so-called lighter medium. Watercolour is by far the older and was used both in clear wash or in tempera, on paper, silk or wall, centuries before oil painting was discovered. It has shown the true ability and genius of each generation. Today it is being with the modern more garish forms of expression.

The paintings in this book, now in the care of the Ixchel Museum of Guatemala, show range of strength and sensitivity watercolour can achieve when the correct paint and paper are used.

En sus variadas modalidades, la acuarela constituye uno de los más refinadaos y duraderos testimonios de arte que nos ha llegado, remontándose hasta el tercer siglo del arte chino y también usado en el Japón y la India Oriental.

En Inglaterra, los Estados Unidos y Francia, pequeños grupos guardaron latente el uso de la acuarela hasta su actual despertar. El siglo veinte ha presenciado como el más espontáneo de todos los medios ha recobrado su eminencia y belleza fundamental. Grandes sociedades de acuarelistas se han desarrollado y han alcanzado importancia local é internacional.

La pintura al óleo, pesada y más engorrosa, le debe mucho de su existencia y vitalidad a este medio más liviano. La acuarela es sin duda el método más antigua y se ha usado tanto diluída en agua como al temple, sobre papel, seda or muro, siglos antes del descumbrimiento de la pintura al óleo, y ha demostrado la verdadera abilidad y el genio de cada generación. En la actualidad, las pinturas acrílicas la han desplazado, sobre una variedad de soportes, conforme las formas modernas y más llamativas de expresión.

Las pinturas de esta obra, ahora al cuidado del Museo Ixchel de Guatemala, muestran hasta que límites de vigor y sensibilidad se puede llegar con acuarelas, cuando se usa la pintura y el papel apropiados.

Glossary
Glosario

achiote	anato, food spice and colouring	anato, especia y colorante de comida
acuas	magic baby cure practised in Cobán	medicación mágica para recién nacidos en Cobán
Aj Kij	astronomer and astrologer, high official in Chichicastenango	astrónomo, astrólogo, el principal en Chichicastenango
Aj Tij	director of religious ceremonies and public education, Chichicastenango	maestro de ceremonias religiosas y director de la enseñanza pública en Chichicastenango
Aj-tupui	serpent-messenger to Tzuul-tacá, "Aj" is the male prefix	serpiente-mensajero a Tzuul-tacá, "Aj" es el prefijo masculino
Alal Kij	young sun, Chichicastenango	sol joven en Chichicastenango
alcalde	mayor	
alguacil	voluntary church servant	sirviente voluntario de la iglesia
añil	indigo dye	tinte del índigo
aporreado	wool-felting process	método de hacer fieltro de lana
atole o atol	gruel, usually made of maize meal	bebida espesa de maíz u otro grano
bac bal	serpent or red roll headdress used in Tamahú	serpiente o tocado rojo de Tamahú
Balam Akap	priest of the night	brujo de la noche
vara de oficio	staff of office	bastón de mando
batz	cotton thread	hilo de algodón
bob	cotton boll	borra de algodón
boj	undistilled fermented sugar cane juice made in Alta Verapaz	bebida alcohólica hecha de miel de caña fermentada en la Alta Verapaz
brujo, shamán	magician priest	mago, sacerdote pagano
cacaste	carrying crate	alacena portátil para llevar carga
cacique	leader	líder o principal
caites	sandals	sandalias
cakic	red pepper used in Cahabón	chile rojo de Cahabón
camolb'e	old woman intermediary for weddings	mujer vieja agente intermediaria de casamientos
canasto	open basket without handle	canasta ancha sin mango
capitana	wife of confraternity official or "cofrade" acting with him	esposa de cofrade
capixay	man's woollen long coat	abrigo largo de lana masculino
ceiba	cotton tree Bombax, national tree of Guatemala	árbol nacional de Guatemala semi-sagrado, de la familia Bombácea
chachal	necklace with silver coins and coral	collar de mujer con monedas de plata y coral
chacs	several minor gods of wind, rain, agriculture etc.	varios dioses menores del viento, de la lluvia, de la agricultura etc.
chajal	servant to a priest	sirviente de iglesia
chichigua	wet-nurse	nodriza
chile	peppers	ají
chinta	wooden doll	muñeca de palo
chipe	a very young child followed too soon by another	niño tierno edad seguido por otro demasiado pronto
chirices	little children	niños
chirimía	flute	flauta de madera
chocomil	south wind across Lake Atitlán	viento fuerte del sur en Lago de Atitlán
chuj	steam bath, sauna	temascal, baño de vapor
chun, chunte	turkey (Alta Verapaz)	pavo chompipe (Alta Verapaz)
cochineal	insect that gives a strong red dye	
cochinilla		insecto que da el tinte rojo
coles	square mat-weaved baskets with fitted lids made in Patzicía	canastos cuadrados con tapas hechos en Patzicía
comal	flat earthern plate used in cooking tortillas	plato de barro usado para cocer tortillas
compadre	godfather or relative of such	padrino del niño respecto de los padres y la madrina de éste
copal	incense	incienso

corte	wrap around skirt or skirt length	refajo envuelto o género para ésto
cot	huipil, blouse or tunic	huipil, blusa o túnica
cotón	old style man's slip-on wool jacket as used in Sololá and Chichicastenango	chaqueta de lana de hombre de estilo viejo, cerrado en frente como se usaba en Sololá y Chichicastenango
cuyuscate	natural brown cotton	algodón natural de color café
envuelto	wrap around skirt	falda o refajo, corte envuelto en el cuerpo y no cosido
estuche	spindle	malacate
faja	belt	cinturón
fiambre	mixed salad served only on the first and second of November	ensalada especial servida el primero y el dos de noviembre
fiscal	headman in the town's principal church confraternity	el principal de la primera cofradía del pueblo
guacal	bowl-shaped gourd	media calabaza usada como una vasija
huipil or güipil	woman's blouse	blusa de mujer
huipil ranciado	woman's blouse woven in jaspé	blusa de mujer hecha de hilo jaspeado
huso or malacate	spindle for cotton	
ikat	Indian term for tie-dyeing	jaspear, método de atar hilo y teñir en diseño jaspeado
ilonel	woman practising magic, midwife (Alta Verapaz)	mujer que practica magia buena, comadrona (Alta Verapaz)
jaboncillo	weed used as a soap substitute	hierba usada como jabón
jarcia	cordage	
jaspé	tie-dyed yarn	hilos teñidos por el proceso de ikat
jaspeado	cloth woven with tie-dyed yarn	
jícara	ellipsoid gourd used as a cup	güira pequeña usado como taza
jiquilite	indigo plant	planta de tinte de añil
kabli kot	two-headed bird used in brocading patterns	ave bicéfala en tejidos
Kukulcán	the feathered serpent	la serpiente emplumada
ladino	non-Indian	persona no indio
machete	long bladed knife used in field work	
Ma Kij	grandfather sun	sol abuelo
mano	hand stone for grinding	
manta	plain white homespun or foot-loomed cloth	tela blanca hecha en telar
maxeño	Indian term for man from Chichicastenango	hombre de Chichicastenango
maxtli	breech cloth, loin cloth	taparrabo
medianos	middle class Indian	
merino	cloth that contains any wool	tela que contiene cualquier lana
metate	grindstone	piedra de moler
milpa	maize field	terreno sembrado de maíz
milpero	maize grower	sembrador de maíz
morado criollo	native Purpura purple, mollusk mauve	
morga	corte, heavy weave dark cotton skirt	corte, falda pesada de algodón oscuro
morral	carrying bag, knitted or woven of wool, cotton or string	bolsa tejida de pita, lana o algodón
morro	tree from which gourds are made	fruta usada como vasija
mortom	man from Totonicapán church confraternity	hombre de la cofradía de Totonicapán
mozo	labourer	peón, obrero, jornalero
nahual, nagual	animal counterpart of every Indian from birth to death, his alter ego, also the spirit of a place	espírito de algún animal que acompaña a cada indígena durante su vida, su otro ser, también el espírito del lugar
nahuatle	magic	magia
nima-pot	ceremonial blouse or tunic	huipil ceremonial
nixtamal	cooked but unground maize	maíz cocido pero no molido
nixtamalera	woman grinding nixtamal	mujer moliendo nixtamal
nodriza	wet-nurse	

obsidiana	volcanic glass	vidrio volcánico
olla	wide mouthed cooking pot	
perraje o tapado	shawl	rebozo
petate	woven rush or palm mat	alfombra hecha de junco
piedra	grindstone, quern	metate, piedra de moler
plebeyos	Indian lower class	indígena de clase baja
pom	Indian incense	incienso indígena
ponchito	small checked black and white wool blanket usually worn by men and boys round hips over trousers	frazadita de lana usualmente usada por los hombres y muchachos alrededor de las caderas y por encima del pantalón
Popol Vuh	Quiché bible of the pagan religion	la biblia pagana del maya-quiché
pot	woman's covering, shawl, tzut, blouse or tunic	rebozo, tzut, o huipil de mujer, lo que la tapa
principales	Indian nobility	líderes o nobleza de los indígenas
rancho	hut, small rustic house	choza, casita rústica
randa	embroidered joint between woven loom sections of cloth	costura bordada que une los anchos del tejido
red	string net cargo bag	
redil	wool spinning wheel	torno de hilar lana
regidor	alderman	
sal blanca	white salt	
sal negra	black salt	
seda floja	silk floss from China	
servilleta	utility cloth	
shaman	pagan priest	brujo o sacerdote pagano
tamal, tamalito	cake of maize meal cooked wrapped in leaves	masa de maíz envuelta en tusa y cocida
telares	foot looms worked by men	
telar de otate	stick loom, woman's hip loom	telar de mujer, sostenido por una faja que pasa alrededor de las caderas
temascal	steam bath, sauna	baño de vapor
tertulero	agent at marriage negotiations	agente para negociaciones de casamiento
Tezulutlán	first name given to the Alta Verapaz	primer nombre dado a la Alta Verapaz
tinaja	water jar	
tinte	general term for dye	
tocoyal	headdress of black or coloured wool cords worked into hair	tocado de cordones de lana negra o de colores trenzados en el pelo
tol	big gourd used as a container, two shown in plate 35	calabaza grande usada como vasija, hay dos en la acuarela No. 35
tortilla	maize pancake, the basic food	torta o panqueque delgado de maíz
trama	weft and woof on the loom	
Tzolkin	260 day Maya calendar	calendario maya de 260 días
tzut	handkerchief or utility cloth most often used on head by women and tied round head by men	pañuelo de usos variados, frequentemente usado por las mujeres sobre la cabeza y por los hombres amarrado en la cabeza
Tzuul-tacá	God of the earth, world, village and mountain	Dios del mundo y de la tierra
urdimbre	warp on the loom	
xecas	sugar cookies or biscuits	galleta dulce
zuyacal	palm-leaf raincoat	capa impermeable hecha de hoja de palma

Index

(Indice p. 272)

12 = text
24 = watercolours
36 = pen and ink drawings
48 = photographs
III = complete chapter

Indice

12 = texto
24 = acuarela
36 = dibujo
48 = fotografía
III = capítulo completo

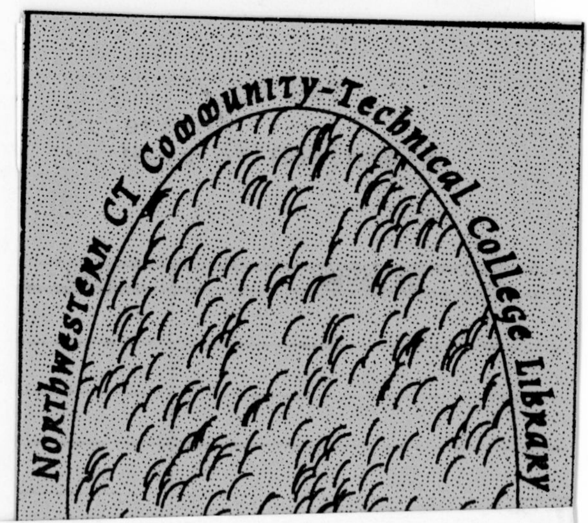
Northwestern CT Community-Technical College Library

MÉXICO
Chiapas
N
0 5 10 20 30 40 50
Millas/Miles
Lacandón
del norte
Uaxactún
Tikal
Flores
Yucateco
Belice
Belmopán
Kekchí
Lacandón
Chol
Mopán
MAR CARIBE
Chuj
Jacalteca
Kanjobal
Ixil
Kekchí
Español
y Kekchí
Caribe
Puerto
Barrios
Aguacateca
Huehuetenango
Cobán
Uspantecá
Pocomchí
Mam
Santa Cruz del Quiché
Salamá
Totonicapan
Quiché
San Marcos
Zacapa
El Progreso
Chorti
Quezaltenango
Sololá
Cakchiquel
Chimaltenango
Pocomán
Central
Pocomán
Oriental
Chiquimula
HONDURAS
Tzutujil
Antigua
Guatemala
GUATEMALA
Jalapa
Mazatenango
Retalhuleu
Pocomán
Central
Pto. Champerico
Escuintla
Cuilapa
Jutiapa
Pto. San José
EL SALVADOR
LENGUAS INDÍGENAS DE GUATEMALA
INDIGENOUS LANGUAGES OF GUATEMALA
Registro No. 185 – 75 Clasificación: Mapas de referencia
Puede Circular: INSTITUTO GEOGRÁFICO NACIONAL,
Guatemala, 17 de noviembre de 1975
OCÉANO PACÍFICO

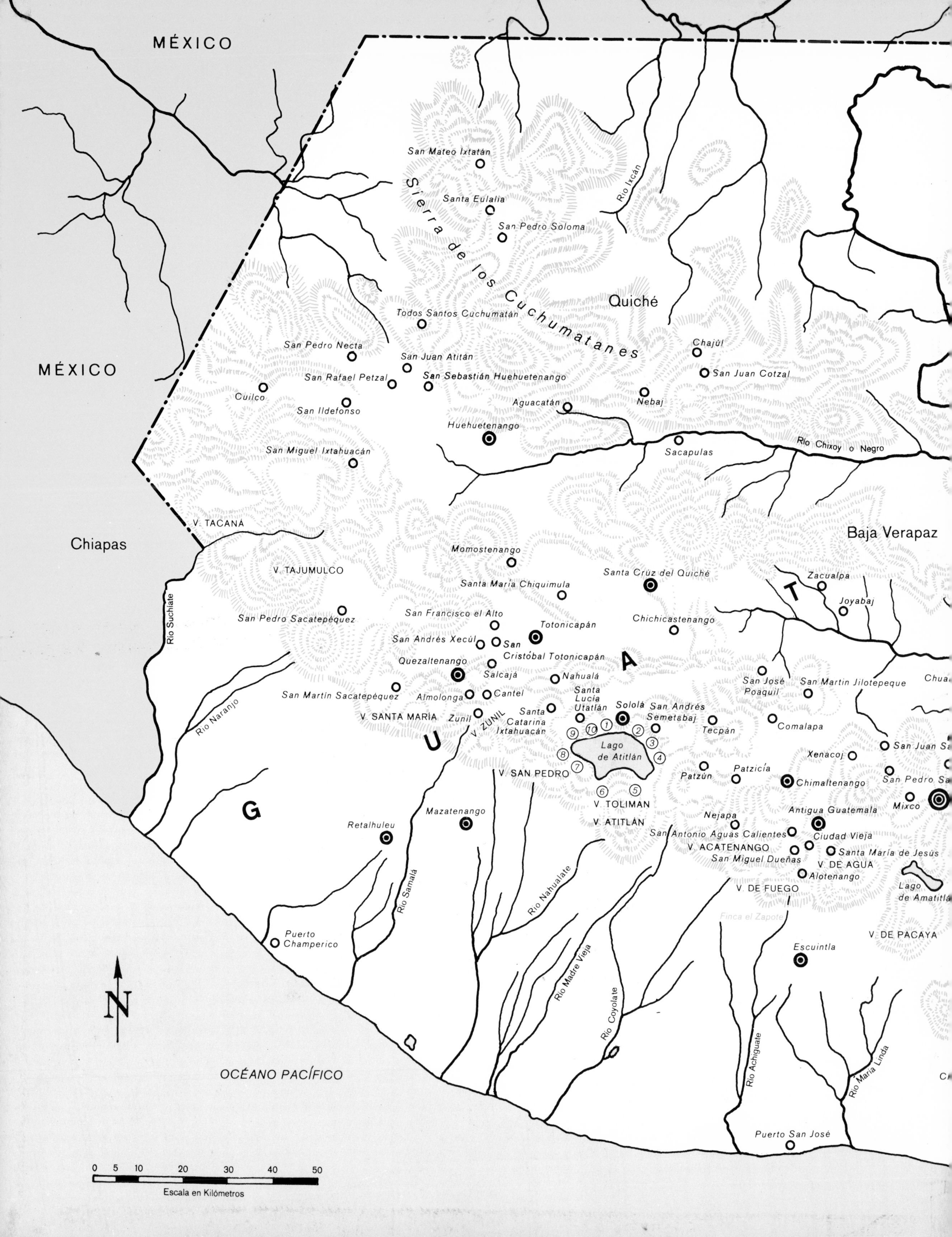
MÉXICO
MÉXICO
Chiapas
Sierra de los Cuchumatanes
Quiché
Baja Verapaz
San Mateo Ixtatán
Santa Eulalia
San Pedro Soloma
Río Ixcán
Todos Santos Cuchumatán
San Pedro Necta
San Juan Atitán
San Rafael Petzal
San Sebastián Huehuetenango
Cuilco
San Ildefonso
Aguacatán
Huehuetenango
San Miguel Ixtahuacán
Chajúl
San Juan Cotzal
Nebaj
Sacapulas
Río Chixoy o Negro
V. TACANÁ
V. TAJUMULCO
Momostenango
Santa Cruz del Quiché
Zacualpa
Joyabaj
Santa María Chiquimula
San Pedro Sacatepéquez
San Francisco el Alto
Totonicapán
Chichicastenango
San Andrés Xecúl
San Cristóbal Totonicapán
Quezaltenango
Salcajá
Nahualá
San Martín Sacatepéquez
Almolonga
Cantel
Santa Lucía Utatlán
Sololá
San Andrés Semetabaj
San José Poaquil
San Martín Jilotepeque
V. SANTA MARÍA
Zunil
V. ZUNIL
Santa Catarina Ixtahuacán
Tecpán
Comalapa
Lago de Atitlán
Xenacoj
San Juan Sa
V. SAN PEDRO
Patzún
Patzicía
Chimaltenango
San Pedro Sa
V. TOLIMAN
V. ATITLÁN
Mixco
Nejapa
Antigua Guatemala
San Antonio Aguas Calientes
Ciudad Vieja
V. ACATENANGO
Santa María de Jesús
San Miguel Dueñas
V. DE AGUA
Alotenango
V. DE FUEGO
Lago de Amatitlá
Finca el Zapote
V. DE PACAYA
Escuintla
Río Suchiate
Río Naranjo
Río Samalá
Río Nahualate
Río Madre Vieja
Río Coyolate
Río Achiguate
Río María Linda
G
U
A
T
Retalhuleu
Mazatenango
Puerto Champerico
Puerto San José
N
OCÉANO PACÍFICO
0 5 10 20 30 40 50
Escala en Kilómetros